프로젝트에서 제품으로

플로우 프레임워크, 디지털 변혁의
시대에서 살아남는 법

프로젝트에서 제품으로

믹 커스텐 지음   최희경 · 조재영 · 오경연 옮김

i!i
에이콘

에이콘출판의 기틀을 마련하신 故 정완재 선생님 (1935-2004)

나를 있게 해 주신 어머니와
내가 어떤 사람이 돼야 할지 가르쳐 주신 아버지께 바칩니다.

믹 커스텐은 플로우 프레임워크 소개와 함께 대규모 애자일 변혁에서 놓친 요소까지 짚어 준다. 복잡한 제품을 전달하는 사람이라면 이 책을 읽고 어떻게 가치 흐름에 적용해 볼 수 있을지 생각해 보기를 추천한다.

– **데이브 웨스트**, Scrum.org CEO,
『Nexus Framework for Scaling Scrum』(Addison Wesley, 2017) 공동 저자

BMW 그룹 IT 조직은 '100% 애자일'을 향한 변혁을 진행하면서 과거의 프로젝트 포트폴리오 방식 접근이 BMW 그룹의 여정에 적절치 않음을 일찍이 발견했다. 우리는 접근 방식을 '프로젝트에서 제품으로' 전환하기 시작했다. 믹과 함께한 제품 지향으로의 변화와 플로우 프레임워크는 큰 도움이 됐으며 영감을 줬다. 이렇게 어마어마한 지식을 공유한다는 사실이 무척 기쁘다. 가치 주도적 접근으로 제품 포트폴리오 제작을 돕기 위한 툴 세트의 필요성과 동기를 제공하는 이 책은 필독서일 뿐 아니라 재밌기까지 하다.

– **랄프 발트람**, BMW 그룹 IT Systems Research & Development 총괄

소프트웨어 개발을 느슨하게 연결된 프로젝트 몇 개로 관리하는 것은 좋은 제품으로 이어질 수 없다. 믹 커스텐은 기능, 결함, 보안, 기술 부채에 대응하는 가치 흐름과 제품 생산 작업을 어떻게 결부하는지 설명한다. 이 책은 소프트웨어 시대의 경영 이론에 중요한 역할을 한다.

– **칼리스 볼드윈**, 하버드 경영대학원 명예 석좌교수,
『Design Rules, Volume 1』(MIT Press, 2000) 공동 저자

철 지난 관점에서 벗어나 새로운 디지털 세상에서 성공하고 싶다면
이 책을 읽어라.

– 카를로타 페레스, 『기술혁명과 금융자본』(한국경제신문, 2006) 저자

때때로 훌륭한 저작은 '할렐루야!'를 외칠 만큼 놀랍도록 적절한 순간
에 등장한다. 이 책은 디지털 변혁, 잘못된 애자일 방식, 기업 파괴라
는 맹공에 시달리는 기업에 완벽한 해결책이다. 이는 비즈니스 민첩
성의 최전선에 있는 플로우의 세상에서 매우 중요한 구성 요소다. 플
로우 프레임워크는 소프트웨어 제공 주기에 불을 붙여 여러분의 팀을
도울 뿐 아니라, 거대한 조직에서도 고품질, 비용 절감, 가치 상승을
가져올 것이다. 더불어 행복한 팀을 성취하게 될 것이며 이를 증명할
지표들도 함께한다.

– 핀 골딩, 아비바 보험 국제 CIO,
『Flow』(Flow Academy, 2017), 『Leaders』(Flow Academy, 2017),
『12 Steps to Flow』(Flow Academy, 2018) 공동 저자

이번 여름, 이 책의 초안을 읽는 기쁨을 누릴 수 있었다. 정말이지 눈
이 번쩍 뜨이는 책이었다. 이제 막 시작하려는 볼보 그룹의 여정에 정
확히 들어맞는다. 자동차 산업에 대한 믹의 통찰력과 소프트웨어 시
대를 묘사하는 방식은 이 책을 디지털 시대의 제품 생산 여정을 위한
교과서로 만든다.

– 니클라스 에릭슨, 볼보 그룹 시니어 IT 매니저

2019년 이후 영향력 있는 책 중 하나가 될 것이다. 이 책은 비즈니스
결과를 작업 결과와 연결하고, 더 나은 비즈니스 결정을 위해 모델을
제공하며, 기업이 일관성을 유지할 수 있도록 기술 리더에게 프레임
워크를 제공한다.

– 도미니카 드그란디스, 『업무 시각화』(에이콘, 2020) 저자

수많은 대기업이 1900년대 초에 사용하던 육체노동에 최적화된 경영 모델을 아직도 복잡하고 특수한 제품 개발을 포함한 모든 일에 적용하고 있다. 이 책에서 믹은 작업자보다 작업과 가치 흐름 네트워크에 집중하는 것의 중요성과 무엇을 피해야 하는지에 대한 교훈을 잘 전달하고 있다. 수년간 수백 개의 회사와 일한 경험이 있는 믹은 그의 지혜와 통찰력을 플로우 프레임워크를 통해 공유한다. 플로우 프레임워크는 더 나은 작업방식으로 전환할 필요가 있는 조직에 매우 가치 있을 것이다.

– **조나단 스마트**, 바클리즈 은행 Ways of Working 총괄

이 책은 깊은 통찰을 제시하며 믹이 설계한 플로우 프레임워크의 전체적인 모델은 매우 흥미롭다. 그는 애자일 변혁의 복잡함과 제품 지향적 개발 방법으로 옮겨 가는 것에 대해서 논했을 뿐 아니라, 설계 및 프로세스와 지표를 통합해 효과적으로 가치 전달을 측정하는 방법에 관해서도 이야기했다. 플로우 프레임워크에 대해 알게 돼 무척 기쁘고, 이를 나의 기술 변혁 활동에 하루빨리 적용할 수 있기를 고대한다.

– **로스 클랜튼**, 버라이즌 Technology Modernization 이사

지은이 소개

믹 커스텐 Mik Kersten

제록스 PARC에서 연구원으로 경력을 쌓기 시작하면서 관점 지향 개발 환경을 최초로 고안했다. 그 후 브리티시 컬럼비아 대학교의 컴퓨터 과학 박사 과정에서 애자일과 데브옵스를 개발 툴에 통합하는 연구 분야를 개척했다. 이를 계기로 태스크톱Tasktop을 창업해 백만여 라인의 코드를 작성했으며 7개의 성공적인 오픈소스와 상용 소프트웨어를 시장에 출시했다. 세계 최대 수준의 디지털 변혁 프로젝트를 여러 번 경험하고 비즈니스 리더들과 기술 전문가들 사이의 심각한 단절을 인식했다. 이후 가치 흐름 네트워크를 연결하고 '프로젝트에서 제품으로' 전환할 수 있게 하는 새로운 툴과 프레임워크를 만드는 일을 해 왔다. 가족과 함께 캐나다 밴쿠버에서 지내고 있으며, 소프트웨어를 구축하는 방법의 변화에 대한 비전을 전 세계에 알리고 있다.

이 책은 기술과 경영에 관한 이해를 넓혀 준 스티브 블랭크[Steve Blank], 프레드 브룩스[Fred Brooks], 클레이턴 크리스턴슨[Clayton Christenson], 피터 드러커[Peter Drucker], 제프리 무어[Geoffrey Moore], 카를로타 페레스[Carlota Perez], 도널드 라이너트슨[Donald Reinertsen] 등의 저서를 바탕으로 한다. 다음은 이러한 아이디어를 발전시키고 아이데이션 및 집필, 출판에 직접적으로 도움을 준 사람들이다.

이 책이 세상에 나올 수 있도록 힘쓴 두 사람을 먼저 소개한다. 닐란 초크시[Neelan Choksi]는 업계의 소프트웨어에 대한 새로운 가능성을 포착하고 이에 대한 책을 집필하도록 나를 끊임없이 독려했다. 내가 계속 거절했음에도 그는 포기하지 않았다. 시몬 바디모어[Simon Bodymore]와 함께 닐란은 내가 회사를 운영하면서 책을 쓸 수 있도록 필요한 것들을 지원했다(책을 쓰면서 부딪힐 난관을 미리 알았다면 더 강하게 거절했을지도 모르겠다).

이 책을 쓸 수 있게 해 준 두 번째 인물은 진 킴[Gene Kim]이다. 2016년 가을, 한 컨퍼런스에서 진에게 다가가 통합 패턴에 관한 책을 쓰고 싶다고 말했던 일을 결코 잊지 못할 것이다. 진은 내 이야기를 잘 들어줬을 뿐 아니라 이러한 아이디어들이 훨씬 더 큰 지각 변동과 관련 있음을 알아챘다. 그는 몇 달 동안 조언자이자 토론 파트너였다. 내가 떠올렸던 것보다 더욱 야심 찬 내용을 책에 담도록 조언했고, 기술자를 넘어 비즈니스 측면까지 다룰 수 있도록 동기를 부여했다. 정기적인 브레인스토밍(거의 브레인 허리케인이었던) 세션을 통해 이 책의 많은 핵심 아이디어가 도출됐다. 진은 카를로타 페레스의 연구뿐만 아니라, 데브옵스 커뮤니티를 구성하는 많은 이론가를 소개했다. 음악가 브라이언 이노^{Brian Eno}가 만든 시니어스^{Scenius}라는 용어는 의욕적이고 서로 진가를 알아보는 사람들이 공동체에서 만들어내는 위대한 작업을 의미한다. 이 책을 집필할 수 있게 해 준 시니어스를 이뤄낸 진에게 감사를 전하고 싶다. 이 책은 도미니카 드그란디스^{Dominica DeGrandis}의 『업무 시각화』(에이콘, 2020), 니콜 폴스그렌^{Nicole Forsgren}의 『디지털 트랜스포메이션 엔진』(에이콘, 2020), 진 킴의 『데브옵스 핸드북』(에이콘, 2018), 『피닉스 프로젝트』(에이콘, 2021) 그리고 마크 슈워츠^{Mark Schwartz}의 『The Art of Business Value』(It Revolution, 2016), 『A Seat at the Table』(It Revolution, 2017)과 같은 시니어스에 의한 작품을 기반으로 한다.

이 책은 또한 태스크톱에서 10년간 제품을 개발하면서 얻은 경험에서 나온 것이기에 함께했던 동료에게 감사를 전하고 싶다. 니콜 브라이언^{Nicole Bryan}과 로버트 엘브스^{Robert Elves}는 지속적인 고객과의 토론, 제품 개발 그리고 실험을 통해 플로우 프레임워크의 비전을 만들고 재구성해 왔다. 태스크톱 초기에 프로젝트 중심적 사고에서 제품 중심적 사고로 전환하도록 이끌어 준 사람이 니콜이었고, 우리의 전달 기법과 제품의 방향성을 계속해서 제시했다. 로버트는 대학원 과정을 밟을 때부터 나와 함께 아이디어와 코드 측면의 흐름과 생산성을 추구해왔다. 이클립스 마일린 프로젝트 초기에 코딩하는 사람이 나와 로버트뿐이던 때부터, 그의 아이디어가 발전하는 것을 보면 항상 놀라웠다. 플로우 프레임워크는 니콜과 로버트가 지난 10년 동안 고객과 함께 만들고 증명해 온 개념의 극히 일부분일 뿐이다.

이 책을 위해 중요한 아이디어와 피드백을 준 도미니카 드그란디스, 나오미 루리^{Naomi Lurie}, 에이드리안 존스^{Adrian Jones}, 웨슬리 코엘료^{Wesley Coelho}를 포함해 태스크톱 임직원 모두에게 감사한다. 패트릭 앤더슨^{Patrick Anderson}은 조사와 인용에 엄청난 도움을 줬다. 젠 왕^{Zhen Wang}

은 수치 데이터를 만들고, 이를 시각화해 개념을 단순화하는 방법을 찾는 데 도움을 줬다.

이 책에는 우리의 머릿속을 흐르는 생각이 갑자기 일관되고 강력한 형태로 전환되는 놀라운 '깨달음'의 순간에 관한 이야기가 나온다. 내게 그 순간은 관점을 바꿔준 멘토들과 나눈 수많은 대화를 통해 다가왔다. 관점의 변화에 가장 많은 영향을 준 사람은 단연코 게일 머피 Gail Murphy다. 이 책의 집필에 크게 기여한 게일은 학부 시절, 소프트웨어 엔지니어링 수업에서 기술적 문제 해결에 몰두하기 전에 기술이 세상의 문제를 어떻게 해결하는지 생각해 볼 필요성을 일깨워 줬다. 나와 로버트와 함께 태스크톱을 설립했으며 생각하는 힘을 끊임없이 단련시켜 준 사람이기도 하다. 가장 멋진 일은 브리티시 컬럼비아 소프트웨어 실습 연구소에서 시니어스를 이뤄 나를 비롯한 박사 과정의 많은 학생이 소프트웨어 툴 네트워크의 실제 데이터로부터 학습하는 데 초점을 맞춰 새로운 종류의 연구를 할 수 있게 한 것이다.

게일은 나를 제록스 PARC에 채용했던 그레거 킥제일Gregor Kiczales에게 소개했고, 두 사람은 소프트웨어 구축에 대한 나의 관점을 바꿔놓았다. 플로우 프레임워크는 개념적 수준에서 그레거의 교차 모듈 방식을 소프트웨어 가치 흐름에 응용한 것이다. 그레거는 하버드 경영대학원 교수인 칼리스 볼드윈Carliss Baldwin을 소개했고, 볼드윈은 내가 경제적인 요소까지 고려해 아이디어를 구상할 수 있도록 도와줬다. 이 책은 소프트웨어 모듈화에 대한 로드 존슨Rod Johnson과 찰스 시모니Charles Simony의 아이디어에서도 큰 영향을 받았다. 그들은 기존보다 더욱더 넓고 확장된 모듈화 관점을 추구했고, 나는 그들과 함께하면서 많은 것을 배울 수 있었다.

더 많은 미래 기술자들이 사용해야 할 기술적 진보 모델을 제공한 카를로타 페레스의 연구와 피드백에도 감사의 말을 전한다.

이 책에 대한 영감의 대부분은 더 나은 방법을 찾고자 하는 IT 리더 및 실무자들과 나눈 많은 대화에서 비롯됐다. 네이션와이드 보험의 카르멘 데아르도Carmen DeArdo와 나눈 대화가 특히 기억에 남는다. 카르멘은 벨 연구소에서 소프트웨어 전달의 형태에 대한 관점을 얻었다. 나는 카르멘을 방문할 때마다 가치 흐름과 플로우 개념에 대한 그의 견해와 함께 많은 이야기를 들을 수 있었다. 조직의 가치 흐름에 대한 부분적 최적화를 막아낼 프레임워크 개발을 위한 전체적인 목표는 카르멘에게서 영감을 얻은 것이다.

기업 IT에 대해 카르멘이 가르쳐 줬던 것처럼 데이브 웨스트Dave West는 애자일의 모든 것에 있어 나의 멘토가 돼 줬다. 애자일 제품 개발을 위한 더 나은 방법을 찾으려는 데이브의 생각은 나의 이해에 도움이 됐다. 그리고 우리의 토론 결과는 계속해서 좀 더 나은 방법을 찾아가고 있다. 데이브는 이 책의 초안에 귀중한 피드백을 줬고 핵심 아이디어를 시험해 개선할 수 있도록 도와줬다.

최근에는 존 스마트Jon Smart의 아이디어와 기법을 통해 린 방식이 대규모 조직에서 동작하는 방식을 좀 더 이해할 수 있었다. 존의 피드백과 '더 나은 가치를 더 빠르고 안전하며 행복하게'라는 구호를 내세워 바클리즈의 빅뱅 변혁을 막으려는 그의 접근법은 플로우 프레임워크의 한 부분이 됐다.

로스 클랜턴Ross Clanton과 비욘 프리맨 벤슨Bjorn-Freeman Benson은 프로젝트와 제품 방정식의 양변 모두에 도움이 되는 지침을 제공했다. 이 분야에서 대단히 중요한 사상가 중 한 명인 샘 구켄하이머Sam Guckenheimer는 핵심 아이디어를 계속해서 강조했다. 그리고 그의 조언은 프로젝트에서 제품으로 가는 여정의 전체적인 틀을 발전시키는 데 도움을 줬다.

대량 생산 시대의 정점의 모습을 일깨워 준 르네 테스트로트René Te-Strote에게 특별한 감사를 전한다. 르네와 여러 해에 걸쳐 벌인 토론이 없었다면 엄청난 격차를 제대로 알아볼 수 없었을 것이다.

프랭크 섀퍼Frank Schaäfer의 생산에 대한 열정과 전문성에도 감사한다. 그는 BMW 라이프치히 공장 견학에 우리를 초대했고 이틀간 수백 개의 질문에 응답해 줬다.

흐름을 비즈니스에 연결한다는 측면에서 랄프 발트람Ralf Waltram은 소프트웨어 전달을 제조업에서와 같은 탁월한 수준으로 끌어올리려는 미션을 공유하는 훌륭한 스파링 파트너다. 이 책의 제목은 우리가 이 근본적인 불일치를 더 잘 이해하려던 토론 중에 랄프에게서 나온 것이다.

애나 노악Anna Noak의 훌륭한 아이디어와 편집, 코칭이 없었다면 이 책은 제대로 만들어지지 못했을 것이다. 애나는 출판에 대한 조언과 독려를 했으며 초기 아이디어부터 포틀랜드에서 만나 최종 편집을 마칠 때까지 이 책의 완성에 중요한 역할을 했다. 출판을 위해 고생한 IT 레볼루션 직원들에게도 감사를 전한다. 멋진 커버 및 책 디자인을 해 준 드본 스미스Devon Smith, 편집자 케이트 세이지Kate Sage, 캐런 브래튼Karen Brattain, 리아 브라운Leah Brown, 젠 위버 니스트Jen Weaver-Neist에게 특별히 감사를 드린다.

끝으로 이 책을 마무리하는 데 모든 지원을 아끼지 않았던 가족에게 감사를 전하고 싶다. 나의 아내 알리시아 커스텐Alicia Kersten은 이 책의 집필뿐만 아니라 기반이 되는 모든 경험과 연구를 진행한 20년간 끊임없는 도움을 줬고 지원하고 격려했다. 아내가 없었다면 이 책을 집필하지 못했을 것이다. 여러 가지 표지 아이디어를 고민해 준 두 아이 툴라 커스텐Tular Kersten과 카이아 커스텐Kaia Kersten의 공도 빼놓을 수 없다. 마지막으로 나의 부모님인 그레타Greta와 그레고리Gregory 그리고 마크Mark와 마르타Marta 남매에게 감사를 전한다. 이 아이디어의 토대에 대해 와인과 함께 나눈 토론과 제기됐던 모든 의견을 감사하게 생각한다.

훌륭한 책은 오래된 세계관의 문제점을 확실히 보여줌과 동시에 단순하면서도 더 나은 현실 모델을 제시한다. 코페르니쿠스 물리학에서 뉴턴 물리학으로의 변화는 오랫동안 이런 중대한 발견의 좋은 예로 간주돼 왔다. 이 책 역시 새로운 방법을 만들어내는 새로운 사고방식을 제시한다.

오늘날 비즈니스 환경에서 기존 방식의 계획 수립과 실행은 디지털 파괴의 위협에 직면한 기업들에게 더는 도움이 되지 않는다. 수십 년간 위대한 지성들은 비즈니스 목적 달성을 위해 기술 관리 방법을 모색해 왔다. 그럼에도 불구하고 기업들의 기술 관리 방법은 매우 잘못됐으며 참담한 결과를 마주하고 있다.

이 책은 소프트웨어 시대에 프로젝트 관리, 원가 중심적 기술 관리, 전통적인 아웃소싱 전략, 소프트웨어 아키텍처에 의존적인 개발자 생산성 관리 등 100년 이상 잘 통하던 전략이 효과를 내지 못하게 된 확실한 사례를 설명한다. 그리고 기존 방법을 대체할 '플로우 프레임워크'라는 멋진 프레임워크를 소개한다.

문제를 잘못짚은 채 해결하려 했던, 다시 말해 시작부터 실패할 운명이었던 기술 변혁에 수십억 달러를 낭비했던 기업의 사례에 대해 알게 될 것이다. 가장 가파르게 성장했던 몇몇 기업이 빠른 제품 출시를 위해 원칙과 절차를 생략함에 따라 축적한 기술 부채를 외면함으로써 파산할 뻔했던 이야기도 들을 것이다. 또한 실패를 막기 위해 아무런 조치도 하지 못했던 노키아Nokia의 대규모 애자일 변혁도 다룬다.

믹 커스텐은 소프트웨어 공학박사로서의 관점을 활용해 위 사례

16

와 같은 방식으로는 큰 생산성 향상을 얻지 못한다는 사실을 발견한다. 그리고 전체 비즈니스 가치 흐름에 걸쳐 팀이 일하는 방식을 바꿔야만 이를 달성할 수 있다고 말한다. 이와 같은 깨달음은 데브옵스 커뮤니티의 많은 이가 공통으로 이야기하는 사실이다.

그뿐만 아니라 이클립스 마일린^{Eclipse Mylyn}을 중심으로 수백만 자바^{Java} 개발자의 오픈소스 소프트웨어 커뮤니티를 구성한 사람으로서의 관점을 활용한다. 소프트웨어 기업의 창업자이자 CEO로서 기업의 흥망이 비즈니스와 제품, 엔지니어링 분야 리더들의 효과적인 협업 능력에 달려 있음을 직관적으로 이해할 수 있게 해 준다.

커스텐 박사의 전문가적 여정을 따라가다 보면 세 가지 중요한 깨달음을 체험하게 된다. 특히 『피닉스 프로젝트』(에이콘, 2021)의 독자들은 BMW 그룹의 라이프치히 생산 공장에서 배운 교훈에서 즐거움을 느낄 것이다. 커스텐 박사는 이 교훈을 '대량 생산 시대의 최정상'이라고 부르며 이로부터 소프트웨어 산업이 배울 수 있는 깊은 가르침을 이야기한다.

이 책은 실로 대단한 업적이다. 커스텐 박사는 비즈니스와 기술 조직이 가치를 함께 창출하기 위한 더 좋은 방안을 제시하며, 리더들이 계획과 실행을 함께 진행할 수 있는 수단으로 플로우 프레임워크를 제안한다. 기업이 고객을 위해 혁신하고 시장에서 승리할 수 있도록, 파괴를 당하기보다는 파괴의 시대를 주도할 수 있도록 하는 것이 목적이다. 다가오는 소프트웨어 시대의 활용기에는 경제적 멸종 위기에 상당하는 사건이 발생할 수 있으므로 그 안에서 생존하기 위한 역량을 반드시 갖춰야 한다.

거의 십 년마다 나의 세계관을 바꾸는 한두 권의 훌륭한 책이 출간되는 것 같다. 무언가를 깨달았던 순간이나 나중에 다시 읽을 부분을 표시한 책갈피가 책의 3분의 1이 넘는 책들이다. 이 책은 그러한 책 중 하나가 됐다.

독자 여러분에게도 가치 있으며 삶을 변화시킬 만한 책이 되기를 바란다.

2018년 9월 4일
오레곤 포틀랜드에서 **진 킴**

옮긴이 소개

최희경 (gyowhk.dev@gmail.com)

소프트웨어 전공임에도 개발자가 되리라 예상하지 않았지만 정신을 차려보니 어느덧 7년 차가 된 개발자다. 이 책의 공동 역자 두 사람과는 직장에서 만나 절친한 사이가 됐다. 최근에 결혼한 뒤 상상해본 적 없었던 외국살이를 하게 됐다. 현재는 언어를 공부하며 현지에 적응 중이고 미래를 고민하고 있다.

조재영 (greenfrog82@naver.com)

마라톤, 사이클, 수영, 스쿠버 다이빙을 좋아하는 15년 차 개발자이자 사랑스러운 아내의 남편이며 세상에서 가장 소중한 딸의 아버지다. 9년 동안 윈도우 애플리케이션을 개발했고 자바스크립트^{JavaScript}와 Node.js를 접하면서 웹 개발의 매력에 빠져 웹 개발자로 전향했다. 현재는 '위대한 상상'에서 요기요 백엔드 시스템을 개발하는 개발자로 근무 중이다. 최근에는 쿠버네티스를 통한 서비스 관리에 관심을 두고 공부하고 있다.

오경연 (kyeong.dev@gmail.com)

막연하게 디지털 노마드를 꿈꾸고 있지만 8년째 착실히 회사에 다니고 있는 개발자다. 빠르게 변화하는 세상에서 어떻게 하면 행복한 개발자로 오래오래 살아갈 수 있을지 고민이 많다. 지금은 아마존닷컴에서 풀필먼트 관련 웹 애플리케이션을 개발하고 있다.

우리는 현재 4차 산업의 전환점을 지나 활용기의 초입에 서 있습니다. 많은 기업이 디지털 변혁이라는 흐름에 편승하기 위해 노력하고 있으며 이미 성적표를 받아 들고 있습니다. 2019년도 맥킨지 조사에 따르면 디지털 변혁에 도전했던 기업의 70%가 실패를 경험했다고 합니다(https://www.joongang.co.kr/article/23597802#home). 디지털 변혁에서 살아남은 기업이 성공을 거두는 동안 디지털 변혁에 실패한 기업은 도태되고 있습니다. 한 시대를 풍미했던 기성 기업들이 디지털 변혁에 실패하는 이유가 무엇이고, 디지털 변혁에 성공한 기업은 기성 기업과 비교해 무엇이 달랐을까요? 이 책은 이러한 질문에서 출발해 답을 찾는 저자의 여정이 담겨 있습니다.

여러분이 조직에서 디지털 변혁을 주도하고 계획하고 있다면, 이 책을 통해 과거에 겪었던 혹은 지금 겪고 있는 어려움의 원인을 찾아 조직과 기업이 생존하는 데 도움을 줄 수 있을 것입니다. 그게 아니라면 적어도 여러분의 조직이 앞으로 다가올 디지털 변혁 과정에서 생존할 수 있는지를 예측할 수 있을 것입니다. 대부분 소프트웨어 관련 책은 '프로젝트'에 초점을 맞추고 있습니다. 프로젝트 진행에 필요한 업무 프로세스와 툴을 소개하고 활용 방법을 설명하는 데 집중합니다. 하지만 이 책은 사업의 본질인 '제품'을 계획하고 개발하고 소비자에게 전달하는 모든 과정에 초점을 맞추고 있습니다.

이 책은 크게 3부로 구성돼 있습니다. 1부에서는 다섯 가지 기술 혁명을 살펴보면서 프로젝트에서 제품으로의 조직 전환 능력이 소프트웨어 시대의 성공에 얼마나 중요한지를 알아보고, 프로젝트 지향적 관리의 문제점을 제시하며 이에 대한 해결책으로 '플로우 프레임워크'를 소개합니다. IT 조직은 애자일이나 데브옵스 등과 같이 프로젝트를 효율적으로 진행할 수 있는 도구를 익히고 이를 통해 의사소통합니다. 반면 소프트웨어에 대한 비즈니스 조직의 시각은 여전히 테일러리즘 방식에 머물러 있습니다. 이러한 차이가 디지털 변혁의 큰 장벽 중 하나입니다. 이는 IT 조직과 비즈니스 조직의 의사소통에 문제를 일으키고 디지털 변혁 실패의 원인이 됩니다. 2부에서는 이를 극복하는 방법으로 '가치 흐름 지표'를 소개합니다. 3부에서는 대규모 소프트웨어 전달의 혁신을 위한 인프라를 제공하는 '가치 흐름 네트워크'를 알아봅니다. 가치 흐름 네트워크는 조직 문화를 프로젝트 중심에서 제품 중심으로 전환하고 비즈니스 차원의 가시성을 확보하며 소프트웨어 전달을 최적화할 수 있는 프레임워크를 완성합니다.

제가 하는 어떤 일이 잘못된 방향으로 가고 있다고 느끼거나 문제가 생겼을 때는 문제의 '본질'이 무엇인지 고민해 봅니다. 답은 항상 '본질'에 담겨 있기 때문입니다. 개발자로서 소프트웨어를 개발하다 보면 다양한 개발 방법과 도구 그리고 프로세스를 다루기 바쁩니다. 이렇게 기술에만 집중하다 보면 소프트웨어를 개발하는 본질에서 멀어지게 됩니다. 기업에서 소프트웨어를 개발하는 '본질'은 무엇일까요? 결국 소비자들이 원하는 가치를 소프트웨어 형태로 제공해 수익을 창출하는 것이라고 생각합니다. 여러분도 이 책을 통해 소프트웨어 개발의 '본질'인 비즈니스 가치를 소비자에게 전달할 방법을 고민해 볼 기회가 됐으면 합니다. 이 책은 소프트웨어 개발 관련 조직만이 아닌 디지털 변혁의 흐름을 피할 수 없는 기업 구성원 모두를 위한 책입니다. 보다 많은 독자 여러분께 도움이 되길 바랍니다.

전환점

기업 IT 관련 직종에 종사하는 이들은 모두 맹렬한 속도로 움직이는 변화에 맞서고 있다. 기술 플랫폼, 소프트웨어 개발 방법론, 공급업체의 환경은 소수 기업만이 따라올 수 있을 정도로 빠르게 변화하고 있다. 아마존Amazon, 알리바바Alibaba와 같은 기업은 기술 우위를 유지하기 위해 그들의 소프트웨어 플랫폼 주변의 기술 지형을 재정의하면서 변화를 주도하고 가속화하고 있다.

이러한 위압적이고 끊임없는 변화 속도는 디지털 파괴Digital Disruption의 전형으로 여겨 왔다. 그러나 한발 물러나 이전에 있던 진보 패턴을 살펴본다면 산업 및 기술 혁명에서 온 변화와 발전의 거대한 파도로부터 발생한 물결이 보이기 시작할 것이다.

300년 동안 이러한 패턴은 반복됐다. 산업 혁명을 시작으로 약 50년마다 새로운 기술 흐름은 혁신과 금융 생태계와 결합돼 세계 경제를 뒤바꿨다.[1] 기술 흐름은 매번 생산 수단을 근본적으로 재정의해 새로운 비즈니스를 폭발시키는 도화선을 당기고, 그로 인해 지난 시대에 번영했던 비즈니스를 통째로 소멸시켰다. 언제나 기술 흐름을 촉발한 주된 요인은 생산 비용의 감소에 있었다. 그 후에는 금융 자본이 새로운 생태계를 조성해 인프라가 구축된다. 그 생태계 속에서 기업가와 혁신가는 새로운 기술 시스템으로 기성 기업을 방해하고 도태시킨다.

기술 혁명이 발생할 때마다 기존 비즈니스는 증기 또는 조립 라인 과 같은 새로운 생산 수단을 익혀야만 했다. 디지털 혁명에서 새로운 생산 수단은 소프트웨어다. 이 책은 대규모 소프트웨어 전달 방법을 숙달한 조직에 필요한 책이 아니다. 이 책의 목표는 소프트웨어 시대 로의 전환을 촉진하는 새로운 관리 프레임워크를 제공하는 것이다.

카를로타 페레스Carlota Perez의 『기술혁명과 금융자본』(한국경제신문 사, 2006), 크리스 프리먼Chris Freeman, 프란시스코 루사Francisco Louçã 공저 의 『As Time Goes By』(Oxford University, 2002) 등에서 지난 네 번 에 걸친 기술 혁명 주기와 이번 기술 혁명 전반기를 설명하는 이론이 소개됐다. 페레스는 콘드라티예프 경제 모델 혹은 '장기 파동'이라 불 리는 개념을 확장해 각 주기 내에서 두드러지는 두 기간을 구분했다 (그림 0.1). 전반부인 **도입기**Installation Period에서는 새로운 기술과 금융 자 본을 결합해 마치 '캄브리아기 대폭발'과 같은 현상을 일으켜 이전 시대의 산업 전반을 뒤흔든다. 도입기 이후 찾아오는 **활용기**Deployment Period는 기술이 보급되는 시기로 새로운 거대 기업들의 생산 자본이 산업을 장악하기 시작한다. 두 기간 사이에 금융이 붕괴됐다가 회복

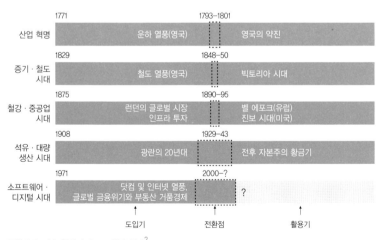

그림 0.1 기술 혁명과 소프트웨어 시대[2]

되는 특징을 갖는 시기를 페레스는 **전환점**Turning Point이라고 명명했다. 이 시기 기업들은 새로운 생산 수단을 마스터하거나, 그러지 못하는 경우 도태돼 지난 시대의 유물이 된다.[3]

1968년 첫 번째 NATO 소프트웨어 엔지니어링 콘퍼런스를 개최하면서 소프트웨어 시대가 공식적으로 시작된 지 50년이 흘렀다. 현재 전환점을 지나는 시기이기 때문에 변화 속도는 수그러들 기미를 보이지 않는다. 기업이 도태되는 비율이 지금처럼 유지된다면 S&P 500의 절반에 가까운 기업이 10년 안에 교체될 것이다.[4]

소프트웨어 시대 이전에 설립된 수많은 기업은 소프트웨어가 시장에서의 성공을 판가름하게 되면서 기술 교체에 따르는 비용이 점점 증가하는 것을 알아차리기 시작했다. 그러나 거대 기술 기업과 비교해 이들 기업의 소프트웨어 전달 생산성은 한참 열세에 있으며, 이를 만회하기 위한 디지털 변혁은 실패를 거듭하고 있다.

기업이 변혁의 필요성을 깨닫는 것이 문제가 아니라, 과거에 개발된 관리 프레임워크와 인프라 모델을 아직도 비즈니스 관리에 사용하는 것이 문제다. 경영 회계, 조직 계층 구조, 린 생산은 이전의 변혁 과정에서 성공을 위한 필수 요소였다. 그러나 소프트웨어 시대에 비즈니스를 성공적으로 경영하고 보호하려면 이들 관리 프레임워크만으로는 부족하다.

나는 이런 함정에 빠진 기업을 직접 지켜볼 기회가 있었다. 노키아는 디지털 변혁의 성공을 얼마나 많은 사람이 애자일 소프트웨어 방법론과 툴에 익숙한지로 측정하고 있었다. 이러한 활동 기반의 대리 지표는 비즈니스 결과와 관련이 전혀 없다. 1장에서 요약하듯, 노키아는 변혁을 통해 시장 변화에 적응하는 데 주요 방해 요소였던 플랫폼 문제를 해결하지 못했다. 잘 계획된 변혁처럼 보인 탓에 경영진은 너무 늦은 순간까지 문제점을 알아차리지 못했다. 회사를 살려 보려는 동료들의 영웅적인 활약에도 불구하고 노키아가 스스로 이룩한 모바일 시장을 잃는 것을 안타깝게 지켜볼 수밖에 없었다.

몇 년 후, 한 다국적 은행의 IT 리더들의 회의에 참석했다. 이 은행은 디지털 변혁을 위한 세 번째 시도를 시작한 지 6개월째에 접어들고 있었다. 이번에는 제 몫을 다할 여러 데브옵스 툴이 추가됐으며 성공할 것처럼 보였다. 디지털 변혁을 위한 예산은 약 10억 달러에 달했다. 그러나 이 은행의 변혁 계획은 충격적이게도 노키아의 계획보다 훨씬 결함이 많았다. 변혁의 모든 측면은 비용 절감에만 초점을 맞추고 있었고, 절감된 비용만을 주요 지표로 활용했기 때문에 비즈니스의 전반적인 결과를 살필 수가 없었다. 상황을 알게 될수록 10억 달러라는 어마어마한 금액이 아무 가치도 없이 화염에 휩싸이는 모습이 떠올랐다. 남아 있는 18개월의 시간은 변혁의 기반으로서 비용만을 측정하는 상황을 바로잡기에 부족했다. 노키아가 엄청난 부와 번영을 파괴해 버린 불타는 모바일 플랫폼의 모습을 남겼다면, 이 은행의 디지털 변혁은 구성원 전체가 차례로 쓰레기 더미에 불을 붙이는 모습으로 선명히 남았다.

회의에서 돌아온 날 이 책을 쓰기 시작했다. 사업부서와 기술부서가 일하고 의사소통하는 방식에 근본적인 문제가 있었다. 좋은 의도를 가진 리더조차 그들의 회사를 불 보듯 뻔한 쇠퇴의 길로 이끌 수 있다.

우리가 소프트웨어를 다룬 지 50년이 지났는데도 왜 이런 일이 일어날까? 대량 생산 시대의 주요 생산 기술을 가져온 애자일과 데브옵스 운동은 소프트웨어 개발 분야에 기술적 관리 기법을 도입하는 데 엄청난 진전을 가져왔다. 예를 들면 지속적 배포 파이프라인은 자동화된 생산 라인의 모범 사례를 빌려온 것이다. 애자일 테크닉 또한 린 제조의 여러 훌륭한 기술적 관리 기법에서 착안한 것들을 소프트웨어 전달에 도입했다.

문제는 소프트웨어 엔지니어 출신이 운영하는 기술에 전문화된 소수의 거대 기업을 제외하고는 이와 같은 기법들이 비즈니스 관리,

예산 책정 및 계획과는 완전히 단절돼 있다는 것이다. 기술 부채나 스토리 포인트와 같이 기술자에게 익숙한 소프트웨어 전달 개념은 IT 이니셔티브를 프로젝트로 관리하고 일정과 지출 비용 준수 여부로 프로젝트를 평가하는 대부분 비즈니스 리더에게는 별 의미가 없다. 프로젝트 지향적 관리 프레임워크는 다리를 짓는다거나 데이터 센터를 만드는 데에는 적합하지만, 소프트웨어 시대의 전환점에서 살아남기에는 매우 부적합하다.

이 책에서는 몇몇 기업의 시장 지배력을 잃게 만든 디지털 변혁 실패 사례를 살펴볼 것이다. 또한 태스크톱을 운영하면서 비즈니스와 기술자 간 단절의 원인을 파헤치기 위해 308개 기업의 애자일과 데브옵스 툴체인을 분석했던 '기업 툴체인의 실측 정보 파헤치기Mining the Ground Truth of Enterprise Toolchains'라는 자료를 통해 기업의 소프트웨어 전달에 대한 실태를 좀 더 살펴볼 것이다.[5] 그러고 나서 '플로우 프레임워크'라 불리는, 즉 비즈니스와 기술의 간극을 메우기 위한 새로운 관리 프레임워크 및 인프라 모델을 소개할 것이다.

플로우 프레임워크는 '가치 흐름'에 알맞게 소프트웨어 전달을 측정하고 모든 IT 투자를 조정하는 새로운 방법이다. 여기서 '가치 흐름'이란 소프트웨어 제품이나 서비스로서의 소프트웨어SaaS, Software as a Service를 통해 비즈니스 가치를 시장으로 전달하기 위해 수행하는 모든 활동을 말한다. 플로우 프레임워크는 프로젝트 지향 관리 방식에서 원가 중심으로 예산을 측정하던 방식과 조직 차트로 소프트웨어 이니셔티브를 측정하던 방식을 대체한다. 지난 방식들은 기술에 대한 투자가 비즈니스 결과로 연결되도록 하는 '플로우 지표'로 대체된다. 플로우 프레임워크는 흐름, 피드백, 지속적 학습으로 구성된 데브옵스의 세 가지 방법(『데브옵스 핸드북』 참고[6])을 기술 조직을 넘어 비즈니스 전체에 적용할 수 있도록 한다.

각 기술 혁명과 함께 새로운 생산 수단을 지원하기 위해 새로운 종류의 인프라가 구축됐다. 운하, 철도, 전력망, 조립 라인은 이전 주기의 기술 생태계를 뒷받침하는 핵심 인프라 요소들이다. 지난 기술 혁명의 인프라 개념이 그대로 적용되면서 많은 디지털 변혁이 잘못된 방향으로 진행됐다. 대량 생산과 조립 라인은 변동성을 줄이고 비슷한 제품을 안정적으로 생산하는 것에 뛰어나지만, 소프트웨어 전달은 본디 가변적이며 인력과 프로세스, 툴이 이루는 복잡한 네트워크에 걸쳐진 창조적 활동이다. 제조업과는 달리 오늘날 소프트웨어 전달 과정은 소프트웨어 릴리즈라 불리는 생산 프로세스에 제품 개발과 디자인 과정이 완전히 뒤얽혀 있다. 생산 라인을 관리하던 방식으로 소프트웨어 전달을 관리하려는 시도는 과거의 기술 혁명에 쓰였던 프레임워크를 이번에도 적용해 실패에 이르게 되는 또 하나의 사례가 될 것이다. 플로우 프레임워크는 새롭고 더 나은 방법을 지향한다.

전략적 이니셔티브에서부터 실행되는 소프트웨어까지 모든 과정에 걸쳐 비즈니스 가치의 흐름을 실시간으로 볼 수 있다면 어떨까? 마치 지난 시대의 지배자들이 생산 라인에서 일어나는 모든 과정을 원격 측정으로 지켜보고 수집했던 것처럼 말이다. 선형적인 흐름이나 복잡한 의존성 네트워크와 피드백 루프도 관찰할 수 있을까? 이 책의 8장에서 308개 기업의 IT 툴체인 데이터를 설명하면서 이에 대해 다룰 것이다. 이처럼 조직 내외를 아우르는 비즈니스 가치의 흐름을 **가치 흐름 네트워크**라고 부른다. 가치 흐름 네트워크는 소프트웨어 시대에 혁신을 위한 새로운 인프라다. 연결된 가치 흐름 네트워크는 모든 소프트웨어 전달에 대한 투자와 활동을 실시간으로 측정할 수 있게 하며 플로우 지표들이 비즈니스 결과에 연결되도록 한다. 이를 이용하면 가치 흐름 내 특정한 가치를 전달하기 위해 팀이 원하는 작업을 수행하도록 자율성을 부여할 수 있다.

개발자의 주된 역할과 전문 기술은 코드를 작성하는 활동이지만, 이 책에서 다룰 연구에 따르면 개발자는 가치 흐름 네트워크의 단절로 인한 수동 프로세스에 사실상 절반 이상의 업무 시간을 소모하는 것으로 나타났다. 가치 흐름 네트워크의 단절은 두 시대 전의 기술 혁명인 테일러리즘이 남긴 유산이다. 테일러리즘의 결과, 노동자를 기계 속의 톱니바퀴처럼 취급하는 기조가 만들어졌으며[7] 기능별로 구조화된 조직에서 사일로가 형성됐다.

전문가들을 다른 전문가 및 비즈니스와 분리해 완전히 고립된 사일로에 가두는 대신, 대량 생산 시대에 성공한 기업들은 고객에게 제품을 전달하는 가치 흐름에 따라 조직을 구성했다. 대량 생산 시대를 지배한 기업 중 하나인 보잉Boeing이 요즈음 IT 조직처럼 구성돼 있었다면 혁신적인 787 드림라이너를 시장에 출시하고 수요에 맞춰 유연하게 생산 규모를 조정하지 못했을 것이다. IT 전달을 제품이 아닌 프로젝트로 관리하는 조직은 두 시대 전에 쓰이던 경영 원칙을 활용하고 있는 것이며, 이런 접근법이 이번 시대에 성공을 안겨줄 것이라 기대하는 것은 어불성설이다. 미래를 볼 줄 아는 조직은 소프트웨어 시대의 경쟁에서 우위를 점하기 위해 가치 흐름 네트워크와 제품 포트폴리오를 만들어 관리하고 있다.

소프트웨어 전달의 미래는 이미 현실이 됐으며 아직 고르게 전파되지 못했을 뿐이다. 소프트웨어 스타트업과 디지털 네이티브 기업은 조직의 제품 전달에 맞춰 완전히 연결된 가치 흐름 네트워크를 구축해 사일로에 갇힌 전문화를 넘어서서 플로우에 집중하며, 측정 가능한 비즈니스 결과에 조직의 모든 소프트웨어 전달 활동을 연결했다. 이러한 스타트업과 디지털 네이티브 기업의 리더는 많은 경우 개발자 출신으로 개발자의 언어로 의사소통이 이뤄지며 이는 리더의 소프트웨어 전략을 효과적으로 전달한다. 이 의사소통 방식의 차이가 다른 모든 회사의 운명에 어떤 의미가 있을까? 나머지 모든 기업도 소프트웨어 시대에 성공할 수 있도록 기술과 비즈니스 리더십 사이를 메울 수 있는 공통의 언어를 어떻게 만들어 낼 수 있을까?

기존 기업들이 이 질문의 답을 찾아 헤매는 동안, 대규모 소프트웨어 전달을 마스터한 거대 기술 기업은 금융과 자동차 산업과 같은 전통적인 비즈니스를 향해 확장하고 있다. 거대 기술 기업은 기존 기업들이 소프트웨어 전달을 배우는 것보다 빠른 속도로 기존 비즈니스를 마스터해 나가고 있으며, 증가하는 세계의 부와 기술 인프라를 독식하고 있다.

거대 기술 기업이 만들어낸 제품과 서비스는 비즈니스와 고객에게 근본적인 가치를 전달하고 있기에 이들이 제공하는 가치에 대한 마켓 풀Market Pull은 늘어만 갈 것이다. 이들의 확장 진행 속도나 시장의 요구를 늦추려는 시도는 무모한 일이 될 것이다. 그렇다고 우리의 경제를 소수의 디지털 독점 기업에 맡기는 것은 기업, 직원, 사회 시스템 전반의 문제로 돌아올 것이다. 거대 기술 기업에 몰리는 자본과 규제조차 어려워지는 기술 분야의 네트워크 효과를 멈추지 못한다면 지난 네 번에 걸쳐 일어났던 기업의 소멸보다 끔찍한 결과를 가져올지도 모른다.

우리는 미래를 바꿀 수 있다. 우리 기업을 경쟁력 있게 만들 수 있다. 거대 기술 기업과 스타트업이 주는 교훈을 우리의 복잡한 비즈니스에 도입할 수 있다. 소프트웨어 시대의 디지털 네이티브 기업들이 하고 있는 것처럼, IT라는 블랙박스를 가치 흐름이라는 투명한 네트워크로 바꾸고 관리할 수 있다. 이를 성취하려면 변혁 활동보다는 측정 가능한 비즈니스 결과에 집중해야 한다. 디지털 시대에 우리 입지를 확보하기 위해서는 기업을 '프로젝트에서 제품으로' 전환하기 위한 새로운 프레임워크가 필요하다.

1부

플로우 프레임워크

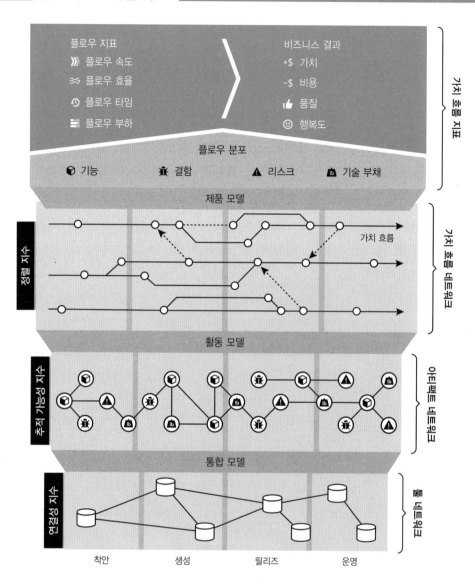

플로우
프레임워크

2017년 봄, 르네 테스트로트^{René Te-Strote}는 나를 독일 라이프치히 BMW 그룹 공장으로 초대했다. 르네와 함께 일하는 것은 몇 년 전 애플리케이션 생애주기 관리에 관한 산업 콘퍼런스에서 만났을 때부터 시작됐다. 당시 자동차 전자 제어 장치를 담당하는 전기·전자 및 IT 담당자였던 르네는 소프트웨어 전달 툴체인을 통합하고 확장하기 위한 인프라 툴을 찾고 있었다. BMW는 새로운 전기차 i3 및 i8 프로그램이 필요로 하는 빠른 속도의 소프트웨어 컴포넌트 혁신을 지원할 툴이 필요했다.

르네는 콘퍼런스의 다른 참석자들처럼 애자일과 데브옵스 툴 그리고 방법론을 기업 IT 환경에 도입할 방법을 찾고 있었다. 그러나 나를 매료시킨 것은 르네가 해결하고자 했던 문제의 범위였다. 그는 수천 명에 달하는 개발자, 테스터, 운영자를 포함한 내부 전문가를 서로 연결해야 했을 뿐만 아니라, 12개의 소프트웨어 공급자를 같은 툴체인으로 통합해야 했다. 공급업체마다 최신형 자동차를 동작시키기 위한 수백만 라인의 코드를 생산했다.[1]

내부의 여러 소프트웨어 전달 팀과 함께 모든 소프트웨어가 서로 연결돼야 했다. 예를 들어 BMW 그룹의 지속적 통합 환경이 공급자의 소프트웨어에서 결함을 발견했다면, 결함은 공급자의 가치 흐름으로 이동해야 하고 수정 후 BMW 그룹으로 재전달돼야 했다. BMW 그룹이 i 시리즈 같은 신제품을 시장에 내놓는 속도는 스프레드시트와 보고서를 주고받는 방식으로는 절대로 따라잡을 수 없었다.

이 문제를 해결하는 여정 내내 나는 르네에게 문제를 해결하는 데 성공하면 i 시리즈 공장으로 나를 데려가 생산 라인에서 i 시리즈 한 대를 몰아볼 수 있게 해달라고 농담을 했었다. 나중에 밝혀지지만 르네는 이를 진지하게 받아들였다.

르네는 라이프치히 공장의 대량 생산 부문에서 경력을 시작했다. 이 공장은 대량 생산과 제조방식을 발전시킨 세계 최고의 사례 중 하나다. BMW 그룹의 라이프치히 공장을 방문한 것은 내 경력에서 가장 교육적이고 영감을 주는 경험이었다. 이틀 동안 공장을 걸으며 대량 생산 시대에서 지금까지 가장 발전한 가치 흐름이라는 실제 데이터를 보면서 소프트웨어 시대의 성장 곡선에서 우리의 위치가 어디쯤인지 알 수 있었다.

이 책에서 기업 소프트웨어 전달에 대한 우리의 잘못된 접근 방식을 BMW 라이프치히 공장 현장에서 깨달은 생각을 토대로 이야기할 것이다. 각 장은 BMW 이야기로 시작될 것이며 라이프치히 공장을 방문했을 때의 경험과 느낌을 기억이 허락하는 한 최대로 재현하려 노력할 것이다.

70초마다 완벽한 차가 출고되는 세상에서 갑자기 IT 기업의 현실로 던져진 르네를 상상해 보라. 이보다 극명한 차이는 없었을 것이고 르네가 내게 보여주려던 것이 바로 그 엄청난 격차라는 것을 깨달았다. 이는 토요타 생산 시스템^{TPS, Toyota Production System} 등이 만들어낸 린^{Lean} 방식을 IT 전문가들에게 가르치려는 애자일 이론가의 이야기를 훨씬 뛰어넘는 수준이었다. 그 격차는 기업의 IT 조직이 생산 수단으로부터 얼마나 단절돼 있는지를 보여줬다. 정말 놀라웠던 점은 라이프치히 공장에서는 비즈니스와 제조 라인이 빈틈없이 연결돼 있었으며, 건물의 구조 자체에 생산 라인부터 비즈니스 요구 사항에 이르는 요소들이 반영돼 있었다는 점이다.

오늘날 기업의 IT 조직을 생각해보자. 비즈니스는 조직 구조 및 코스트 센터의 관점으로 IT 분야의 성과를 측정한다. 기업 IT 조직의 절대다수가 가치 흐름이라거나 비즈니스 가치의 전달 방식을 측정한다는 개념을 갖추지 못하고 있다. 가장 심각한 것은 많은 IT 조직이 자신들의 생산 단위가 무엇인지에 대해 합의해본 적조차 없다는 것이다. 결국 반사적 반응으로 '기업 문화' 탓을 하면서 조직의 애자일 변혁은 또다시 확장에 실패하고 만다. 데브옵스의 엔드 투 엔드End-to-end 이점을 전달하려 시작한 노력은 '프로덕션에 배포된 코드 커밋 횟수' 정도만을 포함하는 변혁이 돼 버린다. 이러한 결과는 가치 흐름의 한정된 일부분에만 집중하기 때문이며, 비즈니스적으로 의미도 거의 없고 주목받을 일도 없다.

중요한 것은 오늘날 기업의 IT 조직과 비즈니스가 BMW 그룹과 다른 회사들이 마스터한 지난 기술 혁명의 인프라 및 관리 방법을 여전히 따라잡지 못한다는 것이다. 경영진은 철강 시대에 자리 잡은 테일러리즘의 관점에 머물러 있다. IT 조직은 비즈니스에서 분리돼 사일로에 갇혀 있고 기능적으로 특수화돼 있으며 서로에게서 단절돼 있다. 그러면서도 경영진은 디지털 파괴의 위협이 증가함에 따라 이들 전문가에게 더 많은 문제를 해결해 줄 것을 바란다. 많은 IT 전문가는 변혁이 재난을 피하는 해법이라는 것을 알고 있지만, 기술 언어와 비즈니스 언어의 격차는 여전하다. 그 결과 이들 기업의 소프트웨어 전달 효율은 디지털 스타트업이나 거대 기술 기업과 비교해 최악의 상태다.

이러한 사고방식에는 심각한 문제가 존재한다. 현재의 궤도를 변경하지 못한다면 세계 경제의 근간이 되는 기성 기업들은 내재된 심각한 곤경에 빠지고 만다. 거의 모든 기업이 소프트웨어 회사로 탈바꿈하고 있는 현시대에 각 산업에 설립된 기존 대기업 대부분이 실패하게 된다는 의미일까? 불안한 동향은 여러 시장에 걸쳐 나타나고 있다. 예를 들어 소프트웨어 시대가 시작하던 시절의 FTSE^{Financial Times} ^{Stock Exchange} 기업 평균 연령은 75년이었지만, 현재는 20년에도 미치지 못하며 더 낮아지는 추세다.[2]

이 책에서 설명하는 연구와 데이터는 희망의 씨앗을 제공한다. 기업은 경쟁력과 생존을 보장할 소프트웨어 혁신 엔진을 만들기 위해 변화할 수 있으며 변화해야만 한다. 우리는 완전히 새로운 현상을 겪고 있다고 생각하는 것이 아니라, 반복돼 온 기술 혁명의 역사에서 배우려는 자세를 가져야 한다. 역사가 똑같이 반복되지 않을지도 모르지만, 페레스의 모델은 역사에 일종의 리듬이 존재한다고 말한다.

무수히 많은 기업이 지난 시대를 통해 마스터한 물질적인 제품의 생산과 디지털 경험의 생산에는 큰 차이가 있다. 역사적 맥락 역시 다르다. 대량 생산 시대에 일하던 방식을 소프트웨어 시대에 무턱대고 적용하려 한다면 뒤에서 소개될 비극적 결말을 맞게 될 것이다. 대규모 소프트웨어 전달을 관리하기 위한 새로운 사고방식이 필요하다. 이 책에서 제안할 새로운 방법이 바로 그것이다.

라이프치히 공장 여행에서 가장 중요한 부분은 제조업의 발자취를 무작정 따르는 것은 아무것도 하지 않는 것만큼 많은 위험이 따른다는 불편한 진실이다. 소프트웨어 생산은 제조업과 아주 다르기 때문이다. 소프트웨어 시스템이 성장함에 따라 이를 개선하고 관리하는 능력은 점차 떨어진다. 그렇지만 제조업에서 배전, 자동차 생산 및 기타 복잡한 제조 프로세스를 확장하는 방법을 익힐 수 있었던 것처럼, 우리도 소프트웨어 생산을 확장하는 방법을 익힐 것이다. 문제는 소수의 거대 기술 기업과 같은 예외를 제외하면 효과적으로 소프트웨어 전달 시스템을 확장하는 방법을 익힌 조직이 거의 없다는 것이다.

시장은 대규모의 소프트웨어 전달을 요구하지만 대부분 조직이 이를 다루는 방법을 갖추지 못하고 있다. 비즈니스를 변화시키기 위해서는 대규모 소프트웨어 전달을 이해하기 위한 새로운 비즈니스 개념과 소프트웨어 전달을 관리할 새로운 프레임워크가 필요하다. 1부에서는 문제의 범위 및 긴급성에 대해 살펴본 후 문제를 극복하기 위한 프레임워크를 소개한다.

1부에서 다룰 내용은 다음과 같다.

- 비즈니스가 디지털 파괴의 영향을 받게 되는 이유와 향후 10년간 살아남기 위해 필요한 사고방식
- 세 가지 유형의 파괴에 대한 설명과 각 비즈니스에 영향을 주는 파괴의 유형
- 소프트웨어 시대의 '활용기' 개요와 디지털 변혁에 대한 접근 방법의 이해와 중요성
- 플로우 프레임워크와 소프트웨어 가치 흐름 개념의 소개
- 비즈니스 가치의 전달을 정의하는 네 가지 흐름의 개요

1장

소프트웨어 시대

기술 혁명이 일어날 때마다 새로운 생산 방식을 마스터한 새로운 기업들에 의해 기성 기업들이 파괴를 겪는 결과가 반복된다. 예를 들어 우버Uber는 등장한 지 불과 몇 년 만에 인터넷 스케일Internet Scale로 배포된 잘 설계된 화면 하나가 산업 전체를 파괴할 수 있음을 증명했다. 벤처 캐피털이 이런 파괴 현상을 부채질하면서 스타트업은 폭발적으로 증가했고 이는 비즈니스의 모든 측면을 위협하고 있다. 이와 동시에 거대 기술 기업은 새로운 시장에서 계속 성장하고 있다. 구글Google과 페이스북Facebook은 전 세계 디지털 광고의 90%를 독점했다.[1] 또한 아마존Amazon은 소매업 대부분을 집어삼키고 그와 연관된 시장까지 확장하는 계획을 진행 중이다.[2] 모든 비즈니스 리더는 기술 혁명의 영향이 언제 어떤 형태로 다가올지 알아내거나 향후 10년 동안 기업 생존에 대한 위협을 감수해야만 한다.

　매년 발행되는 기사와 통계 자료를 보면 더 심각하다. 2017년에 에퀴팩스Equifax의 CEO는 개인 정보 누출 사고를 일으켜 사퇴한 후 소환된 청문회에서 사고의 책임이 특정 개발자에게 있다고 주장했다.[3] 대량 생산을 마스터한 기업의 어떤 CEO도 이토록 심각한 사업 실패를 고작 생산 시스템 내의 관리 가능한 작은 부분 탓으로 돌리지는 않을 것이다. (6장에서 에퀴팩스의 사례를 좀 더 살펴볼 것이다.)

확실한 것은 경제의 모든 분야가 위험 속에 있고 실패는 가속화하고 있으며 세계 경제 대부분을 책임지는 매우 재능 있고 고도로 훈련된 리더들조차 소프트웨어 시대의 위험을 평가하고 기회를 자본화할 툴과 모델을 보유하고 있지 않다는 것이다.

디지털 파괴 Digital Disruption라는 주제는 새로운 것이 아니며 이미 여러 자료에서 다루고 있다. 카를로타 페레스가 진행한 연구 결과의 핵심은 디지털 파괴란 새로운 생산 방식에 적응하지 못한 기업에게 당연한 결과라는 것이다. 새로운 생산 방식을 마스터한 기업은 비교적 느리게 움직이는 시장일지라도 이를 마스터하는 데 시간이 오래 걸리는 기업을 대체할 것이다. 예를 들어 최고의 디지털 경험을 제공하는 보험 회사는 그렇지 못한 보험 회사를 대체할 것이다. 보험 산업군 스스로 빠르게 디지털로 뛰어들지 못했다면 거대 기술 기업 중 하나가 먹거리를 찾아 보험 시장으로 뛰어들 것이고 몇몇 보험 기업이 시장에서 쫓겨나면서 전체 시장의 파괴로 이어질 것이다. 1장의 사례를 통해 산업 분야나 시장과 관계없이 소프트웨어 시대의 전환점을 통과하고 있는 현시점에 안전한 비즈니스는 없다는 점을 강조하려 한다.

이 책은 파괴에 대응하기 위한 비즈니스 전략을 말하지 않는다. 제프리 무어Geoffrey Moore의 『Zone to Win』(Diversion, 2015)과 같은 책은 파괴에 대한 공격과 방어를 위해 비즈니스 전략을 어떻게 도입할 것인가에 관해 다룬다. 문제는 기업이 파괴에 대한 취약성을 모른다는 것이 아니다. 2017년 처음으로 포춘 500 내 기술 기업들보다 비기술 기업들이 기술에 더 많은 투자를 했다.[4] 이것은 여러 기업의 리더들이 파괴의 가능성을 예측하고 디지털 변혁을 추진하고 있다는 신호다.

그러나 이런 변혁이 실패하고 있다는 것이 문제다. 알티미터Altimeter의

'2017년 디지털 변혁 현황The 2017 State of Digital Transformation'에 따르면 실패의 주요 원인으로 '기술 인재와 전문성 부족(31.4%)', '일반적 문화 이슈(31%)', '디지털 변혁을 투자가 아닌 코스트 센터로 취급(31%)' 등이 꼽혔다.[5] 이들 중 어느 것도 변혁 실패의 근본 원인이라고 할 수 없다. 이 책 전체에서 살펴볼 비즈니스 리더와 기술자 사이의 근본적인 단절 증상일 뿐이다. 인재가 중요하지 않다는 것이 아니다. 인재는 분명 중요하다. 다만 프로젝트 지향적 접근이 인재를 끌어들이는 대신 조직 밖으로 밀어내는 상황을 만든다는 것이다.

결론은 최고의 전략과 의도가 있어도 소프트웨어 전달 능력과 역량이 디지털 변혁의 병목 지점이 된다는 것이다. 문제가 매우 조금씩 그리고 천천히 나타나기 때문에 비즈니스 측에서는 문제가 왜 일어나는지와 어떻게 해야 하는지를 이해하지 못한다.

1장은 디지털 파괴가 경제의 각 분야에 어떤 영향을 미치는지 살펴보면서 시작한다. 세 가지 파괴 유형을 소개하고, 세 가지 유형의 파괴를 헤쳐나가는 데 소프트웨어 전달 능력이 얼마나 중요한지 살펴본다. 그런 다음 세 가지 유형의 파괴를 다루기 위해 과거의 기술 혁명을 알아보고 무엇이 필요한지 생각해 볼 것이다. 마지막으로 변혁 실패의 계속되는 사이클에서 벗어나 기업이 다음 10년을 살아남을 수 있게 하는 메커니즘인 플로우 프레임워크로 이어지는 '세 가지 깨달음'을 소개하면서 1장을 마무리한다.

BMW 견학 생산 라인을 향해

독일의 BMW 그룹 라이프치히 공장을 방문하는 것은 굉장한 경험이다. 르네 테스트로트와 프랑크 섀퍼(Frank Schäfer)는 나를 공장에 초대했다. 프랑크는 전반적인 차량 통합을 책임지는 공장 관리자다. 거대한 센트럴 빌딩은 우리 시대의 가장 독특한 건물을 디자인해 온 건축가 자하 하디드 (Zaha Hadid)가 설계했다. 공상 과학 영화에 나올 것만 같은 건물에 입장하는 기분은 마치 미래로 걸어 들어가는 듯한 느낌이다. 내부에서 가장 돋보인 광경은 눈높이보다 높은 곳에 노출된 생산 라인이다(그림 1.1). 차체는 공중에 매달린 컨베이어를 따라 이동하다가 수많은 책상의 바다 너머로 미끄러지듯 시야에서 천천히 사라진다. 생산 라인은 건물에 들어온 모든 방문자와 직원에게 잘 보이며, 건물 전체는 생산 라인을 중심으로 설계돼 있다. 건물 구석구석 생산과 가치 전달에 연관된 실용적 특성이 눈에 띈다. 공장의 모든 것이 대량 생산 시대를 마스터한 BMW의 성숙도와 규모를 담아내고 있다.

그림 1.1 BMW 그룹 라이프치히 공장 센트럴 빌딩(BMW 그룹의 허가를 얻음)

『피닉스 프로젝트』와 『데브옵스 핸드북』의 공동 저자이자 멘토인 진 킴Gene Kim은 우리가 데브옵스 도입에 있어 고작 2% 정도의 진행률에 도달했을 뿐이라고 이야기한 적이 있다.[6] 그 수치가 충격적이었던 것은 말할 것도 없고, 소프트웨어 시대로 진입하는 많은 기성 사업의 움직임이 너무나 느리다는 것 또한 너무도 잘 설명해 줬다. 2%라는 수치 자체보다 산업 전반에 걸친 느린 진행 속도가 더 당황스러웠다.

나는 대량 생산 시대의 정점을 직접 확인해 얻은 지식을 모두 동원해 그 개념을 소프트웨어 시대에 적용해야겠다는 마음을 먹었다.

라이프치히 공장에 방문하기 1년 전, BMW 그룹은 '다음 100년' 행사를 개최해 지난 세기 제조 분야의 우수성을 스스로 인정하고 자동차 산업의 미래를 위한 비전을 발표하며 기업의 100주년을 기념했다. 이 행사는 제록스 PARC^Xerox PARC에서 명성을 떨친 앨런 케이^Alan Kay 의 "미래를 예측하는 가장 좋은 방법은 미래를 발명하는 것이다"[7]를 인용하면서 시작됐다. 지난 100년에 비해 앞으로 올 100년이 얼마나 달라질 것인지에 관한 내용이 가장 인상 깊었다.

현재 자동차 산업은 자동차 경험 측면에서 엔진 성능과 기타 물리적인 부분의 개선 효과를 소프트웨어 기반 혁신이 추월하기 시작하는 변곡점에 도달했다. 2017년 테슬라^Tesla의 시가 총액은 포드^Ford를 추월했다. 투자자들은 아직 현실화되지 않은 가능성에 열광해 테슬라의 변화에 투자했다. 2016년 포드가 6백7십만 대의 자동차를 생산한 것에 비해 테슬라는 7만6천 대를 생산했으며, 포드가 152조 달러의 수익을 내는 동안 테슬라는 7조 달러의 수익을 내는 데 그쳤음에도 말이다.[8]

'다음 100년' 발표에서 BMW 그룹은 전기 자동차 모델 i3와 i8을 시장에 얼마나 빠르게 출시했는지에 대한 성과를 바탕으로 BMW가 시대를 앞서고 있음을 증명했다. 인공 지능 비서, 증강 현실과 자율 주행, 자동차 소유에 대한 개념을 재구성하는 모빌리티 솔루션 등이 소개되는 가운데, '다음 100년' 비전의 가장 특별한 부분은 따로 있었다.[9] BMW 그룹에서 예측한 혁신이 모두 소프트웨어에 의해 이뤄진다는 점이 발표에서 가장 흥미로운 부분이었다. BMW CEO 발표에 따르면 미래 BMW 그룹 직원의 절반 이상이 소프트웨어 개발자일 것으로 예상된다.[10]

내가 방문했던 포춘 500 기업은 대부분 그들이 점유한 시장과는 무관하게 모두 비슷비슷한 변곡점이 나타난다는 것을 발견했다. 그렇다면 모든 산업이 앞으로 수년 동안 직원의 절반을 IT 전문가로 채워야 하는 파괴를 겪게 되는 것일까? 진 킴이 언급한 '2%의 진행률'의 맥락에서 모든 기업 조직이 조직과 관리의 관점으로 변화를 준비하고 있을까? BMW 그룹은 지난 기술 혁명을 마스터했기에 처음부터 유리한 상황이었던 것은 아닐까? BMW 그룹이 라이프치히 공장을 운영하는 방식에서 무엇을 배울 수 있으며, 과연 그 교훈을 대규모 소프트웨어 분야에 적용할 수 있을까?

안전한 산업 부문이란 없다

지난 20년 동안 디지털 통신 및 협력으로 향하는 변화에 처음으로 노출된 코닥Kodak이나 블록버스터BlockBuster와 같은 기업은 파괴의 첫 번째 희생양이 되고 말았다. 현재와의 차이점이라면 지금은 경제 전체가 파괴를 겪고 있다는 점이다.

졸탄 케네시Zoltan Kenessey가 정리한 네 가지 경제 부문을 살펴보자. 첫 번째 부문으로 천연자원 추출, 두 번째 부문은 공정 및 제조, 세 번째 부문은 서비스, 네 번째 부문은 지식 노동으로 분류된다.[11] 첫 번째 부문에 속하는 기업 중 일부가 익힌 자원 발견, 추출, 물류를 소프트웨어를 통해 개선하는 능력은 소프트웨어 기반 솔루션을 익히지 못한 기업보다 근본적인 우위를 점할 수 있게 해 준다. 자원 추출 및 관련 기술의 발전은 점진적 이익만을 가져오는 것에 반해, 소프트웨어와 IT 시스템을 이용하면 더 많은 혁신적 발견과 효율성을 끌어낼 수 있다. 그 예로 천연자원 및 에너지 기업들은 자원 발견 및 추출을 위해 소프트웨어와 데이터 주도 접근 방식으로 점점 더 많이 경쟁하고 있다. 요점은 산업 분야와 비즈니스에 따라 진행 속도에는 차이가 있지만 디지털 파괴로부터 안전한 비즈니스는 없다는 것이다.

두 번째 부문을 살펴보면 소프트웨어 시대에서 비롯된 변화는 더욱 극명하게 나타난다. 자동차와 같은 대량 생산 제품의 디지털 경험으로 인한 차별화는 점점 커지고 있다. 이제 자동차는 바퀴 달린 컴퓨터로 변모했다. 마이크로소프트 윈도우즈^{Microsoft Windows} 운영 체제가 6천만 라인 정도의 코드[12]를 가진 데 반해, 2010년의 자동차들은 10억 라인에 달하는 코드를 싣고 있다.[13] 많은 자동차 제조사는 자동차 내 소프트웨어 단가를 엔진보다 더 비싸게 책정했다(그림 1.2). 이는 파괴의 시작일 뿐이다. 자율 주행 시스템은 앞으로 자동차 소프트웨어의 양을 크게 늘릴 것이고, 엔진이 전기 기반으로 대체됨에 따라 나머지 주요 구성 요소 또한 소프트웨어 시스템으로 바뀔 것이다.

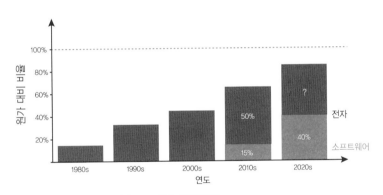

그림 1.2 자동차 제조 원가 대비 소프트웨어 비율(근사치)

대량 생산 시대를 상징하는 기업 중 하나인 보쉬^{Bosch}는 2017년, 디지털 변혁을 위해 2만 명의 전문가를 고용한다고 발표했다. 이 중 절반이 소프트웨어 관련 직군이었다.[14] 물리적인 제품은 점점 더 많은 디지털 경험을 제공하려 하고 있으며, 7장에서 소개될 내용에서처럼 공장 및 제조사, 조립 공정 자체도 소프트웨어에 의해 변화하고 있다.

세 번째 분야에서 나타나는 디지털 파괴와 그에 따른 변화 역시

극적이다. 이 이야기는 1997년 넷플릭스Netflix가 영화 대여 사업에 적용한 변혁과 함께 시작된다. 1997년 당시의 인터넷 대역폭은 디지털 영화를 가정으로 전송하기에는 크게 부족했다. 넷플릭스의 공동 설립자이자 CEO인 리드 헤이스팅스Reed Hastings는 컴퓨터 과학자 앤드류 테넌바움Andrew S. Tanenbaum의 "미국 전역에 걸쳐 비디오테이프를 배달하는 화물차의 대역폭을 계산하라"라는 유명한 수학 문제에서 영감을 얻어 DVD의 선택 및 물류 분산에 소프트웨어를 적용할 수 있을 것으로 판단했다.[15] 벤처 투자가 마크 앤드리슨Marc Andreessen은 「Why Software is Eating the World?」라는 제목의 칼럼에서 페덱스FedEx를 '소프트웨어 네트워크에 트럭, 비행기, 유통 허브를 붙여놓은 것'이라고 묘사했다.[16] 넷플릭스와 페덱스는 소프트웨어가 유통업계에 폭발적인 이익을 가져다줄 것임을 깨달은 것이다.

그러나 여전히 소매업과 물류는 파괴의 초기 단계에 있다. 아마존은 물류 및 고객의 소비 습관을 공급망 데이터와 결합할 수 있게 됐으며, 이는 아마존이 소매업 상점들을 파괴할 능력이 있음을 의미한다. 월마트Walmart가 대량 생산 시대의 방법을 마스터해 다른 소매업 경쟁자들을 파괴했던 것과 똑같은 방법으로, 이제 아마존은 공급망을 파괴해 월마트를 비롯한 다른 소매업체에 영향을 미침으로써 당시 월마트의 시장 점유율 성장세와 유사한 성장세를 보여주고 있다.[17] 이러한 추세를 보면 고객 경험과 물류에 소프트웨어를 적용해 작은 성취를 먼저 이룬 기업들이 결국 산업의 나머지 경쟁자들이 넘기 힘든 우위를 점하게 됨을 알 수 있다.

마지막으로 기술, 미디어, 교육, 행정 등 지식 노동 산업으로 구성된 네 번째 산업 부문은 훨씬 빠르게 디지털 변혁에 대응하고 있다. 지식 노동 부문은 가장 최근에 등장한 산업 부문이기 때문에 소프트웨어가 서비스 유통 및 인프라에 주는 영향에 가장 민감하다. 우리는 이미 이메일부터 모바일 메신저, 화상 회의, 인공 지능 비서에 이르는 다양한 협업 기술의 변화를 지켜보고 있다. 어떤 경제 부문이든 우리는 추세를 명확히 파악하기 위해 파괴에서 얻은 기준 자료를 충분히 갖고 있다. 파괴는 모든 분야에서 발생하고 있고 속도는 점점 빨라지고 있다. 소프트웨어 혁신을 이룬 기업은 승자가 되고, 그렇지 못한 기업은 점차 쇠락의 길을 걷거나 블록버스터의 전철을 밟게 될 것이다.

파괴의 유형

다양한 디지털 파괴 사례가 있지만 모두 동일한 것은 아니다. 소프트웨어 전달이 비즈니스에 어떤 영향을 주는지 이해하려면 여러 종류의 디지털 파괴의 모델을 알 필요가 있다. 이 책에서 소개하려는 모델은 제프리 무어의 저서 『Zone to Win』에서 소개된 내용이다. 무어의 세 가지 파괴 유형에는 인프라 모델, 운영 모델, 비즈니스 모델이 있다.[18] 소프트웨어 시대에 대부분 기업이 파괴를 해결하려면 소프트웨어 전달을 마스터해야만 한다. 파괴의 유형을 파악해야 각 비즈니스에 맞는 효과적인 공격 및 방어 태세를 갖춰 그에 따른 IT 투자와 가치 흐름을 만들어낼 수 있다.

인프라 모델 파괴는 가장 다루기 쉬운 유형으로 비즈니스가 제공하는 제품과 서비스에 고객이 접근하는 방식이 변화하는 것을 말한다. 판매 방식은 그대로 두고 소셜 미디어를 통해 제품 홍보를 진행하기로 하는 상황을 예로 들 수 있다. 우리가 관찰할 수 있는 인프라 모델 파괴는 경쟁 업체 대비 차별성 있는 디지털 마케팅 및 소통 방법에서 발생한다. 많은 디지털 서비스가 신뢰 경제를 뒷받침하는 소셜 네트워크와 조합되고 있다.

운영 모델 파괴는 소프트웨어를 사용해 비즈니스와 고객 간 관계가 변화하는 것과 관련이 있다. 예를 들면 항공사는 이제 최고의 모바일 경험을 제공해야 하며, 그러지 못한다면 비행 예약 승객을 잃는 위험을 감수해야만 한다. 상담사와 콜센터의 역할이 줄어들면서 운영 모델은 근본적으로 변화한다. 스타트업과 경쟁하려면 최고의 디지털 경험이 필요하다. 예를 들어 더 나은 개인별 금융관리 기능으로 고객을 만족시키는 새로운 스타트업의 서비스는 시중 은행을 파괴할 것이라 예상할 수 있다.

비즈니스 모델 파괴는 소프트웨어 및 기술을 비즈니스에 좀 더 근본적인 방식으로 적용해 발생하는 변화에서 기인한다. 고객이 상점에 방문하는 것과 같이 주로 수동적인 과정을 없애 주는 소프트웨어와 물류 혁신이 이에 해당할 것이다. 무어는 이에 대해 기성 기업은 스스로 파괴를 주도할 능력이 없기 때문에 다른 시장 카테고리에서 부상하는 다음 창조적 파괴의 흐름에 올라탈 수 있도록 혁신 엔진을 구축해 둬야 한다고 말한다.[19]

비즈니스가 어떤 상황에 있든지 간에 소프트웨어 시대에 성공하려면 어떤 유형의 파괴가 비즈니스를 위험에 빠뜨렸는지 정확히 정의해야 한다. 어떤 유형이든 다음 단계는 소프트웨어 전달에 상당한 투자를 요구할 것이다. 이 이니셔티브를 성공시키고 시장에서 승리하기 위한 힘은 소프트웨어 가치 흐름을 정의하고 연결하며 관리하는 능력에 달려 있다.

쪼개지는 산업

우리의 다음 자동차가 무엇이 될지 생각해보자. 수십 개 스타트업이 우리의 자동차 모빌리티 경험을 차지할 목적으로 경쟁하고 있다. 여기서 말하는 경험이란 타이어 공기압 주입과 자동차 수리부터 커넥티드 카 기술이나 자율 주행에 이르는 범위를 아우른다. 이들 스타트업은 스타트업끼리만이 아닌 전통적인 자동차 경험의 모든 부분을 장악하고 있던 자동차 제조사들과도 경쟁하고 있다. 이는 영역 관리 관점에서 인프라 모델 파괴 정도에 불과하다. 리프트Lyft, 우버Uber, 카투고 Car2Go 같은 회사는 자동차와 사용자 간 소유 관계 자체를 바꿈으로써 운영 모델 및 비즈니스 모델의 파괴를 일으키고 있다.

금융 분야로 넘어가 보면 기술 도입을 선도해 온 주체는 은행이었다. 은행은 근본적으로 지식 노동이며 기술적 우위를 신속하게 시장 우위로 끌어낼 수 있다. 이러한 이유로 은행은 새로운 기술의 얼리어답터였다. 예를 들어 다른 기업들이 개인이 대가를 바라지 않고 만든 오픈소스의 사용을 고려하기 몇 년 전부터 이미 많은 은행이 오픈소스 소프트웨어를 운영하고 있었다. 지난 10년간 은행은 디지털 파괴에 대비해 수만 명의 IT 직원을 조직에 채용했다. 그 예로 뱅크 오브 아메리카Bank of America의 글로벌 기술 및 운영 책임자인 캐서린 베산트 Catherine Bessant는 9만 5,000명의 정직원과 계약직을 관리하고 있다.[20]

은행 핵심 사업을 목표로 하는 벤처 펀드를 보유한 스타트업은 수백 개에 이른다. 각 스타트업은 이미 존재하는 서로 다른 제품과 서비스를 제공하는데, 기성 기업의 제품이나 서비스와 경쟁하기 위함이다. 금융 기술의 자금 규모를 살펴보자. 2016년 한 보고서에 따르면 1,000개 이상의 핀테크(금융 기술) 기업이 총 1,050억 달러의 투자를 유치했으며 현재 가치를 합산하면 8,670억 달러에 달하는 것으로 나타났다.[21]

근본적인 변화가 일어나고 있다. 수만 명의 직원이 있음에도 불구하고 기성 기업은 파괴가 침투할 만한 커다란 문을 여럿 열어둔 채 소프트웨어를 만들어 전달하고 있다. 이는 스타트업을 앞서려는 논의나 투자가 부족하기 때문이거나, 파괴를 주도하는 기업을 공격하고 방어할 창의적인 방법을 찾아내지 못했기 때문일 수도 있다. 스타트업은 소프트웨어를 빠르게 구축하고 이터레이션을 수행하는 능력이 있으며, 기존 고객과 레거시 시스템에 발목 잡히지도 않는다는 기성 기업이 가질 수 없는 이점이 있다. 이를 발판으로 스타트업은 건강 보험부터 암호 화폐에 이르는 다양한 서비스와 고객이 상호 작용하는 방식에 혁신을 일으킬 수 있었다.

이런 예는 벤처 캐피털에서 투자받은 스타트업이 어떻게 기성 기업과 산업을 파괴하는지 보여준다. 파괴의 또 다른 원인은 소프트웨어 전달을 마스터한 거대 기술 기업이다. 우리가 겪는 파괴의 원인이 어느 쪽이든, 대응 계획을 세우기 전에 우리가 이 기술 혁명의 어디쯤 있는지, 다가오는 변화와 파괴의 물결이 어떤 형태일지 조사해야 한다.

활용기로 진입하는 세계

이러한 파괴는 지금 속도로 무한정 진행될까? 스타트업의 성장을 부채질하는 벤처 캐피털의 규모는 기성 기업들이 더 이상의 경쟁을 포기해야 할 정도로 끝없이 늘어나기만 할까? 거대 기술 기업이 곧 주요 경제의 대부분을 차지하게 되는 것일까?

질문들에 대한 답은 조직에 아주 중요하다. 도입기와 활용기 사이의 금융 붕괴와 회복이 일어나는 전환점에서 생존하기 위해 우리의 디지털 전략에 무엇을 어떻게 투자해야 하는지를 안내해줄 것이기 때문이다. 이에 대한 이해가 없다는 것은 증기 및 철도 시대에 경쟁력을 위해 말에 투자하겠다는 것이나 마찬가지다. 다음 장에서 살펴보겠지만, 이는 다름 아닌 대다수 기업의 IT 조직이 범하는 실수다.

기술 혁신 주기와 그것이 경제에 미치는 영향을 설명하기 위한 몇 가지 이론이 있다. 콘드라티예프 파동(기술 혁신과 창업의 결과로 찾아오는 팽창, 정체, 불황의 50년 주기)과 **창조적 파괴**(내부 경제 구조를 끊임없이 혁신해 낡은 것을 파괴하고 새로운 것을 창조하는 산업 변이 과정)의 주기는 1930년대 조지프 슘페터Joseph Schumpeter의 저서 『자본주의, 사회주의, 민주주의』(북길드, 2016)에서 소개됐다.[22] 경제학자 카를로타 페레스는 그의 책『기술혁명과 금융자본』(한국경제신문, 2006)에서 이러한 개념을 확장했다.[23]

콘드라티예프 파동의 원인과 지속 시간에 대해서는 경제학자들 사이에 의견이 분분하다. 현재의 파동이 길어질 것으로 예측하는 사람도 있고 파동이 계속해서 짧아지고 있다고 주장하는 사람도 있다.[24]

파동이 얼마나 지속될지 알 수 없지만, 페레스의 연구는 우리에게 마지막 시대의 기술 시스템을 구별하고 소프트웨어 시대에 생산 수단을 어떻게 마스터할지 이해하기 위한 모델을 제공한다. (페레스의 연구 요약은 저명한 벤처 투자가인 제리 노이만Jerry Neumann의 블로그 게시물 '활용기The Deployment Age'에서 확인할 수 있다.)[25]

소프트웨어 시대의 우리 위치를 이해하기 위해 페레스의 이론 중 가장 중요한 측면은 새로운 기술 시스템의 도입기와 활용기에 대한 개념이다(그림 1.3). 도입기에는 벤처 캐피털과 같은 대량의 금융 자본이 기술, 기업, 자본의 임계치에 도달한 새로운 기술 시스템에 투입돼 이전 시대를 파괴한다. 이는 오늘날 일어나고 있는 스타트업의 '캄브리아기 대폭발'과 같은 것이다.

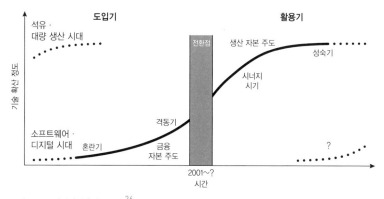

그림 1.3 도입기에서 활용기까지[26]

도입기 이후에는 활용기가 찾아온다. 활용기에 생산 방법을 마스터한 기업은 더 많은 경제 및 새로운 인프라를 차지하게 된다. 이렇게 등장한 새로운 거대 기술 기업이 통제하는 **생산 자본**이 스타트업과 금융 자본을 대체하기 시작한다. 생산 자본과 금융 자본은 본질적 차이가 있다. 생산 자본은 기성 기업의 경영진이 더 효과적인 제품 생산이라는 혁신을 이루기 위해 관리하는 자본이다(금융 자본이 선호하는 급진적이고 위험을 감수하는 혁신과는 큰 차이가 있다). 활용기 동안 금융 자본과 스타트업은 다음 기술 혁명이 될 만한 새로운 무언가를 찾아다니기 시작한다.

이런 패턴은 표 1.1에서 볼 수 있듯 네 번 이상 반복됐다. 페레스는 우리가 다섯 번째 주기의 한가운데 있다는 증거를 그의 책에서 보여줬다.[27] 소프트웨어 시대는 1970년경 마이크로프로세서의 도입과 함께 시작됐다. 2002년 페레스는 도입기와 활용기 사이에 생산을 마스터한 새로운 기업이 등장해 정부가 규제를 시작할 정도로 자본과 시장 통제력을 축적할 것임을 예측했으며 오늘날 우리는 그 증거를 보고 있다.[28]

정확히 전환점 또는 활용기가 얼마나 오래 지속될지는 알 수 없다. 현재 시대가 과거의 다른 시대와는 현저히 다른 양상일지도 모른다. 한 인터뷰에서 페레스는 이번 전환점의 기간이 점점 더 길어지고 있다고 말했다.[29] 그러나 우리가 이 시대가 무엇이었는지 정확히 알 수 있을 때는 이미 새로운 생산 수단을 일찍이 익힌 기업이 그렇지 못한 기업을 쫓아냈을 것이며 무언가를 시도하기엔 너무 늦은 때일 것이다.

표 1.1 기술 혁명[30]

도입기~활용기 기간	시대	새로운 기술 시스템	새로운 인프라	시대를 이끈 혁신	관리 방법의 혁신
1771~1829	산업 혁명	수력 기계화	운하, 유료 도로, 범선	아크라이트의 크롬포드 방적 공장 (1771)	공장 시스템, 창업가 정신, 합자 회사
1829~1873	증기·철도 시대	기계화 및 운송의 증기 기관화	증기 기관차, 전신, 증기선	리버풀~맨체스터 철도 (1831)	주식회사, 도급 계약
1875~1918	철강·중공업 시대	장치 및 운송의 전기화	강철 철도, 강철 선박, 국제 전신	카네기의 제강 공장 (1875)	전문적 관리 시스템, 거대 기업의 테일러리즘
1908~1974	석유·대량 생산 시대	운송 및 경제의 동력화	라디오, 고속도로, 공항	포드의 하이랜드 파크 조립 라인 (1913)	대량 생산 및 소비, 포디즘, 린
1971~?	소프트웨어·디지털 시대	경제의 디지털화	인터넷, 소프트웨어, 클라우드 컴퓨팅	인텔 마이크로 프로세서 (1971)	네트워크, 플랫폼, 벤처 캐피털

현시점에서 우리는 '언번들링(스타트업에 의한 대기업 해체 현상)'과 같이 벤처 캐피털이 자금을 지원하는 여러 신생 스타트업이 다양한 산업에서 만들어내는 현상을 통해 금융 자본이 움직이는 모습을 볼 수 있다. 그러나 생산 자본의 효과 또한 관찰되기 시작했다.

풍부한 자본을 통해 최고의 벤처 투자자들에 의해 세워진 민첩한 디지털 네이티브 기업 조본Jawbone의 사례를 들어보자. 조본은 블루투스 헤드셋, 무선 스피커, 웨어러블 피트니스 장치 등 다양한 카테고리의 제품을 만들었다. 조본은 2006년부터 2016년 최고의 기업들로부터 93억 달러에 달하는 금융 자본을 투자받았다. 그러나 결국은 자산이 매각되는 처지가 됐고 역사상 벤처 캐피털이 두 번째로 돈을 많이 쓴 기업이 됐다.[31]

혁신과 훌륭한 상품의 조합에도 불구하고 조본은 애플^{Apple}과 같은 생산 자본에 밀리고 말았다. 혁신적인 스마트워치 제조사 페블^{Pebble}은 2016년 12월에 조본과 비슷한 이유로 폐업했다.[32] 고객형 하드웨어 스타트업의 무덤이 늘어나는 것과 함께 페이스북이 인수하거나 파괴하기 전에 충분히 규모를 키울 수 있는 새로운 소셜 미디어 회사를 설립하는 것도 점점 더 어려워지고 있다.[33] 이렇게 생산 자본의 효과가 증가한다는 것은 우리가 전환점을 통과하고 있다는 신호다.

전환점이 얼마나 오래 지속될지 알 수 없지만, 이 시대가 페레스의 50년 주기 모델을 따르고 있으며 1970년대부터 도입기의 신호가 나타나고 있었음을 알아차렸다면 우리는 매년 활용기에 가까워지고 있다고 추정할 수 있다. 활용기에 도달했을 때 새로운 생산 수단을 채택하지 못한 기업은 연관성^{Relevance} 및 시장 점유율이 하락할 것이다. 그렇게 앞으로 10년 동안 상당수 기업이 시장에서 자리를 잃어 갈 것이다. 우리는 오랜 기간 많은 기업이 IT, 애자일, 데브옵스 전환을 시도했다가 실패하는 사례를 지켜봤다. 최신 기술 시대에서 살아남기 위한 싸움을 해 볼 기회를 얻으려는 대부분 기업에는 이번이 마지막 기회가 될 것이다.

세 가지 깨달음

대규모 소프트웨어를 구축하는 방법을 이해하고 이를 향상하려 노력해 왔다. 약 20년에 달하는 세월을 새로운 프로그래밍 언어와 소프트웨어 개발 툴에 개발에 쏟았으며 세계 최고의 몇몇 회사와 일할 기회도 있었다. 그러나 이미 전환점까지 도달한 우리에게 기술 향상은 더이상 병목 지점이 아니라는 것을 깨달았다. 기술 개선은 어느 정도 의미가 있지만 점진적인 향상이며 새로운 프로그래밍 언어, 툴, 프레임워크 및 런타임을 통한 기업의 생산성 향상은 10% 미만이다.

한편 IT 조직의 단절처럼 비즈니스와 IT 간 단절도 심각하다. 기업 소프트웨어 아키텍처의 공통적이며 잘못된 접근법은 비즈니스 가치 흐름에 기반하지 않고 기술 전문가의 요구 사항에만 초점을 맞추고 있다. BMW 그룹의 라이프치히 공장과 대조해 보자. BMW 그룹은 공장 전체를 건물의 확장성에서 생산 라인 자체의 모듈성에 이르기까지 비즈니스의 변화하는 요구에 따라 설계해 놓고 있었다.

기술자가 추구하는 것들이 오히려 수익 감소로 이어지고 있다는 깨달음은 한순간에 이뤄진 것이 아니다. 나는 각각 다른 순간에 깨달음을 얻었으며 그때마다 내 경력을 전환하는 중요한 계기가 됐다. 각 깨달음에는 소프트웨어 전달에 대한 나의 관점을 재구성하고 이전의 가정이 얼마나 많은 결함이 있는지 숱한 밤을 지새우며 고민했던 경험이 담겨 있다.

첫 번째 깨달음은 첫 직장 경험에서 얻었다. 새로운 프로그래밍 언어를 개발하는 개발자로 일하면서 우리가 해결하는 문제가 소스 코드를 넘어 다른 영역에 걸쳐있다는 것을 깨달았다. 두 번째 깨달음은 소프트웨어 전달과 변혁을 관리하는 방법이 근본적으로 잘못됐다는 것을 분명하게 일깨워 준 수백 번의 기업 IT 리더들과의 미팅에서 얻었다. 세 번째 깨달음은 BMW 공장을 방문하는 동안 대규모 소프트웨어 전달을 위해 내가 구상했던 전체 모델이 잘못됐다는 것을 자각하면서 얻었다. 각 깨달음은 이전 기술 혁명에서 가져온 개념을 현재 기술 혁명에 적용하고 실패하는 과정과 연결돼 있다. 세 가지 깨달음을 요약하면 다음과 같다.

- **첫 번째 깨달음**: 소프트웨어 규모가 확장함에 따라 아키텍처와 가치 흐름 사이의 단절로 생산성은 감소하고 낭비는 증가한다.

- **두 번째 깨달음**: 단절된 소프트웨어 가치 흐름은 소프트웨어 전달의 병목 지점이 된다. 가치 흐름의 단절 원인은 프로젝트 관리 모델의 잘못된 사용에 있다.
- **세 번째 깨달음**: 소프트웨어 가치 흐름은 선형적인 제조 공정이 아니라 제품에 따라 조정돼야 하는 복잡한 협업 네트워크다.

개발자가 가치 흐름으로부터 단절돼 있을 때 소프트웨어 생산성이 감소하고 낭비가 증가한다는 첫 번째 깨달음은 개인적으로 경험한 위기를 통해 얻게 됐다. 제록스 PARC의 연구원으로 재직 중일 때 오픈소스 소프트웨어 개발자로 매주 70시간에서 80시간을 근무했다. 대부분 시간을 코딩하는 데 썼고 이런 이야기가 늘 그렇듯이 종종 사무실 책상 밑에서 자기도 했다. 많은 시간에 걸친 마우스와 키보드 사용은 극복할 수 없어 보이는 RSI(반복 사용 긴장성 손상 증후군)를 야기했다. 소프트웨어가 릴리즈에 릴리즈를 거듭할수록 나의 투지 넘치는 코딩과 함께 RSI 증상은 점점 나빠졌고, 내 상사는 여러 직원이 이런 증상으로 PARC에서의 경력을 끝장냈다며 거듭 경고했다. 간호사의 조언과 이부프로펜 처방은 아주 작은 도움밖에 되지 못했고 마우스를 클릭할 때마다 병이 더 심해질 것을 알았다.

이것을 계기로 나는 게일 머피가 브리티시 컬럼비아 대학에 만든 소프트웨어 실습 연구소에 합류해 박사 과정을 밟게 됐다. RSI 증상으로 마우스 클릭이 제한 요소였기 때문에 운영 체제에서 발생하는 각 클릭에 대한 이벤트를 추적했고, RSI를 유발하는 활동 대부분이 별 가치를 생산하지 않는다는 것을 깨닫게 됐다. 업무에 필요한 정보를 찾고 또 찾기 위해 창과 애플리케이션을 반복해서 클릭하는 것뿐이었다.

그 후, 실험 대상을 IBM에서 일하는 6명의 전문 개발자로 늘리고 모니터링 툴을 확장하고 실험용 개발자 인터페이스를 추가해 가치 흐름 중심으로 주변 코딩 활동을 조정했다. 연구 결과가 상당히 놀라웠기 때문에 게일과 나는 좀 더 확장된 '야생의' 연구를 진행하기로 하고 각각 기업에 고용된 99명의 전문 개발자를 모집해 그들의 소프트웨어 개발 활동을 처음부터 끝까지 추적해 보내도록 했다. ('International Symposium on Foundations of Software Engineering'에 발표한 자세한 연구 결과는 7장에서 소개한다.)[34]

연구 결과는 분명했다. 소프트웨어 시스템의 규모가 커지면 커질수록 최종 사용자가 요청하는 수백 가지 기능 중 하나를 추가하는 데드는 노력과 아키텍처 사이의 거리도 멀어졌다. 사용해야 하는 협업 및 추적 시스템의 수 또한 늘어나면서 더 많은 낭비와 중복이 발생했다. 이러한 발견은 게일과 나에게 태스크톱Tasktop을 설립할 영감을 줬다. 태스크톱은 이러한 문제를 잘 이해하고 해결하기 위해 노력하는 소프트웨어 기업이다.

몇 년 후, 거대 금융 기관의 툴체인에 관해 살펴보면서 두 번째 깨달음을 얻었다. 스래싱Thrashing* 문제는 개발자만의 문제가 아니었다. 비즈니스 분석가, 디자이너, 테스터, 운영 담당자, 지원 담당자에 이르는 소프트웨어 전달에 관련된 모든 전문가에게 스래싱은 낭비의 주요 인이었다. 소프트웨어 전달 전문가가 더 많이 참여할수록 더 많은 단절이 일어났으며 더 많은 시간을 스래싱, 중복 데이터 입력, 끝없는 상태 업데이트 및 보고에 사용했다.

개인적으로 직면하고 있던 생산성 감소와 증가하는 스래싱 문제가 수천 명의 IT 직원의 규모에 비례해 그대로 나타나고 있었다. 더 많은 직원, 더 많은 툴, 더 많은 소프트웨어 규모와 복잡성은 문제를 더 악화시켰다. 예를 들어 어느 한 은행의 소프트웨어 전달 관행에 관

---

* 컴퓨터 시스템이 의도한 작업을 수행하는 시간보다 페이지 교환에 더 많은 시간을 사용하는 성능 저하 현상을 말한다. 여기서는 중복된 데이터 입력 등 낭비되는 업무가 전체 업무의 효율성을 떨어뜨리는 것을 가리킨다. – 옮긴이

한 분석을 했을 때 우리는 모든 개발자 및 테스트 담당자가 두 개의 서로 다른 애자일 및 이슈 추적 툴에 중복되는 데이터를 입력하며 하루에 최소 20분의 시간을 낭비하고 있다는 것을 알 수 있었다. 낭비 시간이 매일 두 시간으로 늘어날 때도 있었으며 일선 관리자의 오버헤드는 더욱 증가했다. 개발자가 시간을 어떻게 사용하는지 좀 더 자세한 분석을 수행했고 오직 34%의 시간만이 개발에 사용된다는 것이 드러났다.[35] 코드를 작성하는 일이 개발자에게 급여를 지급하는 이유이며 개발자가 하고 싶어 하는 일인데도 말이다. 이것은 심각한 시스템적 문제였다.

게일과 내가 기업 IT 조직을 좀 더 연구하기 시작하면서 아주 단순하고 좀 더 개발자 중심적인 오픈소스, 스타트업, 기술 기업의 세계와 현실의 기업 IT 조직의 세계가 얼마나 다른지 깨닫기는 했지만 기업의 IT 전달에 대한 실질적 데이터가 부족했다. BMW 그룹 공장에서는 업무 흐름을 라인에서 간단히 내려다볼 수 있었다. 불행히도 IT 조직에서는 가치 흐름을 형성하는 툴 전체에 걸쳐 작업이 어떻게 흘러가는지에 대한 데이터는 구할 수 없었다. 하지만 태스크톱은 포춘 100 기업의 절반 가까이를 고객으로 확보하고 있었고, 이들이 사용하는 툴에 포함된 가치 흐름 및 결과물이 우리에게 공유되고 있었기 때문에 아주 특별한 데이터 세트를 확보할 수 있다는 것을 깨달았다. 그렇게 고객으로부터 애자일, 애플리케이션 생명주기 관리ALM, Application Lifecycle Management, 데브옵스에 이르는 308개의 툴체인 데이터를 수집하고 분석했다. 툴이 서로 연결된 형태를 보자마자 우리는 이를 **툴 네트워크**라고 부르기로 했다. (자세한 내용은 8장을 참고하라.) 이 과정에서 데이터를 통해 확인한 내용을 잘 이해하기 위해 200개가 넘는 IT 조직의 리더를 직접 만나기도 했다.

308개의 가치 흐름 다이어그램을 떠올리며 10킬로미터가 넘는 라이프치히 공장 생산 라인을 걷는 동안 세 번째 깨달음을 얻게 됐다.

소프트웨어 가치 흐름을 고려하기 위한 모델 전체가 잘못됐다는 생각이었다. 소프트웨어 가치 흐름은 자동차 생산 라인을 닮은 선형 제조 공정 또는 파이프라인이 아닌, IT 조직이 만든 내부 및 외부 제품 그리고 비즈니스 목표를 연결하고 적절히 조정해야 하는 복잡한 협업 네트워크다.

데이터에 따르면 이러한 접근 방식은 기업 조직이 IT 투자를 관리하는 방법인 프로젝트 및 비용 지향적 사고방식과는 정반대다. 기업 툴 네트워크의 실측 정보^{Ground Truth}는 이미 모든 IT 전문가가 애자일 팀과 데브옵스 자동화를 받아들여 새로운 방법으로 일하고 있으나, 이를 효과적으로 수행할 인프라와 비즈니스의 승인이 부족하다는 것을 말해 준다.

다른 한편으로 비즈니스는 기술자가 하는 업무를 이해하고 관리하는 능력을 점점 잃고 있다. 리더는 한두 시대 전의 관리 툴과 프레임워크를 사용하고 있다. 하지만 기술 분야에서는 이러한 구식 방법으로는 절대 따라올 수 없는 속도와 피드백 주기로 소프트웨어를 생산해 내야 하는 압박을 받고 있다. 비즈니스와 기술자의 간극은 변혁 이니셔티브를 통해 좁아지기는커녕 오히려 넓어지고 있다. 우리는 더 나은 방법을 찾아야 한다.

결론

BMW 그룹 라이프치히 공장의 정말 멋진 부분은 방문자 및 직원을 대량 생산 시대 전개기의 마지막 국면과 소프트웨어 시대 도입기 사이의 교차점에 있게 한다는 것이다. 이 공장에서는 소프트웨어로 움직이는 자동차를 점점 더 많이 생산하는 첨단 제조 방식 및 공장 자동화의 정점을 볼 수 있다. 그에 반해 세계 유수 기업의 IT 조직은 1900

년대 디트로이트의 생산 방법을 배우려다 포드 등이 앞서가는 동안 사라진 300여 개의 자동차 제조사에 더 가깝다.[36]

1장에서는 소프트웨어 시대의 성장으로 인해 일어나고 있는 변화의 규모를 살펴봤다. 가장 큰 문제는 경영 관점에서 기성 기업은 이전 시대의 관리 방법 및 생산 방식을 사용하고 있으며 그렇기 때문에 실패하고 있다는 점이다. 다음 장에서는 기업 IT 조직이 보이는 문제의 징후를 통해 수집된 증거를 살펴보고 조직이 변혁에 실패하는 원인을 조명할 것이다. 그 후 해결책을 살펴볼 것이다.

2장

프로젝트에서
제품으로

'변혁Transformation'이라는 단어는 아마도 IT 분야에서 가장 많이 남용되는 용어일 것이다. 그러나 기술 혁명의 역사적 관점으로 보면 이 용어의 남용이 그리 놀랍지는 않다. 변화를 수용하고 전환점을 넘어서서 살아남아야 한다는, 즉 기업들이 직면하고 있는 실존적 문제에 변혁이 깊이 뿌리내리고 있기 때문이다.

　이 시대에 기업의 생존은 소프트웨어와 디지털 경험을 제공하는 능력에 달려 있다. 시장 조사 기관인 IDC는 디지털 시장의 규모와 변혁의 긴급성을 강조하면서 디지털 변혁이 2020년까지 18조 5천억 달러 규모로 성장할 것으로 예상했으며, 이는 전 세계 GDP의 25%에 해당하는 금액이다. 디지털 변혁에 성공한 기업들은 이익을 얻겠지만, 그렇지 못한 기업들은 도태될 것이다. 많은 대기업이 변혁 이니셔티브를 시작했으며 나머지 기업들도 소프트웨어에 대한 투자 비중이 커지고 있다는 사실을 알아차리고 있다. 이는 기업의 CFO가 다음 해의 예산을 편성하면서 IT에 들어가는 인건비와 비용이 얼마나 많은지 깨달으며 밝혀지곤 한다.

　대량 생산 시대에 IT는 지원 기능을 담당하는 별도의 사일로였으며 커뮤니케이션을 촉진한다거나 영업 자동화와 같이 다른 생산 수단의 생산성을 향상했다. IT는 계속해서 이러한 주요 지원 기능을 수행할 것이다. 예를 들어 인더스트리 4.0 이니셔티브에서 제안된 공장 자동화는 '사이버 물리 시스템Cyber Physical System'을 통해 대량 생산에서 의미 있는 생산성 결과를 보여줄 것이다.[2] 그러나 이러한 시도들은 지난 도입기의 연장선이며 지금 일어나고 있는 시장과 비즈니스 모델 파괴가 주는 변화보다 파급력이 미미하다. 하지만 소프트웨어 시대의 디지털 기술은 기업의 핵심이며 더는 외딴 부서로 분리되지 않는다.

그렇다면 조직과 관리 기술은 어떻게 변화해야 하는가? 2장에서는 소프트웨어 시대에 살아남으려는 의도로 변혁을 시도했지만 실패한 두 가지 사례를 살펴볼 것이다. 첫 번째는 노키아Nokia를 모바일 시장에서 밀려나게 만든 애자일 변혁 사례다. 두 번째는 우리가 라지뱅크라고 부를 익명의 거대 금융 기관이 애자일과 데브옵스 변혁에 10억 달러를 투자하고도 이렇다 할 사업 가치를 창출해 내지 못했던 사례. 이 두 가지 실패 사례는 과거에 잘 통했던 패러다임이 지금 시대에는 실패의 원인이 됨을 보여준다.

다음으로 프로젝트 관리 패러다임과 이것이 왜 비즈니스와 IT 사이에 간극을 만드는지 논의할 것이다. 보잉 787 드림라이너Boeing 787 Dreamliner의 제작 과정을 살펴보고 그 과정이 어떻게 제품 중심적 사고 방식을 잘 나타내고 있는지 탐구해볼 것이다. 또한 프로젝트 지향적 관리 방법에서 제품 지향적 관리 방법으로 전환하는 것이 소프트웨어 전달을 비즈니스와 연결하는 데 얼마나 중요한지, 프로젝트에서 제품으로 우리의 경영 관점을 전환하는 것이 어떻게 우리를 소프트웨어 시대의 성공 가도로 올라설 수 있게 하는지 살펴볼 것이다.

플로우 프레임워크를 소개하기 전에 BMW 그룹 라이프치히 공장이 어떻게 차별화된 방식으로 플로우를 측정하고 각 제품 라인에 맞는 소프트웨어 가치 흐름을 정의하는 데 성공했는지 살펴볼 필요가 있다.

공장 구조 탐색

센트럴 빌딩은 탁 트인 거대한 공간으로 이어진다. 왼편으로는 생산 라인이 보이고 차체들이 라인을 따라 쉴 새 없이 이동하며 휙휙 돌아가는 주황색 대형 로봇 팔들이 한 조각씩 자동차를 조립하고 있다. 공간 전체는 미래 지향적 건축 양식과 뒤섞여 마치 우주선이라도 만들고 있는 건물에 들어온 느낌을 준다.

"건축 구조가 공장의 팀워크와 생산성에 긍정적인 영향을 끼칠 수 있을까요?" 공장 안내 책자에 이러한 질문이 쓰여 있다. "유명 건축가 자하 하디드가 설계한 BMW 그룹 라이프치히 공장의 센트럴 빌딩은 이 아이디어를 구현한 것입니다. 이 특별한 건물은 커뮤니케이션의 중심이며 모든 생산 구역을 연결합니다."

생산 라인 오른편엔 모든 IT 구성원의 자리가 훤히 드러나 보인다.

르네는 "공장 CIO 자리가 바로 저쪽에 있어요"라며 생산 라인 오른편 수백 개의 책상과 듀얼 모니터 워크스테이션이 있는 곳을 가리킨다.

공장에 자체 CIO가 있고 IT 인프라 및 직원을 이 정도 규모까지 갖췄을 것으로 예상하지 못했지만, 눈에 보이는 운영 규모만 보더라도 공급망부터 최종 조립에 이르는 과정을 관리하는 내부 애플리케이션이 얼마나 많을지 짐작이 간다.

직원들은 파란색 조끼, 재킷 혹은 파란색 점프슈트를 입고 있다. 의자와 책상에도 군데군데 파란 옷이 걸려 있다. 르네가 내 이름이 수놓인 조끼를 건네준다. 푸른색 조끼를 입으니 공장 일원이 된 느낌이다.

"정전기 방지용 조끼입니다." 프랭크가 설명한다. "생산 라인 주변에 있는 시간 내내 반드시 조끼를 입어야 합니다. 신발에도 정전기 방지 스티커를 붙여 주세요." 프랭크가 조끼 주머니에서 정전기 방지 스티커를 꺼내 건넨다.

"IT 직원, CIO, CEO를 포함해서 공장 직원 모두가 조끼를 입어야 해요." 르네가 덧붙인다.

내가 방문했던 대부분 스타트업은 그들의 정체성과 문화를 보여주는 회사 로고가 프린트된 옷을 갖고 있었고 티셔츠나 후드 점퍼가 가장 일반적인 형태였다. 르네가 건넨 조끼가 형태나 기능 면에서 더 좋아 보인다.

생산 라인을 따라 이동 중인 BMW 1시리즈와 2시리즈들을 지켜본다. "2017년에 우리는 매일 980대의 자동차를 생산했습니다. 70초마다 한 대가 완성되지요. 앞으로 보게 될 모든 것은 이러한 생산 속도와 흐름을 달성하도록 보장합니다. 공장의 새로운 혁신 중 하나인 i3와 i8의 생산 과정도 보게 될 것입니다." 르네가 설명한다.

나는 안내 책자에 '생산, 자동화, 지속가능성의 정점'을 위해 20억 유로가 투자됐다고 쓰여 있었음을 기억해 낸다.[3] 20억 유로의 투자 금액이라면 반도체 제조 공장의 가치와 비슷하다. 그러나 요즘 반도체 공장은 똑같은 최신 프로세서만 계속 찍어내도록 지어지는 데 반해 이곳은 무언가 다른 일이 벌어지고 있다.

각 자동차는 고객 주문에 맞춰 특별하게 만들어진다. 이것은 '무재고 생산 방식(Just-In-Time)'의 전형적인 예다. 무재고 생산 방식은 생산 공정과 그 외 작업을 경제적으로 처리 가능한 마지막 순간까지 미룸으로써 작업 흐름과 리소스 사용을 최적화한다.

"재고 시스템만 무재고 생산을 적용한 것이 아니에요." 르네가 계속 이야기한다. "자동차 생산은 직서열 생산 방식(Just-In-Sequence)으로 이뤄집니다."

"자동차는 고객 주문과 동일한 순서로 생산 라인에서 출고됩니다. 각 자동차는 고객의 주문 상세 내용과 선택한 옵션에 따라 맞춤 제작됩니다." 프랭크가 덧붙인다.

"차를 만드는 전체 과정 내내 생산 라인에서 같은 순서를 유지한다고요?" 나는 어떻게 이를 구현했는지 이해해 보려 노력하는 중이다.

"좋은 질문이네요." 프랭크가 계속 대답한다. "하지만 아닙니다. 생산 라인 중에서 차체가 잠시 순서에서 벗어나 거쳐야 하는 공정이 있습니다. 임시로 입고시켰다가 끝나면 다시 순서에 맞게 꺼냅니다. 이 부분은 아주 복잡하고 우리 공장의 병목 지점이기도 하죠."

"병목 지점이 어디인가요?" 조금도 기다리지 못하고 묻는다.

"공장 전체는 병목 지점을 중심으로 설계돼 있습니다. 하지만 그걸 보기 전에 조립동으로 가 보시죠."

프랭크는 생산 라인을 따라 우리를 안내한다. 나는 핸드폰을 꺼내 지도를 열어 해당 위치의 위성사진을 찾아본다. 사진을 통해 서로 연결된 커다란 공장 십여 채가 보인다(그림 2.1). 정렬된 공장 건물 모습은 마치 옛날 내가 PC를 조립하던 시절 PC의 메인보드를 연상시킨다. 아무리 봐도 센트럴 빌딩과 그 주변은 CPU와 인터커넥트처럼 보인다.

그림 2.1 BMW 그룹 라이프치히 공장(BMW 그룹의 허가를 받음)

"자, 우리는 여기에 있어요." 프랭크가 공장 배치를 설명하며 위성 지도를 보여준다.

"여기가 센트럴 빌딩이고요, 저희는 보시다시피 조립동 근처에 있습니다. 조립동 구조는 아주 흥미로울 거예요. 우리는 이것을 '다섯 손가락' 구조라고 부릅니다."

이 거대한 공장은 정말로 직사각형 모양의 손가락과 손 모양을 하고 있다.

"소프트웨어 아키텍처에서는 확장성을 염두에 두죠? 이해하기 어려우실지 모르겠지만, 이 공장 역시 주된 생산 라인을 따라 확장성을 고려해서 설계됐습니다." 르네가 설명한다.

"맞아요. 추가 과정이 생기면 저희는 '손가락' 길이를 늘일 수 있습니다. 공장 건물들은 자동화를 확장하고 추가하거나 다른 생산 과정이 추가될 때마다 연장됐습니다. 보시는 것처럼 '손가락' 길이가 각각 다르죠." 프랭크가 덧붙인다.

프랭크는 두드러져 보이는 한 건물을 가리킨다. 그 흰색 건물 역시 '손'에 연결돼 있다.

"이 '손' 부분의 공장은 저희의 BMW 1, 2시리즈 생산 라인입니다. 새로 지어진 공장으로 여기서 i3, i8 전기차가 생산됩니다."

건물을 자세히 보고 싶어 본능적으로 지도의 3D 버튼을 눌렀다. 지도는 항공뷰 모드로 바뀌어 건물 주위를 보여준다.

"여기를 보세요. 트럭들이 보이시나요?" 프랭크가 가리킨 곳에는 큰 트럭들이 '손가락'에 해당하는 조립동으로 향하고 있다.

"르네가 앞서 말한 것처럼 공장은 무재고 생산으로 운영되기 때문에 쌓여 있는 부품은 낭비입니다. 그래서 부품들은 조립이 될 공장으로 '시간에 맞춰' 바로 운반됩니다. BMW는 전 세계 12,000개의 공급업체가 있으니 꽤 대단한 작전이죠." 프랭크가 계속 설명한다.

"병목 지점은 점심 이후에 살펴보고 BMW 1, 2시리즈 생산 라인부터 보여드릴게요."

우리는 조립동으로 들어서서 3층 높이에 걸쳐진 보행 통로를 따라 '손'에 해당하는 곳을 살펴본다. 건물 내부가 엄청나게 거대해서 공간감을 느끼기까지 시간이 꽤 걸린다. 눈 앞에 펼쳐진 복잡한 광경은 한눈에 이해하기가 어렵지만, 한여름 타임스퀘어의 혼잡함과 소란스러움과는 또 다른, 수백 대의 기계와 부품이 보여주는 완벽한 순서와 체계의 환상적인 조화다.

인류가 만들어낸 가장 복잡한 제품들이 여기서 벌어지는 거대한 기계들의 군무로부터 생산되고 있다. 12,000개가 넘는 공급업체와 한 개 차에 필요한 30,000여 개의 부품 그리고 전문화된 생산 라인을 통해 70초마다 한 대씩, 주문이 들어오는 순서로 새 차를 생산하는 것이다.

"그런데요, 믹, 다시는 전화기를 꺼내지 마세요." 프랭크가 주의를 시킨다.

애자일로의 변혁 실패: 노키아

제조업의 자동화 아이디어를 소프트웨어에 적용하려는 시도가 새로운 일은 아니다. 수많은 애자일 방법론 서적들은 특히 린 생산 방식과 토요타Toyota의 생산 시스템을 기반하고 있다. BMW 공장을 방문했을 때는 이미 애자일 방법론 서적에서 묘사된 제조업에 익숙했지만, 스스로 잘 알고 있다고 생각했던 '첨단 제조업'과 공장에서 직접 보고 느낀 것 사이에는 큰 차이가 있었다.

소프트웨어 전달을 위한 나의 애자일 방법론 탐구는 1999년부터 시작됐다. 그리 크지 않은 오픈소스 프로젝트 팀에서 켄트 벡의 '익스트림 프로그래밍XP' 개발 방법론을 시도했었다. 10년 뒤 '애자일 2009' 콘퍼런스에서 애자일 방법론을 이용해 오픈소스 프로젝트를 이끌며 배운 것들을 발표했다. 개인적으로 첫 콘퍼런스 참여였던 그때 눈길을 끌었던 것이 확장형 애자일Scaling Agile이라는 주제였다.

많은 컨설턴트가 노키아를 기업의 대규모 애자일 방법론의 증거로 사용한다. '노키아 테스트'는 다양한 자료에서 자주 인용된다.[4] 조직이 스크럼을 얼마나 잘 따랐는지 확인하는 방법인 노키아 테스트는 노키아 지멘스 네트웍스Nokia Siemens Networks에 의해 개발됐다. 이 유명한 테스트는 노키아를 확장형 애자일의 다른 이름이자 전형으로 굳어지게 만들었다.

나는 확장형 애자일에 대한 가능성을 봤고 노키아가 2008년에 인수한 모바일 운영 체제OS인 심비안Symbian과 협업할 기회가 생겼을 때 무척 기뻤다. 2009년 후반에 심비안의 CIO와 처음 만나면서 노키아는 태스크톱의 첫 기업 고객이 됐다. 이때 우리는 개발자의 워크플로우를 애자일 툴과 연결되도록 도왔다. 회사는 노키아와 심비안의 변혁을 가이드할 최고 수준의 업체 및 이론가를 고용했으며 회사 내부에도 몇몇 뛰어난 전문가를 보유하고 있었다.

문제는 애자일 도입에 대한 리더들의 좋은 의도와 조직의 의지에도 불구하고 모든 노력이 실패로 돌아갔다는 것이다. 변화를 위해 많은 에너지가 공급됐으며 모두가 옳은 일을 하고 있다고 말했고 그렇게 보였다. 여러 컨설턴트와 업체 역시 그들의 변혁이 잘 진행되고 있다고 언급했다.

'노키아 테스트'는 개발이 반복적으로 이뤄졌는지, 반복 과정에서 각 팀의 애자일 적용 상황이 어땠는지 확인하기 위해 스크럼 원칙을 따랐는가를 묻는다. 나는 애자일 방법론의 도입을 위한 노키아의 헌신적인 노력 그리고 우리와 함께 일했던 팀들이 만들어낸 인상적인 애자일 모델 활동에 진심으로 감명받았다. 빠르게 변화하는 시장에 회사가 적응하는 데 애자일이 많은 도움이 된다는 것을 경영진이 깨달았다는 것은 확실했다.

하지만 점점 더 많은 개발 팀과 일을 하면서 불길한 조짐이 보이기 시작했다. 애자일 활동과 준수 여부를 평가할 때 실제 활동에서 나온 명확한 결과를 반영하지 않는다는 점이 문제였다. 오픈소스 툴을 노키아의 개발자들에게 제공하면서 개발자들과의 상호 작용이 많아졌다. 애자일 방법론을 조직 하위까지 도입해 조직도의 '잎'에 해당하는 개발 부서로 다가가면 다가갈수록 단절이 두드러지게 발생하고 있다는 것을 알아차리게 됐다.

생산과 기획 조직이 잘 소통하기 위한 방법을 찾기 위해 근본적인 원인을 찾아야 할 때였다. 나는 무슨 일이 일어나고 있는지 더 정확히 파악하기 위해 여러 팀의 엔지니어들을 인터뷰할 수 있을지 문의했다. 그리고 놀라운 결과가 밝혀졌다.

이야기를 나눠 본 개발자들은 어떤 애자일 기법과도 문제가 없었고 오히려 호의적인 편이었다. 그러나 훨씬 큰 문제가 있었다. 노키아의 강력한 소프트웨어 보안 프로세스가 빌드 테스트 배포 과정을 더디게 한다는 것이 다운스트림의 주요 이슈였다. 심비안 OS의 구조에도 중대한 문제가 있었다. 비즈니스가 요구하는 많은 변경 사항을 구현하기 어렵거나, 가능하다 해도 시간이 너무 많이 걸린다는 문제였다. 심비안 OS는 충분히 확장성 있게 설계되지 않았다. 그중 한 예로 서드파티 앱을 설치할 수 없었는데, 이는 우리가 '앱스토어'라고 부르는 개념을 지원하는 것이 불가능했다는 의미이다.

마지막으로 개발자들이 스크럼을 대체로 긍정적으로 생각했음에도 불구하고, 개발자들의 일상 업무는 전혀 다른 툴을 사용하는 경영진의 플래닝 과정과 분리돼 있었다. 노키아가 선택한 기업용 애자일 툴은 좀 더 간단한 개발자 중심 툴을 선호하는 개발자들에게는 잘 쓰이지 않았다. 대신, 그들은 한 이터레이션(또는 '스프린트')이 끝날 때마다 릴리즈를 위해 완료된 작업을 '유저 스토리'(사용자 관점의 소프트웨어 기능 설명)로 문서화했다. 현대 애자일의 정수인 유저 스토리는 원래 의도인 흐름과 피드백 메커니즘이 아닌 문서화 도구로 쓰이고 있었다.

인터뷰 진행 후 변혁이 위기에 처했음을 깨달았다. 되돌아보니 사업과 관련된 모든 생산 지표가 이해할 수 있게 잘 정의돼 있고 가시적이며 자동화된, 즉 라이프치히의 공장에서 봤던 것들과는 완전히 달랐다. 또한 BMW 공장에서는 비즈니스 부서가 자동차 생산에 대한 자세한 내용을 이해하고 있었다. 반면 노키아에서는 사업 성과와 소프트웨어 생산 지표의 연결 관계가 분명하지 않거나 심지어는 존재하지도 않았다.

변혁은 측정되는 부분에서만큼은 순조롭게 진행되고 있었다. 모든 애자일 활동이 올바르게 진행되고 있었고 애자일 툴들이 적절하게 채택됐다. 하지만 개발자들은 코드를 빌드하고 배포하는 과정에서 큰 마찰을 겪고 있었다. 더 심각한 것은 심비안 OS의 큰 규모와 구조 때문에 기능을 추가하는 것이 상당히 고통스러웠다는 점이었다.

활동을 측정하는 것이 아닌 성과 및 결과를 측정해 변혁의 지표로 삼았다면 그림은 훨씬 달라졌을 것이다. 개발자가 맞닥뜨렸던 근본적인 병목 지점이 수면 위로 올라왔다면 노키아의 핵심 플랫폼인 심비안 OS에 투자를 감행해 애플Apple과 같이 새로 진입한 소프트웨어 전문 업체들과 충분히 경쟁해 볼 수 있었을 것이다. 하지만 실제로는 개발과 비즈니스 사이의 단절 때문에 중요한 피드백이 비즈니스에 전달될 수가 없었다. 다운스트림과의 단절, 소프트웨어 빌드 및 배포 과정의 비효율성은 어떠한 개선 과정이라도 너무나 느린 속도로 진행될 것임을 의미했다.

시장의 선두 주자이자 준수한 사업 역량을 가졌던 노키아는 급격하게 변화하는 모바일 생태계에서 기민하게 행동하며 전략을 조정하는 것이 필요함을 이해하고 있었다. 이러한 이유에서 노키아가 모바일 시장과 성장하는 소프트웨어의 역할에 더 빠르게 적응하기 위해 애자일을 도입했던 것이다. 간접 지표의 결과로는 애자일 변혁에 성공했다고 말할 수도 있었다. 그렇지만 변혁이 가져온 실제 사업적인 성과는 전혀 없었다. 노키아의 뛰어난 하드웨어 역량을 소프트웨어와 스크린 중심의 모바일 경험으로 전환하지 못했으며, 결국 사업 실패라는 결과로 이어졌다.

노키아가 하드웨어 측면에서 전략적 실수가 전혀 없었다는 이야기는 아니다. 일례로 노키아는 애플이 아이폰iPhone에서 획기적으로 선보인 정전식 터치스크린에 대한 대응이 늦었다.[5] 여전히 노키아의 강점은 하드웨어에 있었고, 결국 애플의 iOS와 구글 안드로이드Google Android가 모바일 플랫폼을 양분할 때 노키아는 두 강력한 소프트웨어 전문 회사에 패배하고 말았다.

노키아는 대량 생산 시대의 정점이었던 하드웨어를 혁신할 엔진과 인프라가 있었지만, 소프트웨어 시대를 위한 엔진과 인프라는 갖추지 못했고 너무 늦었다는 것을 깨닫기 전까지 관리 지표나 방법을 마련하지 못했다.

우리가 한발 물러서서 노키아의 엔드 투 엔드 가치 흐름을 떠올려 보면 노키아의 애자일 변혁은 가치 흐름의 부분적 최적화였다고 할 수 있다. 다시 말해, 변혁에 엄청난 양의 투자가 이뤄지는 동안 모바일 환경을 지원할 운영 체제를 전달하는 데 애자일은 병목 지점이 아니었다는 이야기다.

지속적 통합과 소프트웨어 전달 능력이 부족했던 팀의 다운스트림이 문제였을까? 시장의 요구에 기능을 지원하지 못하고 원활한 제품 전달이 어려웠던 소프트웨어의 구조 자체가 문제였을까? 아니면 업스트림이 비즈니스에 가까워질수록 기술 부채 해소 등의 구조적 투자와 소프트웨어 전달로부터 단절됐기 때문에, 애자일 플래닝에서는 아무 결과도 얻을 수 없음을 몰랐기 때문일까?

인터뷰를 통해 이에 대한 힌트를 얻을 수 있었다. 인터뷰를 진행하면서 비즈니스 수준에서 어디가 병목 지점인지 모르고 있다는 것을 느낄 수 있었다. 개발 부서가 아는 것과 사업 부서가 추정한 내용 사이의 간극은 너무나 컸다. 엔드 투 엔드 가치 흐름을 부분적으로만 최적화한 애자일 도입은 병목 현상을 해결하지 못한 채 성과를 거의 거두지 못했다.

각 팀이 이론적으로 완벽한 애자일을 도입했다고 하더라도 소프트웨어 전달을 측정하는 방법을 빠르게 도입하고, 다운스트림의 소프트웨어 배포 방식을 개선하고, 개발자들의 능률을 해치는 소프트웨어 구조를 변경하는 것이 업스트림의 변화가 없는 상황에서 가능한 일이었을까?

애자일을 바라보는 편협하고 활동 중심적인 시각이 노키아의 디지털 변혁 실패의 근본 원인이었다고 생각한다. 변혁의 실패는 신속한 이터레이션과 시장으로부터의 학습을 불가능하게 만들었고, 그 결과 앱스토어나 우아한 홈 화면과 같은 새로운 기능을 전달하는 리드 타임이 너무 느려졌다. 이는 학습과 적응이라는 사업 능력에 방해가 됐으며 노키아 몰락의 주된 원인이 됐다.

교훈 1. 부분적 최적화의 함정을 피하려면 엔드 투 엔드 가치 흐름에 집중하라.

소프트웨어 가치 흐름의 맥락에서 '엔드 투 엔드' 개념에는 가치 전달이 고객까지 향하는 모든 프로세스가 포함된다. 비즈니스 전략과 아이디어부터 고객에게 채택된 가치가 무엇인지 알아보기 위한 사용량 측정 수단에 이르기까지 다양한 요소가 포함된다. 프로세스 일부분에 해당하는 기능 설계나 배포 과정 등을 최적화하기에 앞서 엔드 투 엔드 프로세스를 이해하고 병목 지점을 찾아내야 한다.

노키아가 취한 접근 방식과 2장의 앞부분에서 소개한 BMW 그룹의 이야기를 비교해 보자. 라이프치히 공장은 모든 가치 흐름이 눈에 잘 들어오도록 디자인됐고, 건물들은 병목 지점을 중심으로 설계됐다. 공장 구조는 생산 기술의 진화와 시장 상황의 변화를 지원할 수 있도록 확장 가능했다. 노키아는 하드웨어 장치들에 대해서는 BMW만큼 성숙했으며 대량 생산 방식에 숙달돼 있었음에도 불구하고 소프트웨어 전달에 이러한 교훈을 적용하는 것에는 미숙했다.

이제 비즈니스와 IT 사이의 단절이 디지털 변혁을 향한 노력을 실패하게 만드는 양상을 좀 더 분석해 보자.

데브옵스 구조대

노키아의 소프트웨어 변혁 실패 요인으로 애자일이나 스크럼을 탓하기 쉽다. 그러나 이러한 주장은 2009년 노키아가 스크럼의 성공 사례였다고 주장하는 것만큼이나 잘못된 생각이다. 노키아의 문제는 애자일이나 스크럼에 있지 않았다. 많은 기업이 노키아가 스크럼을 도입했던 것과 똑같은 방법론을 도입함으로써 괄목할만한 성과를 거뒀다. 애자일과 스크럼이 노키아에 준 효과와는 관계없이 애자일 개발 팀의 영역을 훨씬 넘어선 조직 차원의 문제가 있었다.

켄트 벡Kent Beck은 본인의 저서 『익스트림 프로그래밍』(인사이트, 2006)에서 엘리야후 골드랫Eliyahu M. Goldratt의 제약 이론을 애자일 소프트웨어 개발에 적용한다.[6] 골드랫은 병목 지점이 아닌 곳에 투자하는 것이 얼마나 헛된 일인지 잘 설명했으며,[7] 이는 노키아의 애자일 변혁이 실패한 원인이다. 만약 노키아가 세계 최고의 리더십 및 조직 문화, 몇 배 더 많은 자금을 바탕으로 훨씬 높은 수준의 애자일 성취를 달성했더라도 병목 지점 해소를 위한 노력 없이는 쇠퇴를 막을 길이 없었을 것이다. 더 나빴던 것은 노력의 결과가 전혀 측정되지 않았다는 것이다.

노키아가 지속적 전달 등 데브옵스 기법을 도입했다면 추세를 전환할 수 있었을까? 그럴지도 모르겠다. 테스트 자동화와 같은 몇몇 기법은 이미 도입돼 있었다. 인터뷰 과정에서 엔지니어들은 『데브옵스 핸드북』에 소개된 배포 파이프라인 자동화나 작은 배치 크기 지원 등의 기법[8]으로 해결할 수 있을 법한 문제점들을 이야기하기도 했다. 경험상 위와 같은 기법들을 지원하는 것은 효과적인 가치 흐름에 매우 중요하다. 따라서 이를 도입하지 않는다면 이 부분이 병목 지점이 되는 것은 시간문제다.

하지만 데브옵스에 전달 파이프라인을 적용했다면 노키아가 몰락하지 않았을 거라는 가정은 틀렸을 수도 있다. 사업 부문과 개발 부문 사이에 조직 관리 및 조직 문화 측면에서 불협화음이 있었다면, 그 부분이 병목 지점이었을 수 있으며 징후 또한 보였을 것이다. 또는 엔지니어들의 걱정거리였던 복잡하게 꼬인 소프트웨어 아키텍처가 문제였다면, 이 역시 병목 지점이었을 수 있다. 그러나 돌이켜 봤을 때 누구도 전체 가치 흐름을 볼 수 없었고 병목 지점을 알아챈 이도 없었다. 따라서 경영진은 병목 지점이 해결되지 않은 상태로 막대한 투자를 지속할 수 있었다.

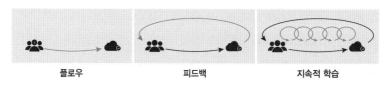

플로우　　　　**피드백**　　　　**지속적 학습**

그림 2.2 데브옵스의 세 가지 방법

그림 2.2와 같이 노키아가 '데브옵스의 세 가지 방법'을 도입했다면 적어도 병목 지점이 구체적으로 어디인지 찾아내려는 방향으로는 흘러갔을 것이다. 개발에서 운영으로 향하는 '플로우'와 '피드백'에 집중함으로써 노키아의 경영진은 서비스 제공까지 걸리는 시간이 너무 길어지고 있다는 것을 눈치챌 수 있었을 것이다. 그리고 '지속적 학습'이 개발 리더를 넘어선 수준에서 수행됐다면 경영진은 조직 구조나 소프트웨어 구조에 문제가 있는 것은 아닌지 올바른 질문을 던지기 시작했을 것이다.

어쩌면 그조차 어려웠을지도 모른다. 노키아는 국지적 접근으로만 데브옵스 변혁을 진행했을 수도 있다. 지속적인 통합과 애플리케이션 릴리즈 자동화에만 초점을 맞추고 소프트웨어 구조의 문제나 조직 차원의 병목 지점을 눈치채지 못했을 수 있다. 경영진은 가치 흐름이 어떻게 흘러가고 있는지 파악하지 못했을 것이다. 만약 그들이 애자일을 대하듯 데브옵스를 다뤘다면 비즈니스 차원에서 논의되지 못하고 그저 기술적인 문제로 여겨져 결과 역시 크게 달라지지 않았을 것이다.

라지뱅크의 실패 사례

노키아의 실패는 대규모 조직에서의 데브옵스와 애자일을 제대로 이해하지 못한 이유에서 발생했다. 다음에 소개할 내용은 노키아와 비슷하게 거창한 목표를 두고 시작한, 그리고 훨씬 최근의 사례임에도 비즈니스 결과 도출에 실패한 사례다. 이 사례는 변혁에 어려움을 겪는 조직을 포기하는 대신, 데브옵스와 애자일 원칙이 대규모 조직에서 실패하는 이유를 연구하게 되는 계기가 됐다.

2016년 6월 유럽에서 집과 사무실이 있는 캐나다 밴쿠버로 돌아가는 보잉 드림라이너에 앉아있던 기억이 생생하다. 그때 나는 한 은행의 IT 책임자와 진행한 회의를 되짚어보고 있었다. 내 좌석은 비행기 날개 근처였는데, 마치 살아있는 듯한 날개의 아름다움이 눈길을 끌었다. 탄소 복합재로 이뤄진 유연한 구조가 비행기의 급상승을 용이하게 하고 항력을 줄여주고 있었다. BMW 그룹 공장에 방문하기 훨씬 이전의 일화이지만, 대규모 소프트웨어 생산을 마스터한 기업이 극소수인 데 반해 다른 산업에서는 어떤 방식으로 자동차와 비행기 등을 이토록 훌륭하게 생산해 낼 수 있는지 처음으로 고민했던 순간이다. 한 시간 동안 비행기 날개의 미세한 움직임을 멍하니 지켜본후, 내 마음속이 마치 풀지 못할 선문답을 받은 양 꽉 막혀 있었음을 알아차렸다.

내가 다녀왔던 은행은 한 번도 경험하지 못했던 거대한 규모의 IT 변혁이 이뤄지고 있었다. (기업을 특정하는 것을 피하고자 이 은행을 '라지뱅크'라고 부르겠다.) 라지뱅크는 전 세계 상위 25위 안에 드는 금융사였는데, 그들의 IT 변혁 프로젝트는 서로 퍼즐 조각처럼 딱 들어맞는 간트 차트들과 2년의 기간으로 정밀하게 계획돼 있었으며 수십억 달러 가치를 지닌 IT 조직의 모든 부분을 대상으로 하고 있었다. 이러한 이야기가 다른 대기업에서도 비슷하게 전개된다는 점이 주목할 만하다.

나는 거의 2년에 한 번씩 라지뱅크 회의에 참석 중이었고 그때가 세 번째 참석이었다. 매 회의는 은행이 진행 중인 디지털 변혁 이니셔티브의 일부였으며 매번 똑같았던 진행 과정의 세 번째 시도였다. 먼저, 많은 툴 공급업체, 컨설턴트 그리고 전문가가 투입된다. 우리 회사의 역할은 다양한 애자일 툴과 데브옵스 툴을 통합하는 것이므로 변혁에 관련된 모든 프로세스와 툴, 과정을 자세히 살펴본다. 2년 뒤면 변혁에 실패했다는 소식이 들려오고 관련된 임원들이 해고된다. 다음 시도가 시작되면 나는 새로운 경영진 몇몇을 만나 그들의 새로운 접근 방법에 대해 들어본다. 그렇게 다시 처음부터 시작하는 것이다.

라지뱅크가 세 번째 변혁을 진행한 지 6개월 차였다. 이번 시도는 IT 전체를 포함하고 있었기 때문에 이전의 시도보다 더 큰 규모였다. 기간은 다시 2년, 예산은 대략 10억 달러였다. 적절한 변혁, 애자일, 데브옵스 용어가 회의에서 언급됐고 내부 발표도 좋아 보였다. 그러나 노키아나 다른 조직에서 봤던 패턴들이 여기서도 나타나기 시작했다. 나는 어떠한 가치 창출도 하지 못하고 10억 달러가 낭비되는 현장을 지켜보게 됐다.

린 마인드셋을 가진 누구라도 심각하게 받아들일 상황이었고 이를 멈출 방법이 있다면 무엇이든 해야만 했다. 나는 네 번째 같은 실수를 반복하지 않기를 바라는 마음으로, 사업이 어떻게 진행되고 있고 무엇이 잘못됐는지 이해할 수 있는 프레임워크를 구상하게 됐다. 이는 이 책을 쓰기 시작한 계기이기도 하다. 회의 이후 나는 곧바로 '애자일 및 데브옵스 변혁의 실패를 예측하는 방법'을 시작으로 이 책을 쓰기 시작했다.[9]

세 번째 변혁을 위한 노력은 종결됐다. 변혁을 이끄는 경영진들은 변혁이 잘못 흘러가고 있는 것으로 보이자마자 예상대로 해고됐고, 연관된 IT와 툴체인의 리더들도 마찬가지였다. 변혁이 진행된 이후 상황이 어떻게 나빠졌는지에 대해 이를 오랫동안 지켜봐 온 사람들을 인터뷰할 기회가 다시 한번 찾아왔다.

변혁의 시작 단계에서부터 생산성 향상은 이루지 못할 것으로 예상했지만 상황이 더 악화됐다는 소식은 놀라웠다. 약속했던 비즈니스 결과만큼은 끌어내지 못하더라도 세 번째 변혁의 중심 요소로서 데브옵스를 활용했기에 최소한 몇 가지 성공은 거뒀으리라고 생각했다. 그러나 실제로는 가치 전달과 인력 보유 관점에서 상황이 악화되고 말았다.

10억 달러의 주주 자본과 고객 가치를 낭비하는 것은 비난받을 일이다. 하지만 비즈니스와 IT의 경영진이 일부러 일을 망치려고 의도한 것은 아닐 것이라고 이 책에서는 전제한다. 의사 결정 프레임워크나 조직의 가시성 어딘가에 근본적으로 잘못된 부분이 있고, 이것이 비즈니스를 수없이 반복해서 실패하게 만드는 이유다.

비즈니스와 IT의 단절

라지뱅크의 변혁 실패로부터 얻은 교훈을 이해하려면 변혁을 불가능하게 만들었던 비즈니스 환경부터 명확히 할 필요가 있다. 라지뱅크는 성공적인 금융 서비스 기업이며 수십억 달러를 IT 예산으로 할당할 만큼 진보적인 기업이기도 하다. 수천 개의 응용프로그램 포트폴리오를 보유하고 디지털 자산에 대한 차별화와 경쟁력을 갖추고자 하는 열망이 있었다. 변혁을 위한 조직 구성과 예산 편성이 이를 증명한다. 전략적 관점에서 라지뱅크는 노키아보다 훨씬 소프트웨어 시대에 앞서 있던 것이다. CEO는 변혁을 천명했지만 은행 내부에서는 실제로 무슨 일이 있었을까?

라지뱅크에서 IT 부서는 CFO의 아래에서 코스트 센터로서 운영되고 있었다. 다시 말해 디지털 변혁의 결과가 비용을 얼마큼 절감했는지를 통해 비즈니스 성과를 평가하고 관리하고 있다는 것이었다. 함께 일했던 다른 많은 기업도 비슷한 전략을 취했기 때문에 처음에는 비용 중심적 경영 관리를 문제 삼지 않았다. 그러나 직원들과 면담을 통해 이야기를 나눈 결과, 이 점이 문제의 원인이었고 의도치 않은 수많은 결과를 야기했다. 예를 들어 비용만으로 변혁을 관리한다는 것은 IT가 비즈니스 이해관계자와 긴밀한 협업 없이도 변혁을 실행할 수 있다는 의미였다. 비용 절감이 목표라면 인프라 소비, 직원 비용, 그 외 경비를 절감할 방법을 찾는 데 IT가 아닌 어느 부서가 더 필요하겠는가?

한편 비즈니스 쪽에서는 모바일과 웹을 위한 새로운 디지털 경험을 만들려는 디지털 이니셔티브가 병행되고 있었으며 IT 변혁 계획과는 별도로 진행됐다. 이는 마치 자동차 한 대 없이, 혹은 최신 기능의 자동차에 대해 아무것도 모르는 상태로 훌륭한 계기판을 만들려는 것과 같았다. 한 애플리케이션의 PoC^Proof of Concept(개념 증명)를 특정 국가나 지역에서만 진행했던 것이 그 예였다. 이러한 구획화 때문에 라지뱅크의 전 세계에 걸친 시스템에 이 모바일 경험을 적용하는 것이 가능할지 알 수가 없었다.

라지뱅크의 변혁 역시 가치 흐름 최적화가 부분적으로 진행된 사례다. IT 부서는 고객과 비즈니스로 향해야 할 '가치'가 아닌 기술에만 집중하고 있었다. 한편 비즈니스 부서는 그들이 구상했던 새로운 디지털 사용자 경험을 설계와 전달 파이프라인으로 떠받쳐 디지털 비전을 현실화할 수 있었던 IT 부서를 무시하고 있었다. 또한 변혁은 비용 절감으로 측정돼 더 많은 비즈니스 가치를 창출하기보다는 프로젝트의 일정 준수를 목표로 했다. 결과는 예측 가능했다. 비용 절감은 이뤄냈지만 실제 소프트웨어 전달 능력 역시 현저한 감소세를 보였다. 스타트업과 거대 기술 기업들이 열어 둔 전환점에서 어떻게든 살아남으려는 방법이었다.

교훈 2. 비용만 고려하는 변혁은 생산성을 감소시킨다.

코스트 센터의 함정

라지뱅크의 10억 달러짜리 변혁은 기능적으로 셀 수 없이 많은 서브 프로젝트로 이뤄져 있었고 모든 프로젝트는 2년의 기간을 목표로 진행되고 있었다. 프로젝트의 목표는 늘 그렇듯 일정과 예산 준수이고 최종적으로는 비용 절감이라는 비즈니스 목적을 달성하는 것이다. 이 거대한 프로젝트의 모든 조각이 완벽히 맞아떨어지고 모든 프로젝트가 일정과 예산에 맞게 진행된다면 이를 성공이라고 할 수 있을까? 활동이나 프로젝트 지향의 관점에서 본다면 성공이라고 할 수 있다. 비즈니스 결과는 어떤가? 각 단계에서 비즈니스 결과를 평가할 수 있었을까? 수많은 사람, 프로세스, 툴 속에서 병목 지점이 어디인지 가

려낼 수 있었을까? 라지뱅크는 그러지 못했다.

이제 우리가 찾아낸 단절의 원인을 설명하고자 한다. IT를 코스트 센터로 취급하면 변혁 역시 같은 사고방식을 택하게 된다. 프로젝트 막바지에는 성공적인 비용 절감에 집중하게 되는 것이다. 하지만 경영진이 디지털 변혁을 승인하면서 얻고자 했던 경영 사례는 빠른 시장 접근, 경쟁력 있는 제품, 효과적인 전달 등 애자일과 데브옵스의 장점에 있을 것이다. 그러나 이러한 성과는 비용만을 우선시하는 조직에서 이뤄낸 것이 아니다. 변혁에 있어 비용 절감이 중요한 부분 중 하나일 수는 있지만 그것이 변혁의 주된 문제는 아니다. 문제는 비용 중심적 프레임워크가 속도, 생산성, 효율성을 증가시키지 못해 적은 비용으로 더 적은 비즈니스 결과를 얻게 된다는 점이다.

라지뱅크 변혁의 복잡성을 생각해 보면 비용 관련 지표만 사용된 것은 아니었다. 애자일 모델을 따르는 팀의 숫자와 같이 일반적인 애자일 변혁 측정 기준이나 일간 배포 수와 같은 데브옵스 측정 기준 또한 사용됐다. 하지만 이것들은 활동 지표이지 결과가 아니다. IT 팀은 하루에 수백 번의 배포를 할 수는 있다. 하지만 IT 인력이 비즈니스의 요구 사항과 연결돼 있지 않다면 비즈니스를 위한 결과가 도출되지 않을 것이다. 다시 말하자면 '애자일 프로세스에 숙련된 사람 수' 또는 '일간 배포 횟수'와 같은 대리 지표$^{Proxy Metric}$는 애자일 훈련이나 배포가 병목 지점일 때나 효과가 있다. 하지만 IT로부터 비즈니스가 분리돼 있다면 애자일 팀과 데브옵스 배포 라인이 병목 지점이 될 기회조차 없다.

문제는 대리 지표의 사용 자체라기보다 비즈니스 결과에 직접적으로 대응되는 지표를 찾아내지 않고 의사 결정을 대리 지표에 기댄다는 것이다. 제프 베조스$^{Jeff Bezos}$가 2017년에 주주들에게 보낸 연례 서한 중에서 대리 지표에 관한 부분을 살펴보자.

대리 지표를 경계하십시오.

기업이 커지고 복잡해질수록 대리 지표를 통해 운영하는 경향이 있습니다. 이는 다양한 형태와 규모로 나타나며 위험하고 교묘합니다. 그리고 아주 전형적인 '둘째 날'의 현상입니다.

흔한 예로 프로세스가 대리 지표가 되는 것이 있습니다. 좋은 프로세스는 우리에게 유용하고 고객에게 좋은 서비스를 가능하게 합니다. 하지만 주의하지 않는다면 대리 지표가 될 수 있습니다. 이는 대규모 조직에서 아주 쉽게 발생합니다. 프로세스는 우리가 원하는 결과의 대리 지표로 변해버립니다. (대리 지표의) 결과를 들여다보는 것을 멈추고 올바른 프로세스로 진행하고 있는지를 확인하십시오.[10]

비즈니스의 다른 부분에서는 수익, 일간 활성 사용자, 순수 고객 추천 지수[NPS]처럼 성과 기반의 지표가 있다. 문제는 IT 업무를 측정하고 추적하기 위해 합의된 지표 체계가 없어 대리 지표에 의존하게 된다는 점이다. 또한 전달되는 가치의 흐름을 측정하는 것이 아닌 IT 프로젝트의 '성공적' 수행만을 측정한다면 잘못된 지표 체계가 나타나게 된다. 3장에서는 성과에 기반한 새로운 가치 흐름 추적 방법을 살펴볼 것이다. 하지만 그전에 생산에 적용됐던 프로젝트 지향적 사고 방식의 근원과 문제점을 좀 더 살펴보자.

퍼즐에서 비행기까지

라지뱅크의 접근 방식과 BMW 라이프치히 공장의 접근 방식은 얼마나 달랐을까? 자동차 생산이 좀 더 간단한 것일까? 엔드 투 엔드 측정이 더 쉬운 것일까? 어떻게 BMW 그룹은 전기차나 탄소 섬유 차체를 대량 생산해본 경험 없이도 i3, i8 시리즈 생산 라인을 빠르게 구축할 수 있었을까? BMW 그룹은 대량 생산 시대를 통해 달성한 숙련도, 측정 방법, 적응성의 높은 수준을 보여주는 많은 사례 중 일부다.

대량 생산 시대를 전형적으로 보여주는 다른 복잡한 것을 생각해보자. 보잉 787 드림라이너는 5,400개의 공장에서 생산되는 230만 개의 부품으로 이뤄져 있다.[11] 모든 가치 흐름을 통틀어 보잉Boeing은 매년 7억 8,300만 개의 부품을 생산한다.[12] 이 회사는 제품의 상품성을 시장에서 수십 년간 유지해야 하고 새로운 제품 출시마다 회사 자체를 걸어야 한다.

BMW 그룹과 보잉은 어떻게 이미 존재하는 생산 라인을 관리하고 그들의 비즈니스가 신제품을 지원할 수 있도록 전환하며 지속적으로 기술, 경쟁 그리고 시장 변화에 적응할 수 있었을까? 핵심은 그들이 프로젝트 관리라는 퍼즐 조각에 갇혀 있지 않았다는 것이다. 그 대신 시장에 가치를 제공하는 제품 지향적 관점을 갖는 방법을 마스터하고 있었다.

게일 머피 교수의 소프트웨어 공학 과정에서 들었던 보잉 787의 이전 모델인 보잉 777의 생산에 관한 이야기를 소개한다. 보잉 777은 최초의 '전기 신호식 조종 제어' 비행기였다. 다시 말해 비행기가 추락하는 것을 막고 플랩과 방향타를 조정하는 것이 모두 소프트웨어였기에 소프트웨어는 반드시 제대로 동작해야 했다. 막중한 소프트웨어의 중요도 때문에 보잉은 테스트 비행에 모든 소프트웨어 엔지니어링 책임자들을 참여시키기로 했다. 테스트 비행 동안 비행기가 흔들리자 소프트웨어 엔지니어들은 난기류 제어 소프트웨어를 비행 중에 수정할 수 있었다.[13] 기업이 소프트웨어 리더를 고위험 제품 개발에 제대로 참여시킨 예로 이보다 더 나은 사례를 아직 들어본 적이 없다.

생산과 장기적인 가치 흐름이 비즈니스 결과로 이어지는 영향에 대한 보잉의 깊은 이해도는 787 드림라이너를 생산하면서 생긴 사건으로 잘 알 수 있다. 787 드림라이너 프로젝트는 보잉 777보다 더 소프트웨어 중심적이었으며 보잉 역사상 가장 야심 찬 모델이기도 했다. 엔진 효율이 훨씬 떨어지는 공기 블리드 방식을 사용하던 이전 상업용 비행기와 대조적으로 드림라이너는 객실 난방 장치부터 날개 결빙 보호 시스템에 이르기까지 모든 범위가 전기식 플랫폼에서 동작하는 첫 번째 상업용 비행기였다.[14] 거기에 덧붙여 날개와 몸체에 탄소 섬유를 사용하도록 변경함과 동시에 비행기 생산 비용을 줄이기 위해 공급망을 획기적으로 재정비하기로 정했다. 이를 비롯해 여러 다른 복잡도의 증가가 지연을 불러왔다.

2008년 프로그램이 진행되는 동안 또 다른 지연에 관한 기사를 읽게 됐는데 이번 지연 사유는 더욱 흥미로웠다. 기사에서 드림라이너의 총책임자는 그 이유에 대해 '브레이크 문제가 아니라 소프트웨어 추적가능성Traceability에 문제가 있었다'[15]라고 밝혔다.

내 마음을 사로잡는 소식이었다. 새로운 비행기에 작동하는 브레이크가 설치될 것이란 소식 때문만이 아니라, 마침 소프트웨어 요구 사항과 개발자가 작업한 소스 코드 결함을 자동으로 연결하기 위한 이클립스의 마일린 오픈소스 프로젝트를 진행 중이었기 때문이었다. 오픈소스 프로젝트를 진행하는 동료뿐만 아니라 나에게도 추적 가능성을 위해 ID를 수동으로 입력하는 것은 지루하고 에러가 발생하기 쉬운 작업이었다. 하지만 마일린 개발자 툴은 개발자가 작업 중인 아이템이 무엇인지 항상 알고 있기에 이를 간단히 자동화할 수 있었다.

마일린 프로젝트의 코드 기여자가 수백 명이나 됐기 때문에 나는 코드의 모든 라인에 대한 변경마다 원래 기능이나 결함을 조회할 수 있도록 추적 가능성을 요구했다. 그렇지 않으면 새로운 작업이 해당 코드와 연관될 때마다 해당 코드가 애초에 거기 있는 이유를 일일이 수동으로 검색해야 했을 것이다. 수백만 사용자가 결함과 요구 사항을 끊임없이 제출하는, 즉 자원이 한정된 프로젝트에서 이는 너무나 고통스러운 작업이었기에 이를 자동화하는 새 기능을 추가했다. 그런데 왜 보잉은 비행기 생산 기간이 늘어나는 리스크까지 감수하면서 추적 가능성에 신경을 쓰는 것일까? 확신하건대 보잉은 추가 지연에 드는 막대한 비용이나 리스크를 보여주는 모델을 갖고 있다. 우리와 같은 자원 한정 문제를 보잉이 겪고 있을 리 없으니, 아마도 추적 가능성이 필요한 다른 근본적 이유가 있을 것으로 생각했다.

보잉의 결정을 조사하면서 더욱 흥미로운 것을 알게 됐다. 보잉은 약 30년 동안의 생산과 그 뒤 30년 동안의 유지 보수를 전제로 비행기를 설계한다는 것을 알게 됐다.[16] 다시 말해 하드웨어와 소프트웨어 지원 측면에서 60년 앞을 내다보고 있다는 것이다. 브레이크 소프트웨어는 제너럴 일렉트릭General Electric에 아웃소싱했는데, 제너럴 일렉트릭은 이를 다시 하이드로 에어Hydro-Aire에 아웃소싱했다.[17] 하이드로 에어는 브레이크 소프트웨어를 서브버전Subversion SCM을 사용해서 전달하고 소스 코드와 바이너리를 함께 제너럴 일렉트릭과 보잉에 제공했다.[18] 소프트웨어는 동작했고 테스트를 통과했으며 요구 사항을 충족시켰으나[19] 소스 코드에 요구 사항 추적이 가능한 링크가 없었다.[20] 소프트웨어가 완성된 후에 추적 기능을 추가하는 것은 까다롭고 에러가 발생하기 쉬우므로 주어진 60년의 유지 보수 기간과 규정 준수에 대한 비용으로 볼 때 브레이크 소프트웨어를 다시 작성하는 것이 더 경제적이라는 사실을 보잉의 경영진은 이해하고 있던 것이다.

드림라이너의 복잡함과 이를 생산해 내기 위한 변혁의 규모에도 불구하고 보잉은 시장에서 엄청난 성공을 거둔 제품을 생산해냈다. 많은 IT 기업이 알아내지 못한, 보잉이 제품 개발에 대해 알고 있는 비밀은 무엇일까? 보잉은 어떻게 기술 기반의 비즈니스 의사 결정을 통상적인 1~2년의 프로젝트 기간을 훌쩍 넘겨서도 가능하도록 사고하고 계획할 수 있는 것일까? 어떻게 하면 우리 조직이 IT 프로젝트의 퍼즐 조각을 맞추는 고정된 생각에서 벗어나 보잉과 BMW 그룹처럼 탁월한 생산성을 얻을 수 있을까? 어떻게 우리는 프로젝트에서 제품으로 이동할 수 있을까?

제품 개발의 흐름을 향해

스타트업이나 거대 기술 기업 또는 현대적인 소프트웨어 제공 기업에서 한 번이라도 일해 본 사람이라면 대체 이게 무슨 소리인가 싶을 것이다. 당연히 소프트웨어 생산에는 비용 절감 말고도 훨씬 많은 것이 있다. 수익, 이익, 활성 사용자, 고객 만족도, OKR(목표 및 핵심 결과 지표)을 채우는 다른 모든 지표가 있다. 메리 포펜딕^{Mary Poppendieck}이 '코스트 센터의 함정'[21]에 빠졌다고 표현한 대기업 IT 부서와 비교할 때 기술 기업이 비즈니스 결과를 향한 소프트웨어 전달을 추적하고 이를 프로핏 센터로 취급하는 전략은 기술 기업에 더 높은 점수를 부여할 수밖에 없는 이유 중 하나다.

코스트 센터 접근 방식은 대기업의 오래된 관습일까? 보잉처럼 비용에 민감한 큰 회사가 '드림라이너' 생산을 어떻게 관리하는지 생각해보자. 비용은 당연히 너무나 중요한 요소이지만 보잉의 성공 여부는 당장의 비용 절감만이 아니라 시장 내 생명 주기 동안 비행기 채택 및 수익성에도 달려 있다. 이 점이 선천적으로 보잉이 소프트웨어의 추적 가능성에 대해 멀리 보는 시야를 갖게 된 이유다. 소프트웨어를 효율적으로 유지 보수하지 못하거나 현재 또는 미래의 규정 변경을 소프트웨어에서 쉽게 처리하지 못한다면 생명 주기 내에서 수익성에 영향을 받을 수 있다는 것을 보잉은 잘 알고 있었다.

보잉이 그들의 운영 방식을 통해 보여주는 것은 비행기 개발이란 프로핏 센터라는 것이다. 라지뱅크와는 달리 보잉의 경영진은 목표, 측정법, 문화 그리고 프로세스를 완전히 다른 방향으로 설정한다. 항공기의 생산 및 공급망 비용 감소에 대해 꾸준히 노력하는 보잉이 비용에 대해 신경을 덜 쓴다고는 절대로 말할 수 없다. 그러나 그 관점을 매출과 수익성에 두고 있기에 가치 흐름의 모듈성에 투자해 기존 제품을 현대화하는 등 완전히 새로운 의사 결정을 할 수 있다. 그 사례로 1969년에 첫 비행을 한 747에 787 스타일의 날개와 엔진을 이용해서 현대화한 747-8을 만드는 결정이 있었다.[22]

다른 예로 BMW 그룹 라이프치히 공장의 예를 살펴보자. 대규모의 자동화, 70초의 택 타임(고객 수요를 충족시키기 위해 1개의 제품 생산에 걸리는 시간)을 갖는 1, 2시리즈 자동차 생산 규모는 상당히 인상적이었다. 더 고무적인 것은 i3와 i8을 위한 생산 라인을 각각 다른 방법으로 만들었다는 점에 있었는데 관련 내용은 곧 소개할 것이다.

빠르게 변화하는 시장 속에서 BMW의 전기 자동차의 시장 선점과 수익성을 알아내기는 어려웠을 것이다. 그래서 BMW 그룹은 자동화 라인에 더 많이 투자하기 전에 시장으로부터 학습할 수 있도록 생산 라인의 아키텍처를 설계했다. 수익성과 제품·시장 적합성이 가치 흐름 구성을 주도한 것이다. 다시 말해 IT만을 위한 변혁을 진행했던 라지뱅크의 접근법과 180도 다른 접근이었다. 생산 인프라, 아키텍처 그리고 관리적 접근 방식이 이보다 확연하게 다를 수는 없을 것이다. 이것이 같은 출장 기간 라지뱅크와 BMW 그룹을 방문한 뒤 보잉 드림라이너의 창문에 머리를 기댄 채 집으로 돌아가며 떠올린 생각이다.

도널드 라이너트슨Donald Reinertsen의 **생산 개발 흐름**Product Development Flow을 공부한 사람에게 새로운 이야기는 아닐 것이다. 라이너트슨은 대리 변수Proxy Variable를 사용하지 않고 경제적 단일 목표인 라이프 사이클 수익을 측정하는 매우 명확하고 설득력 있는 사례를 제시한다.[23] 그러나 기업 또는 제품 성장 곡선의 어디에 초점을 맞추느냐에 따라 목표는 달라질 것이다.

『Zone to Win』에서 제프리 무어는 네 가지 영역으로 구분된 투자 모델을 제공한다(그림 2.3).[24] **생산성 영역**Productivity Zone은 인사와 마케팅 비용 등을 포함한 순이익 창출에 관련된 영역이다. **성과 영역**Performance Zone은 매출에 대한 영역으로 매출의 주요인 등을 포함한다. **인큐베이션 영역**Incubation Zone은 새로운 제품 또는 비즈니스를 개발하는 영역으로 어느 한쪽이 **변혁 영역**Transformation Zone으로 이동하기 전 파괴에 대해 공격과 수비를 해 보는 곳이다. 서로 다른 생산 라인의 가치 지표를 정의할 때 각 영역과 그에 대한 목표가 명확히 식별돼야 한다. 예를 들어 순이익보다 매출에 더 관심이 있는 변혁 영역으로 이동하기 전에 인큐베이션 영역에서는 월별 활성 사용자 수에 비즈니스 목표를 둘 수 있다.

많은 조직이 디지털 변혁에서 저지르는 실수는 생산성 영역의 지표인 비용과 순이익을 통해 전체 IT 및 소프트웨어 전달 능력을 측정하는 것이다. 소프트웨어 시대 이전에는 IT가 생산성 영역에 있었겠지만 이제는 조직이 상황에 따라 서로 다른 영역에서 제품을 출시하고 운영해 시장에서의 지속 가능성을 도모하고자 하는 것이 디지털 변혁의 목표다.

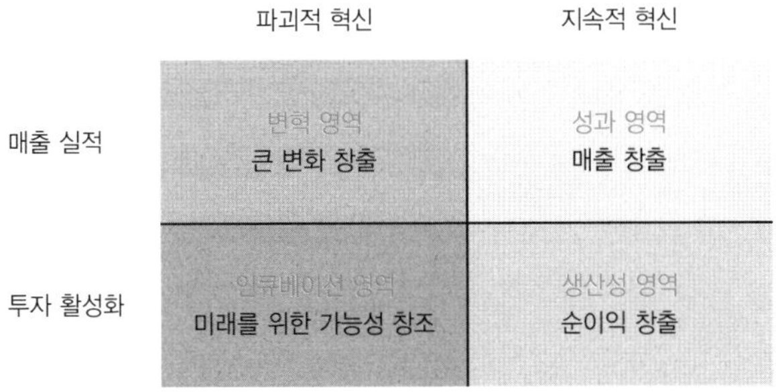

그림 2.3 무어의 영역 관리[25]

프로젝트 vs 제품

프로젝트 관리는 세계에서 가장 인상적이며 가시적인 여러 업적을 이뤄내는 데 사용돼왔다. 1917년 헨리 간트^{Henry Gantt}가 만든 간트 차트가 그 상징이 된 이후, 역사상 가장 거대한 콘크리트 구조물인 후버 댐^{Hoover Dam}의 건설에 사용됐다. 이 시기는 철강 시대 활용기의 끝자락이었으며 노동 효율성을 확대하고 향상하기 위한 관리 방법론인 테일러리즘이 채택되던 시기였다. 이 방식은 표준 업무 프로세스와 모범 사례는 물론이고 전문화 및 분업화를 제공했다.

프레더릭 테일러^{Frederick Taylor}의 의도와는 다를 수 있겠지만, 테일러리즘은 사람을 언제나 교체 가능한 자원으로 보며 프로젝트에 투입했다가 다른 곳으로 재배치하기도 한다. 노동자를 기계처럼 대하는 것은 후에 의사 결정의 분산과 자율성의 중요성을 깨달은 헨리 포드^{Henry Ford}가 입증한 것처럼 비인간적일 뿐 아니라 근시안적인 접근이었다.

이 근본적인 문제점을 개선했던 포드의 방식은 대량 생산 시대를 가속화하는 데 일조하게 된다. 포디즘^{Fordism}은 노동자, 직업 훈련, 경제적 복지에 큰 비중을 뒀다.[26] 대량 생산 시대에 발전한 회사는 포디즘을 기반으로 토요타^{Toyota}의 안돈 코드^{Andon Cord[27]} 혁신과 같이 이를 비즈니스와 연결되는 방향으로 확장했다.

이 효과는 BMW 그룹의 라이프치히 공장에서 여실히 드러난다. 그 여정을 통해 많은 IT 기업이 아직도 철강 시대의 유산인 테일러리즘의 세상에서 프로젝트 지향적 관리를 하고 있다는 결론을 내리게 됐다. 이러한 단절은 경영진과 기술 부서 사이에 어마어마한 커뮤니케이션 간극을 만드는 원인이 된다.

소프트웨어 전달은 태생적으로 창의적인 업무다. 소프트웨어 전문가는 기회가 주어진다면 복잡한 업무와 의사 결정 등 인간이 여전히 두각을 나타낼 일들만을 남기고 반복적인 프로세스를 자동화한다.

디지털 자산과 경쟁해야 하는 조직에 100년 전의 경영 프레임워크를 적용하는 것은 헛된 일이다. 표 2.1는 프로젝트 지향적 접근과 제품 지향적 접근의 차이를 구체적으로 보여준다.

표 2.1 프로젝트 지향적 관리 vs. 제품 지향적 관리

	프로젝트 지향적 관리	제품 지향적 관리
예산 편성	프로젝트 범위를 정할 때 사전 정의한 마일스톤에 자금 지원. 새 프로젝트가 만들어질 때 새 예산이 필요함.	비즈니스 결과에 기반해 제품 가치 흐름에 자금 지원. 수요에 따라 새 예산이 할당됨. 점진적 결과 전달이 장려됨.
기간	프로젝트 기간(예: 1년). 종료일이 고정됨. 프로젝트 이후 유지 관리에 관심 없음.	제품 생명 주기(수년간). 제품 수명이 끝날 때까지 지속적인 유지 관리 활동 포함.
성공	코스트 센터 접근 방식. 기간 및 예산 준수 여부에 따라 책정. 개발의 자본화는 대규모 프로젝트로 귀결. 비즈니스는 모든 것을 사전에 요구해야 함.	프로핏 센터 접근 방식. 목표 및 성과(예: 매출) 달성 여부를 비즈니스에서 측정함. 점진적 가치 제공과 정기적인 체크포인트에 집중함.
리스크	시장 조사나 요구 사항 명세, 전략적 결정이 사전에 결정돼야 하므로 제품·시장 적합성과 같은 전달 리스크가 극대화됨.	프로젝트 기간과 이터레이션에 걸쳐 리스크 분산. 선택 가치를 창출함(가정이 잘못된 경우 프로젝트를 종료하거나 전략적 기회가 발생하면 피벗할 수 있음).
팀	일에 인력을 할당. 미리 할당돼야 하며 사람들은 종종 여러 프로젝트에 걸쳐 있거나 이탈 후 재투입되기도 함.	사람에게 일을 전달. 안정적이며 점진적으로 조정되는 교차 기능 팀이 가치 흐름 하나에 할당됨.
우선순위	PPM 및 프로젝트 계획 주도 방식. 요구 사항 전달에 집중. 프로젝트는 폭포수 방식으로 흘러감.	로드맵 및 가설 검정 주도 방식. 기능 및 비즈니스 가치 전달에 집중. 제품은 애자일 방식으로 흘러감.
가시성	IT는 블랙박스이며 PMO는 복잡한 매핑과 모호함을 만듦.	비즈니스 성과와 직접적 매핑. 투명성 제공.

예산 편성

예산 편성은 조직 행동에 큰 영향을 주므로 IT와 소프트웨어 투자를 구조화하는 데 가장 중요한 요소 중 하나다. 프로젝트에 대한 예산을 계획할 때는 최종 목표를 확정한 뒤, 목표가 기간과 예산 범위 내에서 성공했는지 측정해야 하므로 시장과 자원에 대해 높은 수준의 확신이 있어야만 한다. 또한 프로젝트 기간의 불확실성을 고려하려는 이해관

계자가 최대한 많은 예산을 요구하게 만든다. 게다가 예산을 추가 편성하기 위해서는 커다란 노력이 필요하거나 새로운 프로젝트를 만들어야 한다.

여기서 부조화가 발생한다. 데브옵스와 애자일 팀은 소프트웨어 전달에 내재한 불확실성을 다루기 위해 피드백 루프를 만들고 비즈니스가 피드백에 따라 대응할 수 있도록 제공하는 것이 주요 업무다. 확실성이 높을수록 프로젝트 계획에 의해 최적의 장기 자원 할당이 이뤄진다. 하지만 소프트웨어 전달의 복잡성과 전환점의 시장 변화 속도 때문에 불확실성을 모두 포함해 프로젝트 계획을 만든다는 것은 엄청난 낭비일 뿐 아니라 성과가 아닌 활동과 대리 지표에 집중하는 잘못된 가시성을 비즈니스에 제공할 수 있다.

인큐베이션 영역 또는 변혁 영역의 이니셔티브라면 확실성보다 불확실성이 더 많을 것이다. 그 결과 프로젝트 시작 시점에 필요했던 모든 것을 구현하기 위한 배포 지연과 고객 테스트가 계획에 포함된다. 이는 시장으로부터의 반복적 학습과 그에 따른 피벗 기회를 제거함으로써 제품·시장 적합성PMF, Product/Market-Fit 리스크를 증가시키기도 한다.

이와는 대조적으로 제품 지향 관리는 비즈니스로 가치를 전달하는 투자 단위 각각의 결과를 측정하는 데 집중한다. 이 단위에 해당하는 것이 제품이며, 이 제품이 고객에게 가치를 전달하므로 측정은 반드시 제품의 비즈니스 결과를 기반으로 이뤄져야 한다. 기존 가치 흐름에 투입되는 투자와 마찬가지로 새로운 가치 흐름에 대한 투자 역시 제품의 비즈니스 사례를 기반으로 한다.

이러한 접근은 연간 계획 주기에 영향을 주지 않는다. 태스크톱에서는 제품과 엔지니어링 부서를 위한 연간 예산을 편성하고 이사회 승인을 받지만 매 분기에 제품 가치 흐름의 예산 할당을 재검토한다. 예를 들어 고객 검증이 완료되면 새로운 인큐베이션 영역 내 제품에 인력을 충원하는 식이다.

특정 가치 흐름을 위한 비용 초과 또는 매출 기회에 더욱 빠르게 대응하기 위해 좀 더 적극적인 린 예산 방식이 제안되기도 했다. 예산 편성 주기가 연간이든, 좀 더 빠른 주기든, 중요한 것은 프로젝트가 아니라 투자 단위인 제품이다.

기간

프로젝트 지향 관리의 가장 큰 문제점 중 하나는 기간을 고려할 때 있다. 어떤 프로젝트든 투입된 리소스가 줄어드는 기간이 정해져 있다. 고층 건물을 짓는 프로젝트라면 쉽게 이해할 수 있는 명백한 프로젝트의 끝이 있어 간단하다. 건물이 세워지면 프로젝트는 유지 보수 단계에 진입하게 된다. 그러나 제품은 소프트웨어든 하드웨어든 간에 명백한 종료 시점이 없으며 대신 생명 주기를 가진다. 제품은 수명을 다하기도 한다. 예를 들어 구글은 구글 리더^{Google Reader}와 구글 웨이브^{Google Wave}와 같은 수십 개의 제품을 종료시켰다. 소프트웨어 제품을 둘러싼 생태계가 계속해서 발전하므로 제품이 사용되는 한 계속해서 결함 수정과 새로운 기능이 필요하다.

프로젝트 지향적 사고방식을 적용해 소프트웨어 제품을 출시한 다음, 유지 보수 기간에 비용 일부를 줄일 수 있다고 가정하는 것은 여러 의도치 않은 결과를 초래한다. 일례로 함께 일했던 한 기업에서는 수천 명의 IT 직원을 대상으로 프로젝트 관리 상태를 조사하는 설문을 진행했는데, 부서마다 차이는 있었지만 한 엔지니어가 1년에 평균 6개에서 12개 프로젝트에 배정돼 있다는 결과를 얻을 수 있었다.

나 역시 태스크톱 초기에 직원과 팀을 다수의 오픈소스 서비스 프로젝트에 할당했던 경험이 있다. 이때 한 엔지니어가 가치 흐름을 하나 이상 할당받는 경우 생산성이 크게 떨어진다는 것을 알게 됐다. 이러한 안티패턴은 인력을 연 단위로 할당하는 관행 그리고 유지 보수 기간의 프로젝트에는 업무 시간 중 아주 약간의 시간만 할애하면 될 것이라는 가정에서 비롯된다. 현실은 제품이 사용되는 한 수정 작업이 정기적으로 발생하며, 내가 겪었듯 스래싱은 구성원의 행복과 생산성 모두에 큰 문제가 된다.

어떤 기업은 소프트웨어 유지 보수를 GSI^Global Systems Integrator와 같은 기업에 아웃소싱한다. 이를 통해 추가적으로 소프트웨어 유지 보수에 대한 비용을 줄임으로써 대차대조표상 부채를 줄일 수 있다. 그러나 아웃소싱은 이론상으로는 효과적인 것처럼 보이지만, 조직 간 경계를 넘어야 해서 흐름과 피드백 루프를 방해할 수 있을 뿐 아니라 소프트웨어와 비즈니스의 연결을 끊어버린다. 소프트웨어는 변경과 최신화가 지속적으로 필요하므로 해당 소프트웨어가 비즈니스의 핵심일 때 비즈니스 결과를 지속적으로 전달하는 데 실패하고 비즈니스는 약화될 것이다.

소프트웨어 프로젝트에 끝이 있다는 생각은 경제적 관점에서도 잘못됐다. 미국의 국제회계기준^IFRS 매출 인식 규칙이 시행되면 인지된 경제적 이익 중 일부를 제거하는데, 이때 아웃소싱에 대한 대차대조표 편향 역시 제거된다. 그러나 제품 지향적 경영에서는 보잉의 사례처럼 생애 주기 비용과 수익성에 초점을 맞춘다.

더 심각한 것은 프로젝트에 끝이 있다는 잘못된 관점이 조직의 소프트웨어 전달에 있어 중요한 경제적 측면을 가린다는 것이다. 3장에서 다뤄질 핵심 개념 중 하나인 기술 부채로 예를 들어보자. 일반적인 소프트웨어 개발을 통해 누적된 기술 부채가 문제를 유발한다는 것은 잘 알려져 있다. 그리고 기술 부채가 꾸준히 줄어들지 않는다면 소프트웨어는 기능을 추가하고 수정하는 데 엄두를 못 낼 만큼 어려워지고 비용이 많이 들게 된다.

이 점은 노키아의 사례를 통해 보았듯이 가장 주요한 실패 요인이다. 기술 부채는 노키아가 주름잡았던 모바일 시장에서 노키아의 지위를 잃게 했다. 프로젝트 지향 관리에서는 기술 부채를 줄이기 위한 보상이 존재하지 않는다. 프로젝트가 끝날 때까지 효과가 나타나지 않기 때문이다. 그 결과 해당 애플리케이션은 돌이킬 수 없는 상태가 돼 더 많은 레거시 시스템 및 코드를 끊임없이 축적하게 된다.

성공

경영진이 조직과 팀에 전달하는 성공 지표는 그들의 행동 방식을 결정한다. 프로젝트 지향적 운영은 코스트 센터의 접근 방식을 취하는 경향이 있으며, 이는 대기업 IT의 일반적인 모습이다. 라지뱅크의 사례에서 보았듯 비용 중심 관점에서 비즈니스 가치 창출이 증대될 것이라는 기대는 무의미하다.

프로젝트 지향 관리는 데브옵스 원칙과 반대되는 부작용을 초래한다. 예를 들면 소프트웨어 개발의 자본화는 큰 프로젝트를 만들려는 이유가 된다. 이해관계자들은 프로젝트가 진행되는 동안 필요할지

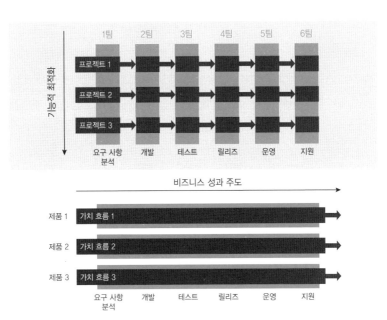

그림 2.4 기능적 최적화 vs. 비즈니스 성과

도 모르는 모든 것을 경영진에게 미리 요구하도록 장려되는데, 이는 린 사고방식과 지속적 학습에 완전히 어긋나는 것이다. 전환점을 향해하는 기업들은 소프트웨어 투자를 내부 채택이나 수익 창출과 같은 비즈니스 성과 관점에서 측정한다. 이는 점진적 가치 전달과 정기적인 체크포인트를 가진 빠른 학습 경영 문화로 이어진다.

그림 2.4에 따르면 제품 지향 관리는 기능적 사일로가 아닌 비즈니스 성과를 위해 조직이 협력할 수 있도록 한다.

리스크

프로젝트 지향 관리는 프로젝트를 진행하는 동안 발생할 수 있는 모든 리스크를 식별하도록 설계돼 있다. 이는 모든 발생 가능한 리스크를 미리 알고 있어야 한다는 의미다. 다른 분야에서는 가능할지도 모르지만 소프트웨어 전달이라는 불확실하고 변화무쌍한 세상에서는 불가능하다.

커네빈 프레임워크^{Cynefin Framework}는 의사 결정 상황을 '명확함', '어려움', '복합적', '혼돈'의 네 가지로 분류하는 방법을 제공한다.[28] 기술 스택과 시장이 변화하는 속도로 인해 소프트웨어 이니셔티브는 '복합적' 영역이나 '혼돈' 영역에 빠지는 경향이 있다. '명확함'과 '어려움' 영역의 문제 해결에 최적화된 프로젝트 지향 관리에서는 결국 프로젝트 기간에 발생할 수 있는 모든 우발적인 상황을 프로젝트에 끼워 넣게 된다. 이로 인해 지나치게 보수적인 기간과 불어난 예산이 책정된다. 그럼에도 불구하고 이렇게 사전 계획된 프로젝트가 일반적인 가설 검정 및 학습 방식보다 제품·시장 리스크를 피하는 데 효과적인 것도 아니다.

이에 반해 제품 지향적 관점에서는 최소 기능 제품^{MVP}과 같은 린 스타트업^{Lean Startup}의 접근 방식을 중요시한다. 리스크를 줄이는 것 외에도 점진적인 제품 지향적 접근 방식은 비즈니스가 정기적인 체크포인트에서 방향을 재설정할 수 있도록 해 선택 가치를 만들어낸다. 더 잦은 리뷰와 체크포인트는 비싼 관리 비용을 요구하기 때문에 추가 비용이 발생한다. 하지만 소프트웨어의 복잡성과 시장이 바뀌는 속도를 고려하면 제품 생애 주기 전반에 걸쳐 추가 비용이 고루 퍼져 있는 것이 낫다.

팀

프로젝트 지향적 관리에서는 리소스가 프로젝트에 할당된다. 이는 사람을 대체 가능한 소모품으로 보는 테일러리즘의 사고방식이다. 이러한 생각은 소프트웨어 전달이라는 가장 복잡한 지적 작업의 분야에서는 무의미하다.

현대의 소프트웨어 가치 흐름은 수백, 수천 라인의 코드를 기반으로 한다. 태스크톱의 코드베이스 중 가장 복잡한 부분에서는 숙련된 시니어 개발자가 투입돼 최대 생산성을 내기까지 6개월이 걸린다. 이러한 맥락에서 12개월마다 새로운 프로젝트에 사람이 투입된다면 이것이 생산성에 끼칠 영향을 생각해보자. 불행히도 대부분 IT 조직은 개발자의 생산성, 참여도, 램프업 시간 등을 고려하지 않기 때문에 이러한 일은 흔히 일어나며, 테일러리즘의 사고방식으로는 추가 비용을 인지할 수가 없다.

개인별 IT 인력의 생산성 및 만족도에 대한 비용 위에 팀 비용이 더해져야 한다. 심리학자 브루스 터크만Bruce Tuckman은 복잡한 문제를 수행하는 팀이 경험하게 되는 형성기, 혼돈기, 규범기, 성취기의 발달 주기를 제시했다.[29] 인력을 재할당하는 것은 발달 주기를 방해해 더 많은 사람이 이동할수록 팀의 생산성에 드는 비용을 증가시킨다.

소프트웨어 전달과 같은 복잡한 지식 산업에 '일에 사람을 투입'하는 프로젝트 지향적 관리 접근은 적합하지 않다. 높은 성과를 내는 소프트웨어 조직은 이미 '사람에게 일을 전달'하는 것의 효과를 잘 알고 있다. 오래 지속되는 팀은 시간이 지남에 따라 전문성(개인과 팀 모두)을 쌓고 관계를 구축해 속도와 사기를 높인다. 이는 확장 불가능한 지속적 에스컬레이션 없이도 기획 변경에 대해 조직 말단에서 문제를 해결할 수 있는 등의 다른 장점도 많다.

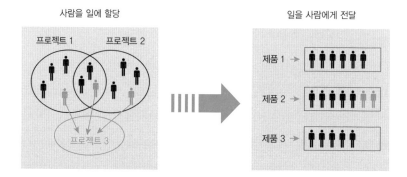

그림 2.5 사람을 일에 할당 vs. 일을 사람에게 전달

대규모 소프트웨어에서 팀과 전문 기술 구축을 극대화하기 위한 최적의 할당 방식은 팀과 가치 흐름 간의 일대일 할당이다. 기능 팀을 도입하는 것 또한 이러한 종류의 할당에 대한 하나의 예시이며 더 큰 제품의 가치 흐름은 종종 여러 기능 팀으로 구성되기도 한다.

우선순위 설정

프로젝트 지향적 관리에서는 프로젝트 계획이 우선순위를 결정한다. 계획 변경은 관리 및 의사소통, 협업 측면에서 비용이 많이 들기 때문에 가급적 지양한다. 소프트웨어 전달 측면에서 단계별 프로젝트 계획에 자연스럽게 맞아떨어지는 '폭포수 방식' 소프트웨어 전달 모델이 채택되는 경향이 있다. 이는 높은 예측 가능성을 보이는 프로젝트에는 적합하나 소프트웨어 전달에 대해서는 역효과를 낸다. 제품 지향적 관리에서는 기능에 대한 제품 로드맵과 지속적인 가설 검정을 기반으로

우선순위를 정한다. 이는 고위 경영진을 포함해 전체 조직이 데브옵스의 피드백과 지속적인 학습 원칙을 준수한다는 것을 의미한다.

가시성

마지막이자 가장 중요한 점은 가시성 문제다. 앞에서 예로 든 노키아와 라지뱅크의 공통점은 IT와 비즈니스 간의 단절이었다. 단절의 원인은 무엇일까? 비즈니스 대표나 경영진은 넓은 시야를 갖고 있음에도 IT에 대한 가시성은 왜 부족한 것일까? 오늘날 우리가 빅데이터와 분석 툴을 언제 어디서나 쉽게 접근하고 사용할 수 있으면서도 왜 많은 기업에서 IT를 블랙박스라고 느끼는 것일까?

문제는 데이터 액세스에 있는 것이 아니라 IT가 이용하는 데이터 모델과 비즈니스에서 이용하는 데이터 모델이 불일치한다는 것이다. IT 그리고 소프트웨어 전달 전문가는 이미 제품 지향적 사고방식과 방법론을 사용해 일하며 사고한다. 그것이 바로 비즈니스가 이들 소프트웨어 전문가에게 주문한, 즉 소프트웨어 제공으로 비즈니스 가치를 전달하는 작업이다. 그러나 경영진이 계속 프로젝트의 관점에서 사고하고 관리한다면 소프트웨어 전달의 반복적 특성과 프로젝트 및 포트폴리오 관리, 성과 가치 관리 등 프로젝트 관리 기법의 정적 특성 사이를 계속해서 매핑해야만 한다.

나중에는 결국 '수박' 현상으로 귀결된다.[30] 만약 엔지니어링 책임자가 프로젝트 매니저로부터 '일이 잘 진행되고 있는가'라는 질문을 받는다면 대답은 '예' 일 것이다. 질문이 모호했기 때문이다. 그러나 릴리즈는 완료됐는데 비즈니스 목표와 일치하지 않았다면 이는 명백히 프로젝트가 제대로 진행되지 않는 것이다. 이 프로젝트는 겉보기에는 '녹색'인 것처럼 보이나 안쪽은 '빨간색'인 것이다(마치 수박처럼). 문제는 프로젝트에 있는 것이 아니라 소프트웨어 전달의 복잡성과 역학 관계를 처리하도록 설계되지 못한 관리 패러다임에 있다.

결론

제품보다는 프로젝트를, 수익보다는 비용을, 비즈니스 가치 전달보다는 일정을 우선시하는 것으로 특징지어지는 비즈니스와 IT의 단절은 IT와 디지털 변혁이 실패하는 주된 원인이다. 우리가 현재의 신생 기업들과 경쟁하고 다음 10년 동안 번영할 수 있는 기반을 다질 수 있으려면 지난 활용기에서 이를 교훈 삼아야 한다.

문제는 기업 IT 규모에서 대규모 소프트웨어 제품 전달을 관리하는 데 필요한 관리 프레임워크나 인프라가 없다는 것이다. 3장에서 알아볼 플로우 프레임워크는 기술적 활동을 관리하는 대신 비즈니스 결과를 위한 소프트웨어 공급을 관리하는 새로운 접근법을 제공한다.

플로우 프레임워크의 목표는 비즈니스 주도의 디지털 변혁과 이를 뒷받침해주는 기술 변혁 사이에 누락된 단계를 제공하는 것이다. 만약 디지털 변혁이 비즈니스 결과가 아닌 애자일 프로세스나 활동에만 집중한다면 성공하지 못할 것이며, 무언가 잘못됐음을 비즈니스가 깨닫는 때는 너무 늦은 순간일 것이다. 조직도와 스크럼 팀의 개념은 언제나처럼 유의미할 것이다. 하지만 소프트웨어 혁신가가 되고자 하는 조직에 이러한 개념들은 제품 지향적 가치 흐름과 비교했을 때 부차적인 것들이다. 플로우 프레임워크는 대규모 소프트웨어 전달의 성공을 위해 필수적인 가치 흐름 네트워크를 연결하고 측정하며 관리하는 방식을 기반으로 변혁을 보장한다.

제품 지향적 관리와 플로우 프레임워크로 전환하는 것이 소프트웨어 시대에 있어 성공을 보장하기에 충분한 것은 아니다. 조직은 소프트웨어 기반 제품을 시장에 전달하고 적응하기 위한 경영 문화와 시장에 대한 이해가 필요하다. 어떻게 더 많은 가치를 전달할지 고민하기 전에 소프트웨어 전달의 비즈니스 가치를 측정할 방법을 정의해야 한다. 그것이 플로우 프레임워크가 만들어진 이유다.

3장

플로우
프레임워크 소개

지금까지 우리는 오늘날 기업이 이전 시대의 경영 메커니즘을 가져와 소프트웨어 전달에 그대로 적용하려 한다는 점을 살펴봤다. IT와 소프트웨어 전달 비용이 수년간 끊임없이 증가하고 있음에도 이제는 비즈니스의 가장 큰 비용 중 하나가 된 소프트웨어 전달에 대해 기업은 적절한 가시성을 갖지 못할뿐더러 제대로 이해하지도 못하고 있다. 반면에 거대 기술 기업과 디지털 스타트업은 소프트웨어 시대의 성공에 필요한 관리 프레임워크를 마스터했다. 따라서 기업의 많은 기술자는 애자일과 데브옵스 업무가 변혁에 필수임을 잘 알고 있으며 그것을 조직에 전파하려 노력하고 있다.

문제는 현대적인 소프트웨어 전달 접근 방식의 원칙들이 비즈니스로 옮겨지지 않는 것이다. 그 예로 기업은 대량 생산 시대의 승자를 결정한 제품 지향적 사고방식을 도입하기보다 여전히 IT를 프로젝트의 집합이나 코스트 센터로 취급하고 있다.

우리는 비즈니스가 변화하는 소프트웨어와 물리적인 제품 생산의 큰 차이를 극복해 제품 지향적 사고방식을 도입하고 실천할 수 있도록 도와야 한다. 우리는 애자일과 린 프레임워크 모범 사례를 비즈니스로 끌어올려 줄 새로운 프레임워크가 필요하다. 또한 활동 지향적인 대리 지표에 의존하지 않도록 비즈니스 성과 지향적 지표를 정의해야 한다.

3장에서는 비즈니스를 기술과 연결 짓기 위한 새로운 접근 방법으로 플로우 프레임워크를 소개한다. 플로우 프레임워크는 시장 변화를 감지하거나 파괴를 막아 주는 전략 제안 툴은 아니다. 다만 비즈니스 전략과 기술 전달 사이의 가교 역할을 할 것이다. 플로우 프레임워크는 IT라는 블랙박스를 열어 조직 전반에 피드백 루프를 만들고 시장이 소프트웨어 시대의 후반전에 돌입함에 따라 비즈니스 가치 흐름과 기업의 지속적 학습을 가속화할 것이다.

플로우 프레임워크에 대한 설명을 돕기 위해 자동화 및 가시성을 끌어내는 핵심 인프라 개념인 가치 흐름 네트워크^{Value Stream Networks}를 소개하며, 플로우 프레임워크의 개요와 프레임워크의 핵심인 네 가지 플로우 아이템에 대한 정의로 마무리할 것이다. 본론에 진입하기 전에 BMW 라이프치히 공장을 다시 방문해 보도록 하자.

BMW 견학 **공장 라인 산책**

가동 중인 1, 2시리즈 생산 공정을 내려다보며 생산 로봇들과 파란 조끼를 입은 라인 작업자들이 만드는 군무에 감탄한다. 우리는 다양한 작업대를 살펴보면서 조립동을 천천히 1마일 정도 걷는다. 어떤 곳은 용접, 조립, 접착 과정이 커다란 로봇을 이용해 완전히 자동화돼 있고, 어떤 곳은 작업자가 직접 복잡한 조립을 하고 있다. 프랭크는 라인의 특히 복잡한 부분에서 우리를 멈춰 세우고 와이어링 하네스를 가리킨다. 그리고 차 각각의 전기 신경 시스템이 어떻게 만들어지는지 설명한다.

"와이어링 하네스[*] 하나하나가 모두 다릅니다." 프랭크가 말한다. "각

---

* 자동차 내 각 모듈에 전원 및 전기 신호를 전달하는 배선 묶음. - 옮긴이

자동차는 주문에 따라 제작되고 그에 따라 전자 부품의 셀 수 없는 조합이 나옵니다. 그래서 와이어링 하네스는 자동차가 라인에 도착하기 전에 따로 조립됩니다."

프랭크는 생산 라인에서 와이어링 하네스를 설치하는 것이 얼마나 복잡한지 설명한다. 만약 설치하면서 무언가 잘못돼 70초의 택 타임 이내에 작업이 끝나지 못하면 작업자는 도움을 요청하는 코드를 잡아당긴다. 그러면 그다음 워크스테이션으로부터 도움을 받아 작업이 마무리될 수 있게 돼 있다. 생산 라인은 재작업을 위해 자동차를 제거하지 않고도 매우 복잡한 작업을 안정적으로 마무리 지을 수 있도록 구조화돼 있다.

프랭크는 다운스트림에 수 마일의 생산 라인이 남아 있어 이 지점에서 차를 끌어내는 것이 대단히 복잡하다고 설명한다. 라인에서 차가 한 대 빠지면 뒤에 늘어선 모든 작업대마다 부품 흐름을 재배열하는 수고를 치러야 하기 때문이다. 이러한 이유로 생산 흐름에서 자동차를 제거하지 않기 위해 많은 추가 단계와 프로세스가 마련돼 있다.

BMW 부품 조립 공정의 문제가 소프트웨어 팀이 최신 코드 동기화 문제로 빌드를 깨뜨렸을 때 발생하는 문제와 비용이 유사하다는 점이 놀랍다. BMW 공장은 하네스 조립을 제시간에 끝나지 못할 경우를 대비해 시간 조절을 포함해 지속적인 부품 조립 공정 보장을 위한 모든 것을 동기화하고 있다.

생산 라인을 계속 따라가면 '관절' 부분이 나온다. 라인이 왼쪽으로 90도 꺾어지는 부분은 '손가락'에 해당한다. 추가 조립 단계가 끝없이 이어져 있는 복도로 연결되며 라인은 다시 그 손가락을 돌아 나와 다음 손가락으로 이어지는 관절 부분으로 돌아온다.

"선루프 설치는 너무 복잡해서 이 워크스테이션은 절대 이동시키고 싶지 않았습니다." 프랭크가 말한다. "이동할 수 있는 다른 스테이션과 달리 로봇은 바닥에 볼트로 고정돼 있습니다. 이제 왜 건물이 이러한 구조를 가졌는지 이해하시겠죠. 우리는 새로운 제조 과정에 따라 '손가락'을 연장할 수 있습니다. 하지만 '관절' 부분은 생산 라인에서 고정된 지점입니다."

전체 공장의 구조는 생산 라인을 따라 현재와 잠재적인 미래의 생산 흐름에 최적화돼 있다. 공장의 가치 흐름에서 다섯 개 관절은 가장 복잡한 부분이기 때문에 생산 라인 가치 흐름 구조의 주요 제약 조건 아래 흐름과 미래 확장성을 최대화하기 위해 건물이 이 관절을 중심으로 지어진 것이다.

소프트웨어 전달에서 제약 사항과 의존성에 대해 이 정도 높은 수준의 명확성을 제공하지 못하는 이유는 무엇일까? 가치 흐름에 대해서가 아닌 기술적 경계 안쪽에 대해서만 설계를 하는 이유는 무엇일까?

새로운 프레임워크가 필요한 이유

1부에서 다룬 변혁의 도전 과제들은 기본적인 것들이다. 이에 대해 어떤 조치를 하는 것은 강제되지 않기 때문에 많은 회사가 결국 그들의 소프트웨어 전달에 대한 비효율적인 접근 방식에 안주하게 될 것이다. 오늘날 다음 파괴가 얼마나 빠르게 일어날지, 어떤 접근법이나 프레임워크가 이 파괴를 해결하기 위해 효과적인지를 알려주는 확실한 데이터는 없다.

분석가나 연구원이 그 데이터를 사용할 수 있을 때는 이미 늦은 순간이 된다. 소프트웨어 시대의 승자와 패자는 각각 합당한 시장 점유율을 차지할 것이다. 구시대의 경영 기법에 머무른다면 정부의 규제와 개입 없이는 시장을 따라잡을 수 없다는 것을 깨닫게 될 것이다. 우리는 그 신호를 이미 경험하고 있다. 아마존Amazon 주가가 올라가면 다른 유통사인 타깃Target, 월마트Walmart, 노드스트롬Nordstrom 주가는 떨어지고[1] 같은 현상이 반대 방향으로도 일어난다. 물론 이것이 전형적인 시장 역학 관계를 나타내는 것은 아니지만 우리는 전환점을 지나면서 산업별로 제로섬 게임이 계속될 것임을 알고 있다.

비즈니스의 모든 측면에서 변혁, 현대화 그리고 리엔지니어링에 대한 수많은 방법론과 프레임워크가 존재한다. 확장형 애자일 프레임워크SAFe는 기업의 소프트웨어 전달에 초점을 두고 있다. 최근 데브옵스에서는 소프트웨어가 빌드되고 배포되는 방법에 따른 병목 지점에 대해 다루고 있다. 무어의 영역 관리 등의 프레임워크에서는 비즈니스 리엔지니어링 시각에서 변혁을 다룬다.

이러한 방법론과 프레임워크는 언제나처럼 유의미할 것이며 플로우 프레임워크는 비즈니스가 이들 중 가장 적합한 방법을 이미 채택해 사용하고 있다고 가정한다. 플로우 프레임워크의 역할은 비즈니스 수준의 프레임워크와 변혁 이니셔티브를 기술 분야의 프레임워크와 이니셔티브로 연결하는 것이다. 변혁을 위한 이니셔티브가 고립돼 있었기 때문에 수많은 변혁이 중단되거나 실패한 것이다.

데브옵스의 세 가지 방법인 흐름, 피드백, 지속적 학습을 달성하려면 IT를 넘어 비즈니스까지 데브옵스를 확장해야 한다. 오늘날의 소프트웨어 중심 디지털 변혁을 계획하고 모니터링하며 성공을 확신하기 위한 새로운 프레임워크가 필요하다. 새로운 프레임워크는 비즈니스에서 분리되지 않으며 비즈니스 목적과 주요 성과 측정에 직접적으로 연결돼야 한다. 소프트웨어 개발의 특이성을 무시하고 소프트웨어를 제조업처럼 관리해서는 안 된다. 또한 소프트웨어 전달의 개발, 운영, 고객 성공의 각 측면 중 어느 한쪽으로 지나치게 치우쳐서도 안된다.

새로운 프레임워크는 마치 제조 분야에서 관리 구성 요소로서 가치 흐름 지도, 기업 요구 사항 처리, 공급망 관리 등을 제공하는 것처럼 대규모 소프트웨어 전달을 위한 관리 방법을 캡슐화해야 한다. 이것이 플로우 프레임워크의 역할이다.

라이프치히 공장에서는 모든 직원이 고객이 누구인지 알고 있으며 누구든 생산 라인을 따라 기업의 가치 흐름 활동을 관찰할 수 있다. 가치 흐름으로부터 고객이 끌어당겨 갈 가치는 '순수한 드라이빙의 즐거움Sheer Driving Pleasure'이라는 BMW의 모토를 전달하는 자동차라는 것도 잘 알고 있다. 공장의 병목 지점이 어디인지도 알고 있다. 반면에 오늘날 IT 기업은 직원뿐 아니라 경영진조차 생산에 대해 다음과 같은 근본적인 질문에 답을 하는 데 어려움을 겪는다.

- 고객은 누구인가?
- 고객이 끌어당길 가치는 무엇인가?
- 가치 흐름은 무엇인가?
- 병목 지점은 어디인가?

예를 들어 라지뱅크의 소프트웨어 전달 활동은 가치 흐름에 연결된 제품들로 이뤄져 있지 않았기에 프로젝트 포트폴리오의 각 부분에서 고객을 정의할 명확하고 일관된 방법이 존재하지 않았다. 많은 내부 애플리케이션이나 구성 요소에서 고객이 명시되지 않았으며 많은 경우 소프트웨어 전달은 내·외부 고객이 끌어당길 가치보다 레거시 소프트웨어 아키텍처에 맞춰져 있었다. 프로젝트 간 중복, 프로젝트와 아키텍처 간 연결성 부족으로 프로젝트 지향적 관리 방법에서 가치 흐름을 추출하는 것은 불가능했다. 그리고 온갖 이질적인 시스템과 부분적 최적화, 성과가 아닌 활동에 대한 추적 등의 이유로 병목 지점이 어디인지 확실히 알 수 없었다.

플로우 프레임워크는 바로 이러한 문제에 답하는 간단한 방법을 제공한다. 조직에는 이 문제의 답을 이미 알고 있는 핵심 직원이 있으며 그들의 활동과 비전을 조직적 전략과 접근 방식에 연결해야 한다. 플로우 프레임워크는 가치 흐름 네트워크를 연결하고 비즈니스 가치 흐름을 측정하며 그것을 전략과 비즈니스 성과에 연관시키는 방법을 제공할 것이다. 플로우 프레임워크는 다음 활동을 가능하게 한다.

- 비즈니스 가치의 엔드 투 엔드 흐름을 실시간으로 관찰
- 병목 지점을 즉시 찾아내고 투자 우선순위 설정에 활용
- 전체 가치 흐름에서 얻은 실시간 데이터에 기반한 가설 검정
- 플로우를 최대화하는 방향으로 조직을 재구성

디지털 조직이 가시적이고 연결된 가치 흐름 네트워크를 갖추지 못했다는 것은 제조업이 전기 공급망을 갖추지 못한 것과 비슷하다. 이들 기업은 플로우 지표 또는 그와 비슷한 것을 활용하지 않고 IT를 관리하는 것이 클라우드 인프라를 전기 및 컴퓨터 전력 비용을 측정하는 메커니즘 없이 운영하겠다는 것과 같다는 것을 배우게 될 것이다.

엔드 투 엔드 결과에 집중하라

조직도와 기업 구조는 현재의 가치 창출을 가장 잘 표현하는 방법이다. 그러나 우리가 알고 있듯 이것이 우리를 실패하게 했다. 기술 투자를 비즈니스 성과에 직접적으로 연결하는 지표가 아닌, 멈춰 있고 오래된 데이터와 활동 기반의 대리 지표를 사용해 소프트웨어 투자와 인력 배치가 제대로 된 근거 없이 결정된다.

BMW 라이프치히 공장에서는 가치 흐름이 명확하고 가시적이었다. 자동차라는 가치 단위는 조립 라인을 따라 최종 생산까지 이어진다. 빠른 납품 속도, 품질, 각 단위의 완성도는 개별로도 전체적으로 검증할 수 있다. 그러나 소프트웨어 조직에는 생산 라인에 따라 흐르는 손에 잡히고 눈에 보이는 형체가 없다.

그렇다면 눈에 보이게 할 수는 없을까? MRI처럼 소프트웨어 조직

이 실시간으로 움직이는 것을 볼 수 있다면 어떨까? 비즈니스에서 고객으로 흐르는 것이 무엇인지 볼 수 있을까? 플로우 속에서는 어떤 패턴을 볼 수 있을까? 플로우를 지연시키는 병목 지점을 찾아낼 수 있을까? 이 질문들에 대한 답을 플로우 프레임워크를 통해 구할 수 있다.

플로우 프레임워크는 소프트웨어 전달 결과를 위한 엔드 투 엔드 측정 시스템을 제공한다. 실제 진행되는 작업을 나타내는 소프트웨어 전달의 '실측 정보' 및 연관 작업을 매출 발생 등 결과로 연결하는 것에 집중한다. 일간 코드 라인 수나 일간 배포 횟수와 같은 대리 지표가 아닌, 매출이나 비용처럼 결과 지향적 비즈니스 지표에 완전히 초점을 맞추고 있다.

이러한 종류의 대리 지표가 중요하지 않다는 것이 아니다. 예를 들어 지속적 배포를 위한 자동화가 부족하다는 점이 가치 흐름에 있어 병목 지점이라면 일간 배포 횟수를 측정하는 것이 중요한 지표가 된다. 그러나 플로우 프레임워크는 가치 흐름 속에서 병목 지점을 찾아내기 위해 사용하는 엔드 투 엔드 지표 자체에 중점을 둔다. 또한 플로우 프레임워크는 결과를 위한 활동을 측정하는 것을 피한다. 플로우 프레임워크에는 팀 또는 조직이 '얼마나 애자일했는지'에 대한 지표는 없다. 얼마나 많은 비즈니스 가치가 흘렀는가에 집중할 뿐이다. 애자일 개발이 병목 지점이라면 스크럼 교육을 받은 사람의 수와 같은 대리 지표를 측정해 비즈니스 가치 흐름을 증가시킬 수 있다.

플로우 프레임워크의 역할이 애자일을 달성하는 방법을 알려주는 데 있는 것은 아니다. 그것은 애자일 프레임워크와 교육 프로그램의 역할일 것이다. 플로우 프레임워크는 자동화와 애자일에 대한 투자를 추적하고 관리하며 개선하는 역할을 맡는다.

린 사고방식 갖추기

플로우 프레임워크가 구체적인 애자일 프레임워크 또는 작업 모델을 따르게 하거나, 혹은 데브옵스나 고객 성공에 대한 구체적인 접근 방법을 요구하지는 않지만 린 사고방식에 충실할 것만은 요구한다. 궁극적으로 플로우 프레임워크의 목적은 대규모 소프트웨어 전달을 위한 린 사고방식을 구현하는 실행 가능한 방법을 제공하는 것이다. 이 개념은 제임스 워맥James P. Womack과 대니얼 존스Daniel T. Jones가 『린 싱킹』(바다, 2013)에서 다음과 같이 제시했다.

> … 린 사고방식은 다섯 가지 원칙으로 요약할 수 있다. 구체적인 제품으로 가치를 명확히 할 것, 각 제품의 가치 흐름을 규명할 것, 가치 흐름이 방해 없이 흐르도록 할 것, 고객이 가치를 끌어당기도록 할 것, 완벽을 추구할 것.[2]

플로우 프레임워크에는 제품과 가치 흐름 사고에 대한 경영진 차원의 노력, 린 사고를 뒷받침하는 '흐름', '끌어당기기'의 원칙이 필요하다. 이 책을 통해 린의 다섯 가지 원칙을 구체적으로 살펴보고 이 방식이 소프트웨어 전달 운영과 어떻게 연관되는지 중점적으로 살펴볼 것이다. 이를 위해 '흐름', '끌어당기기', '가치 흐름'의 개념이 대량 생산 시대에서 소프트웨어의 시대로 넘어오면서 어떻게 해석되는지를 먼저 정의해야 한다.

가치 흐름이란 무엇인가?

린 싱킹에서 가장 중요한 원리는 '각 제품의 가치 흐름을 규명할 것'이다.[3] 가치 흐름을 명확히 하는 법은 9장에서 자세히 알아볼 것이다.

우선 모든 사람, 과정, 활동, 소프트웨어를 공급하는 데 필요한 툴이 가치 흐름에 포함된다고 생각해보자.

> **가치 흐름:** 제품이나 서비스를 통해 고객에게 가치를 전달하는 일련의 엔드 투 엔드 활동.

각 제품은 고객이 사용하는 소프트웨어 기능의 패키지로서 정확히 정의돼 있어야 한다. 직접 사용될 때도 있고, 다른 물리적 또는 디지털 제품의 일부분으로 사용되기도 한다. 제품을 사용하는 고객 역시 올바르게 정의돼 있어야 한다. 고객이 꼭 외부 사용자일 필요는 없다. 예를 들어 빌링 시스템을 사용하는 내부 사용자 역시 고객이다. 따라서 사내용 빌링 시스템도 가치 흐름을 갖고 있어야만 한다는 것을 의미한다. 일부 조직에서는 조직 내의 다른 개발자만 사용하는 내부 플랫폼이나 API를 개발하는 팀을 갖고 있기도 하다. 이때 고객은 API를 사용하는 개발자가 된다. 각 제품은 가치 흐름으로부터 생산된 소프트웨어를 소비하는 고객을 갖고 있다.

가치 흐름은 고객에게 비즈니스 가치를 전달하는 데 필요한 모든 활동, 이해관계자, 프로세스, 툴로 구성된다. 당연한 말인 것 같지만 나의 두 번째 깨달음은 조직이 엔드 투 엔드 가치 흐름 전체에서 결과를 추출하지 않고 기능적 사일로 내부만을 측정해 결과를 얻는 문제에 대한 것이었다. 예를 들어 지원 팀 혹은 비즈니스 이해관계자가 그 과정에서 제외된다면 이는 엔드 투 엔드 가치 흐름이 아닌 가치 흐름의 일부분이 된다. 마찬가지로 애자일 팀, 데브옵스 팀 역시 가치 흐름의 일부분이다. 심지어 교차 기능 팀^{Cross-Functional Feature Team}이라도 독립적으로 전체 가치 흐름을 구성하는 경우는 매우 드물다. 교차 기능 팀에 지원 팀이 포함되지 않는 경향이 있기 때문이다.

가치 흐름의 일부분이 중요하지 않다는 것이 아니라, 각 부분을 운영하고 결과를 측정하는 것은 이 책의 주제가 아니라는 것이다. 조직이 엔드 투 엔드 가치 흐름에 접근하는 것과 비교하면 가치 흐름의 부분들을 위한 다양한 기법은 우리에게 이미 익숙하다. 예를 들면 많은 IT 조직이 요구 사항 관리, 프로젝트 포트폴리오 관리, 기업 애자일, 지속적 배포와 데브옵스, ITIL, 고객 만족도 등 강력한 기법들의 조합을 잘 사용하고 있다. 각 부분은 계속해서 발전하는 다양한 프레임워크, 툴, 지표를 가진다. 대량 생산 시대에 가치 흐름 지도 기법이 물리적 제품의 대규모 생산력을 향상했던 것과 마찬가지로, 플로우 프레임워크는 엔드 투 엔드 가치 흐름을 관리하기 위한 새로운 기법이 필요하다는 것을 이야기해 준다.

가치 흐름 지도에서 아키텍처로

대량 생산 시대를 지나 제조업이 성숙해지면서 엔드 투 엔드 프로세스의 복잡함을 해결하고 관리하기 위한 모범 사례들이 형성됐다. 마이크 로터[Mike Rother]와 존 슈크[John Shook]가 『Learning to See』(Lean Enterprises, 2007)에서 정리한 것처럼 제조 공장 운영에서 가장 중요한 기법은 가치 흐름 지도다.[4] 가치 흐름 지도 기법은 생산 흐름 관리와 시스템 낭비 및 병목 지점 식별에 대한 시각적 개념도와 지표를 제공한다. 그림 3.1의 가치 흐름 지도를 살펴보면 제조 흐름을 통해 제품을 끌어당기는 고객을 지원하기 위해 어떻게 생산이 계획되는지 볼 수 있다. 대규모 소프트웨어 전달을 위한 비즈니스 가치 흐름을 이해하고 설계하고 최적화하기 위해서도 이와 유사한 방법이 필요하다.

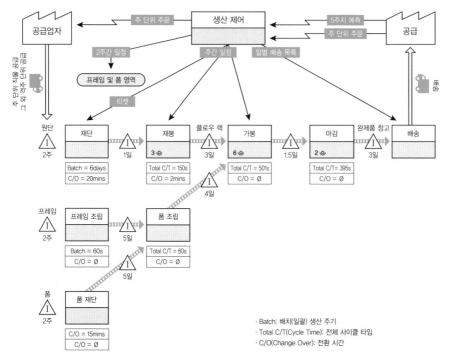

그림 3.1 제조 공장의 가치 흐름 지도

소프트웨어 전달 흐름 찾기

플로우 프레임워크는 소프트웨어 전달의 생산 흐름을 제조업처럼 시각화해보려던 시도에서 출발했다. 플로우 프레임워크의 핵심 전제는 비즈니스 가치의 엔드 투 엔드 흐름을 측정해야 한다는 것에 있다. 개발자가 애자일의 '유저 스토리'를 완성하는 데 걸리는 시간, 혹은 배포에 걸리는 시간 등 가치 흐름의 일부분만 측정한다면 가치 흐름의 일부분만 최적화될 것이다. 플로우 프레임워크의 목표는 우리가 비즈니스 결과와 연관시킬 수 있는 엔드 투 엔드 관점을 갖는 것이다. 따라서 플로우 프레임워크의 최상위 수준에서는 오직 엔드 투 엔드 플로우 아이템과 지표가 비즈니스 성과에 연관되는지에만 초점을 맞춘다. 플로우의 정의는 제조업에서 우리가 배운 것과 유사하지만 소프트웨어 전달 프로세스를 통해 무엇이 흐르느냐에 따라 세분된다.

소프트웨어 플로우: 소프트웨어 가치 흐름을 따라 비즈니스 가치를 생산하는 것과 관련된 활동.

플로우 프레임워크는 엔드 투 엔드 가치 흐름과 비즈니스 결과의 상관관계에 집중한다(그림 3.2). 가치 흐름 네트워크를 통해 아티팩트의 흐름으로 관측되는 소프트웨어 전달의 실측 정보로 측정이 이뤄진다. 애자일과 데브옵스 지표 그리고 원격 측정은 플로우 프레임워크보다 한 계층 아래쪽에 위치한다. 예를 들어 애자일 팀이 릴리즈 목표 달성을 하느라 계속 고생하고 있다면 SAFe나 스크럼 프레임워크가 제공하는 지표와 가이드라인을 활용해 더 나은 우선순위 설정과 플래닝을 수행할 수 있다. 한편 플로우 프레임워크는 애초에 병목 지점이 숨어 있던 곳을 식별하기 위해 사용되는 엔드 투 엔드 지표에 중점을 둔다.

또한 플로우 프레임워크는 플로우 지표를 추적하고 결과와 상호 연관시키기 위해 활동 측정을 지양한다. '어떻게 애자일을 하는지' 또는 '어떻게 데브옵스를 다루는지'에 대한 지표는 존재하지 않는다. 각 가치 흐름을 통해 얼마나 많은 비즈니스 가치가 흘러가는지와 어떤 가치가 만들어지는지에만 집중한다. 시장에 대한 빠른 대응이 핵심 요구 사항이라면 플로우 프레임워크는 특정 가치의 플로우와 피드백이 느리다는 것을 밝혀낼 수 있으며 이는 더 많은 애자일 기법이 필요함을 암시한다.

플로우 프레임워크의 역할은 애자일과 데브옵스 기법에 대한 투자 결정을 돕고 기법들을 개선하는 데 필요한 지표를 제공한다. 정리

하자면 개발 및 운영뿐 아니라 소프트웨어 전달의 엔드 투 엔드 비즈
니스 프로세스 전체에 대해 대규모 플로우, 피드백, 지속적 학습 수단
을 제공하는 것이 플로우 프레임워크의 목표다.

플로우 프레임워크는 최상위 수준에서 두 가지를 제공한다. 첫째,

■ 플로우 프레임워크

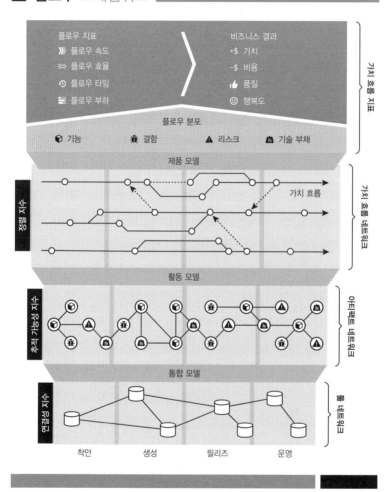

그림 3.2 플로우 프레임워크

'가치 흐름 지표'는 조직 내 각 가치 흐름을 추적할 수 있게 해 생산 지표를 비즈니스 결과와 연관 짓도록 해 준다. 둘째, '가치 흐름 네트워크' 계층은 각 제품이 전달하는 결과 측정을 위해 필요한 인프라를 제공한다.

최상위 레벨에서 플로우 프레임워크는 결과 중심의 피드백 루프를 만들기 위해 조직 내 모든 전달 활동을 소프트웨어 제품에 맞도록 조정하고, 이 활동들의 비즈니스 결과를 추적하는 메커니즘을 제공한다.

이를 위해 우리는 린 사고의 기본 원칙들로 돌아가 고객을 정의하고, 고객이 어떤 가치를 끌어당기고 있는지, 그것을 어떻게 가치 흐름으로 구현할 수 있을지 정의해야 한다. 하나 이상의 가치 흐름이 정의되면 그 가치 흐름이 원활하게 흘러갈 수 있도록 만드는 데 집중해야 한다. 하지만 이에 앞서 소프트웨어 가치 흐름을 따라 흘러가는 단위가 무엇인지 정의해야 한다.

플로우 프레임워크는 대규모 조직에서도 동작하고 엄격한 규제 요구 조건이 필요한 곳도 지원할 수 있게 설계됐다(이에 대해 3부에서 자세히 논의한다). 이는 아주 전통적이거나 복잡하거나 안전이 중요한 조직이라도 이 개념을 적용해 비즈니스에 알맞은 속도로 소프트웨어 혁신을 추진할 수 있음을 의미한다. 이를 위해 프레임워크를 구성하는 네 가지 플로우 아이템에 대한 이해가 선행돼야 한다.

네 가지 플로우 아이템

시니어 및 임원급 IT 리더에게 비즈니스의 병목 지점이 어디냐고 질문하면 대답이 없거나 모호한 대답이 돌아오곤 했다. 하지만 상황을 명확히 파악한 상태에서 이 질문을 탐구하는 것만으로도 문제의 심각성이 분명해진다. 대다수 기업의 IT 조직은 소프트웨어 생산 프로세스의 흐름을 측정하기 위한 제대로 된 생산성 측정 방법을 정의하지 못하고 있다.

비즈니스에서 생산성이 무엇인지에 대한 합의 없이 병목 지점이 무엇인지 합의하는 것은 불가능하다. 자동차 생산량이라는 매우 명확한 생산성 척도가 존재하는 자동차 산업과는 상황이 다르다. 심각한 것은 이것이 주요 지표를 정의하려 애쓰고 있는 조직에 한정되는 것이 아니라 소프트웨어 산업 자체에 관한 이야기라는 것이다.

학계나 산업계 이론가들 사이에서 명확히 합의된 소프트웨어 생산성의 정의는 존재하지 않는다. 조직들은 더 빠르게 시장에 채택되고 수익을 내는 제품을 직접 확인한 후 생산성이 무엇인지 체득하게 된다. 그러나 개발 활동과 결과를 연관시키는 방법은 훈련할 수 있는 활동이라기보다는 이해하기 어렵고 경험적인 기교에 가깝다. 가치 흐름에서 생산성을 정의하려면 가치 흐름 내부를 흐르는 것이 무엇인지부터 정의해야 한다.

이를 위해서 3장 초반에 요약했던 린 사고의 첫 번째 원칙으로 돌아가야 한다. 린 사고에서 생산은 제품에서 시작하는 것이 아니라 고객이 가치를 끌어당기면서 시작된다. 소프트웨어 초창기, 설치 디스크를 수축 비닐로 포장해 찍어내던 시절을 생각해 보면 자동차 생산과의 유사성을 상상해 볼 수 있고 포장된 박스 하나를 생산된 제품에 대응시킬 수도 있다. 하지만 그 시절조차 유사성은 미약했고 오늘날의 지속적 배포와 클라우드 환경은 미약한 유사성마저 제거해 버렸다. 고객이 소프트웨어 출시를 끌어당기는 것이 아니라면 고객이 끌어당길 가치는 무엇인가?

고객이 가치를 끌어당기려면 가치가 무엇인지 고객 스스로 볼 수 있어야 하며 기꺼이 경제적 단위와 가치를 교환할 의사가 있어야 한다. 내부 제품의 경우 경제적 단위란 소프트웨어 채택이 될 수 있다(예를 들어 서로 다른 사업부에서 공통 인증 시스템을 채택하는 경우). 외부 제품의 경우라면 매출이 경제적 단위에 해당할 수 있다. 또는 소셜 미디어 툴과 같이 간접적인 제품이나 광고 기반 수익 모델 제품의 경우 경제적 단위는 제품을 사용하는 시간이 될 수 있다. 정부나 비영리 조직이라면 새롭게 출시한 디지털 서비스 사용률이 경제적 단위가 될 수 있다.

위에서 소개한 시나리오 중 하나를 사용해 새 제품에서 새로운 가치를 얻었던 경험이나 한동안 사용하지 않던 제품으로 다시 돌아갔던 경험을 떠올려보자. 무엇이 우리의 시간이나 돈을 소비하도록 했는가? 아마도 우리의 필요를 충족하고 어떤 방식이든 우리를 기쁘게 만든 새로운 기능이었을 것이다. 또는 우리가 중요시했던 제품을 사용하지 못하게 만들었던 결함이 수정된 경우일 수도 있다. 소프트웨어 가치 흐름이 무엇인지 정의할 핵심이 여기에 있다. 우리가 창출해 내는 것이 새로운 기능 또는 결함 수정이라면 그것은 소프트웨어 가치 흐름의 '플로우 아이템'이다.

플로우 아이템: 제품 가치 흐름을 통해 이해관계자가 끌어당기는 비즈니스 가치의 단위.

즉, 가치 흐름 내의 모든 사람과 팀에 걸쳐 있는 작업을 플로우 아이템 중 하나로 특징지을 수 있다는 것이다. 조직의 모든 프로세스와 툴이 완전히 가시적이라고 가정하면 특정 기능을 생산하고 배포하며 지원하는 디자이너, 개발자, 매니저, 테스터, 헬프데스크 직원까지 정확히 식별할 수 있다. 결함도 마찬가지다. 하지만 이 정도가 가치 흐름을 통해 이뤄지는 작업의 전부일까?

1장에서 소개했던 308개 기업 IT 툴에 대한 분석인 '기업 툴체인의 실측 정보 파헤치기'에서는 고객에게는 숨겨져 있지만 다른 유형의 이해관계자가 가치 흐름을 통해 끌어당길 수 있는 두 가지 종류의 작업을 정의했다.[5] 우선 리스크에 대한 작업이 있다. 이 작업은 비즈니스 분석가에 의해 정의돼 개발 백로그에 등록, 구현, 테스트, 배포, 유지 보수돼야 할 여러 가지 보안, 규제, 규정 준수를 포함한다. 다시 말해 다른 기능이나 결함보다 우선시 돼야 하는 주요 플로우 아이템 중 하나다. 규제나 규정 준수 리스크 작업은 일반적으로 작업이 너무 늦어지기 전까지는 고객에게 보이지 않기 때문에 고객이 가치를 당기는 작업은 아니다(예를 들어 다수의 보안 결함 수정 및 보안 기능을 추가하게 되는 보안 사고가 있다). 대신 이러한 작업은 조직 내부에서 당겨진다. 예를 들면 최고 리스크 관리 책임자Chief Risk Officer와 그 팀이 이 가치를 끌어당긴다.

마지막이자 네 번째 유형은 기술 부채를 줄이는 작업이다. 수정 및 유지 보수 능력을 잃지 않기 위해 소프트웨어와 인프라 코드 베이스에서 수행돼야 할 작업을 말한다. 계속 기능 배포에만 초점을 맞추는 것은 엄청난 기술 부채를 축적하는 결과를 낳을 수 있다. 기술 부채를 줄이는 작업을 하지 않는다면 향후 생산성이 떨어질 수 있다. 일례로 너무 복잡하게 꼬인 소프트웨어 아키텍처가 만들어지는 것을 생각해 볼 수 있다. 표 3.1에 네 가지 플로우 아이템에 대해 요약해 놓았다.

리스크에 대한 개념이나 기술 부채는 플로우 프레임워크에서 새롭게 소개되는 것은 아니지만, 각 플로우 아이템을 측정하는 데 집중하게 되면 이들을 관리하는 방법에 대해 매우 다른 결론을 내릴 수 있다. 플로우 프레임워크를 사용할 때 우선시돼야 하는 기술 부채 작업은 반드시 가치 흐름을 통해서 미래의 플로우를 증가시킬 수 있는 작업이어야만 한다. 아키텍처 계층 분리를 좀 더 개선하는 것과 같은 소프트웨어 아키텍처만을 위한 작업은 피해야 한다. 이는 각 플로우 아이템의 흐름이 소프트웨어 아키텍처를 형성해야 한다는 의미다. 많은 기업의 아키텍처가 형성된 방식처럼 아키텍처가 플로우 아이템을 형성하는 방향이어서는 안 된다.

표 3.1 플로우 아이템

플로우 아이템	전달하는 것	가치를 끌어당기는 주체	설명	아티팩트의 예
기능	새로운 비즈니스 가치	고객	비즈니스 결과를 달성할 새로운 가치 추가 고객에게 가시적	에픽, 유저 스토리, 요구 사항
결함	품질	고객	고객 경험에 영향을 미칠 품질 문제 해결	버그, 문제, 사건, 변경
리스크	보안, 거버넌스, 규정 준수	보안 및 리스크 관리자	보안, 프라이버시, 규정 등의 문제 해결	취약점, 규제에 따른 요구 사항
부채	미래의 전달에 있을 장애물 제거	아키텍트	소프트웨어 아키텍처 개선	API 추가, 리팩터링, 인프라 자동화

먼저 플로우에 집중함으로써 인프라 비용이나 정보 보안 같은 아키텍처의 서로 다른 측면을 비즈니스 관련성에 따라 계획할 수 있다. 예를 들어 제품이 검증되는 인큐베이션 영역에 진입하기도 전에 비용을 줄이려 아키텍처에 투자하는 것은 제품의 가능성이 입증된 뒤 변혁 영역으로 진입할 준비가 됐을 때 아키텍처를 재구성해 비용을 줄이려는 것보다 효율적이지 못할 수 있다.

플로우에 집중해야 한다는 것은 성과 영역에 제품을 두는 이유와 유사하다. 2017 데브옵스 엔터프라이즈 서밋에서 존 알스포^{John Allspaw}는 프로덕션에서 발생한 소프트웨어 사고를 일종의 '계획되지 않은 시스템 아키텍처에 대한 투자'로 취급한 사례를 소개했다.[6] 이것이 바로 플로우 프레임워크가 의도한 측정 및 지원에 대한 접근 방식이다.

어떠한 우발 상황을 지원하기 위해 소프트웨어 아키텍처에 집중하기보다 앞으로 다가올 사고를 제품 가치 흐름을 통해 예측하고 이를 위해 아키텍처를 최적화하는 데 집중해야 한다. 이는 사고 가능성을 최소화하는 복원력 있는 아키텍처를 만들고 예상치 못한 다른 사고에 신속히 대응할 수 있는 소프트웨어, 인프라, 가치 흐름 아키텍처를 생성해야 한다는 것을 의미한다. 그 결과는 BMW 그룹이 '손가락'

구조로 얻어낸 장점과 유사한 역할을 할 것이다. BMW는 예상되는 흐름을 모두 지원하는 설비를 만들기보다 공장 구조가 미래의 플로우에 적응할 수 있게 하는 방법을 생각해 냈다.

네 가지 플로우 아이템은 서로 상호 배제·전체 포괄MECE, Mutually Exclusive and Collectively Exhaustive 원칙을 따른다. 즉, 소프트웨어 가치 흐름 속 모든 플로우 작업은 네 가지 플로우 아이템 중 하나의 특징만을 갖게 된다. 4장에서 다시 살펴보겠지만 다양한 플로우 아이템의 우선순위를 정하는 등의 활동은 제로섬 게임이라는 뜻이다.

필립 크루첸Philippe Kruchten이 작업을 '긍정적·부정적' 및 '가시적·비가시적'의 사분면으로 나눴듯이(예를 들어 기능은 긍정적이며 가시적, 아키텍처 개선은 긍정적이나 비가시적 등) 소프트웨어 작업 항목을 구분하는 다른 방법들도 있다.[7] 이러한 특성화는 개발 작업을 계획하는 데 유용할 수 있다. 이와 비슷하게 ITIL은 문제, 사고, 변경의 중요한 차이점을 정의한다. 이는 IT 서비스 데스크 작업을 구분 짓는 데 유용하게 사용될 수 있다.[8] 하지만 이러한 분류체계는 플로우 아이템의 하위 계층이며 플로우 아이템을 전달하는 과정에서 작업 중인 요소의 유형을 지정하는 데 더 유용하다.

비즈니스 이해관계자와 고객에게 가장 의미 있는 방식으로 가장 보편적인 특성을 추적하도록 플로우 아이템이 설계됐기 때문에 다른 분류 방식이 플로우 아이템을 가로지를 수도 있다. 예를 들어 다양한 작업 항목의 자세한 정의를 내리는 SAFe 분류 방식은 아키텍처 작업을 인에이블러Enablers로 정의한다.[9] 이러한 아키텍처 인에이블러 작업은 기술 부채 해결, 새로운 기능 추가, 결함 수정, 또는 규정 준수를 위한 인프라 제공으로 리스크 관리하기 등을 목적으로 수행될 수 있다. 이는 아키텍처 작업 아이템이 플로우 아이템 중 하나에 해당할 수 있음을 의미한다. 예를 들어 새로운 시장 진입을 위한 성능 스케일링 작업은 기능 유형의 작업으로 진행될 수 있고 기존 사용자들이 성능 문제를 겪는 경우라면 결함 수정 작업으로 취급할 수도 있다.

플로우 아이템의 하위 계층도 중요하지만 플로우 프레임워크의 주요 초점은 경영진과 기술자가 동의하고 이해할 수 있는 최소한 개념만으로 기술 및 아키텍처와 비즈니스를 연결하는 것이다. 따라서 가치 흐름에서 모든 전문가가 수행할 각 단위 또는 작업 아이템은 네 가지 플로우 아이템 중 하나로 매핑돼야 한다.

마지막으로 가치 흐름 네트워크에는 플로우 개선을 위한 별도의 플로우 아이템이 따로 없다는 점을 알 수 있다. 프로젝트에서 제품으로의 전환에서는 가치 흐름 네트워크 자체가 하나의 제품으로 취급돼야 하고 안정된 전달 팀이 전담해야 하며 정해진 기한이 있는 프로젝트로 여겨져서는 안 된다. 다른 이해관계자를 연결하거나 플로우 지표를 위한 대시보드를 만드는 등의 가치 흐름 네트워크 개선의 대부분은 이 전담팀이 맡게 될 것이다. 특정 가치 흐름 내 팀이 작업 프로세스를 바꿔야 하는 경우, 예를 들면 수동 규정 검사를 자동 보안 툴로 전환해 낭비를 줄이기 위한 변경 작업은 해당 팀의 기술 부채 플로우 아이템이 될 것이다.

결론

효과적인 소프트웨어 전달에 대해 기술자가 알고 있는 것과 비즈니스가 소프트웨어 프로젝트에 접근하는 방법 사이에는 거대한 간극이 있다. 데브옵스와 애자일은 기술자들의 업무 방식에 지대한 영향을 줬지만 지나치게 기술 중심적이었고 비즈니스 이해관계자에 의해 널리 채택되지 않았다. 격차를 줄이려면 비즈니스 언어와 기술 언어를 아우르고 프로젝트에서 제품으로의 전환을 가능하게 할 새로운 프레임워크가 필요하다. 이를 통해 데브옵스의 세 가지 방법인 플로우, 피드백, 지속적 학습을 비즈니스 전체로 확장할 수 있다. 이것이 플로우 프레임워크의 목표다.

1부 결론

1부에서는 다섯 가지 기술 혁명을 살펴보고 프로젝트에서 제품으로의 조직 전환 능력이 소프트웨어 시대의 성공에 얼마나 중요한지를 배웠다. 카를로타 페레스의 연구는 각 시대가 어떻게 도입기, 전환점, 활용기로 구분되는지를 보여준다. 페레스의 연구에 따르면 소프트웨어 시대에 진입한 지 대략 50년 정도 됐고 여전히 전환점의 중간 어딘가에 있다.

소프트웨어 기반 생산 수단과 디지털 변혁에 숙련된 조직은 전환점을 통해 생존하고 번영할 기회를 얻게 되며, 과거의 경영 패러다임을 계속 고집하는 조직은 쇠퇴하거나 사라지게 될 것이다. 거대 기술 기업은 이 새로운 생산 수단을 이미 습득했고, 디지털 스타트업은 이 새로운 방식에서 출발했지만 나머지 기성 기업은 아직 이를 갖지 못했다. 노력이 부족했다기보다는 규모와 복잡성, 레거시 시스템, 구식 관리 패러다임의 조합으로 생존을 위한 한정된 시간 안에 변혁을 달성하는 것은 불가능에 가깝기 때문이다. 이에 새로운 접근법이 필요해졌다.

소프트웨어 시대에서 성공하려면 소프트웨어 전달 관리를 프로젝트 지향에서 제품 지향으로 전환해야 한다. 2장에서는 프로젝트 지향적 관리의 함정을 살펴봤고, 3장에서는 이에 대한 해결책으로 플로우 프레임워크를 소개했다. 네 가지 플로우 아이템(기능, 결함, 리스크, 부채)은 IT와 소프트웨어 전달이라는 블랙박스를 열기 위한 가장 간단하고 일반적인 방법을 제공한다.

우리의 숙제는 블랙박스가 열렸을 때 그 안에 무엇이 있는지 비즈니스가 알 수 있도록 하는 것이다. 기술자는 이미 블랙박스 안을 들여다보고 있다. 기술자는 그들의 소프트웨어 제품 가치 추적, 상호 이해와 우선순위 설정, 의사소통을 위해 지난 십여 년간 애자일 기법을 마스터해왔다. 문제는 비즈니스와 기술의 간극을 줄이기 위한 이해관계자 간 공통 언어를 갖추지 못했다는 것이다. 2부에서는 이를 위한 '가치 흐름 지표'라는 언어를 소개할 것이다.

2부

플로우 프레임워크

가치 흐름 지표

플로우 지표
- ⋙ 플로우 속도
- ✕ 플로우 효율
- ◷ 플로우 타임
- ☰ 플로우 부하

비즈니스 결과
- +$ 가치
- -$ 비용
- 👍 품질
- ☺ 행복도

플로우 분포
- ⬡ 기능
- 🐞 결함
- ⚠ 리스크
- 🏛 기술 부채

제품 모델 · 가치 흐름 네트워크 · 정렬 지수 · 가치 흐름

활동 모델 · 아티팩트 네트워크 · 추적 가능성 지수

통합 모델 · 툴 네트워크 · 연결성 지수

착안　생성　릴리즈　운영

2부

가치 흐름 지표

BMW 라이프치히 공장에서 나는 비즈니스와 생산 라인 사이의 직관적이고 명시적인 관계에 대해 깊은 감명을 받았다. 모든 가치 흐름이 가시적이고 뚜렷했으며 모든 곳에서 리드 타임이나 택 타임과 같은 주요 지표를 알아보고 이해하고 있었다. 플로우 프레임워크의 목표는 소프트웨어 전달 과정을 제조업 수준으로 가시화하고 비즈니스 수준에서 수행하는 것이다. 이를 위해 소프트웨어 개발 과정에서 비즈니스 가치가 어떻게 흘러가는지 추적하기 위한 핵심 지표가 필요하다. 플로우 프레임워크에서는 이를 '가치 흐름 지표'라 한다.

    2부에서는 네 가지 플로우 아이템의 전달로 정의되는 비즈니스 가치 흐름을 높은 수준으로 가시화하기 위한 새로운 플로우 지표를 정의할 것이다. 1부에서 우리는 대리 지표의 함정에 대해 배웠다. 대리 지표와는 달리 플로우 지표의 목표는 각 제품의 가치 흐름에 대한 투자와 비즈니스 결과를 연관 짓는 메커니즘을 제공하는 데 있다. 이로써 우리는 기술 투자와 비즈니스 결과를 연결해낼 수 있다. 또한 플로우 프레임워크의 가치 흐름 지표에서 가장 중요한 것은 플로우 지표와 함께 각 제품의 비즈니스 가치 흐름의 결과 또한 측정한다는 것이다. 여기서 말하는 제품이란 외부에서 수익을 창출하는 제품은 물론, 아직 수익이 발생하지 않는 최소 기능 제품^{MVP} 또는 한 플랫폼 내부에서만 쓰이는 구성 요소까지도 포함한다.

2부에서는 아래와 같은 내용을 다룬다.

- 자동차가 바퀴 달린 컴퓨터가 된 요즈음의 자동차 산업에서 결함이 어떻게 중요 관심사가 되고 있는지 짚어본다.
- 리스크의 흐름을 이해하는 것이 어떻게 이사회 차원의 관심 분야가 되고 있는지 에퀴팩스의 개인 정보 유출 사건을 통해서 알아본다.
- 기술 부채나 인프라 부채의 생태를 이해하는 것이 비즈니스 리더에게 왜 필요한지 노키아의 몰락을 되돌아보며 살펴본다.
- 비즈니스 차원에서 이해한 가치 흐름 지표로 요약할 수 있는 전략적 의사 결정을 들여다보고, 도입기 동안 계속된 마이크로소프트^{Microsoft}의 성공에 대해 알아본다.
- 가치 흐름 지표의 관점으로 파괴 사례들을 살펴보고, 어떻게 가치 흐름 플로우의 가시성이 이들 조직 리더에게 더 나은 결정을 위한 인식을 제공할 수 있는지 논의하며 2부를 마무리한다.

우리는 이러한 이야기를 살펴보며 소프트웨어 시대의 미래를 미리 경험해 본 조직들이 겪었던 위험을 피할 수 있는 플로우 프레임워크의 사용법을 배우고, 우리 조직이 디지털 변혁에 성공할 수 있게 만들 것이다.

4장

플로우 지표
수집하기

라이프치히 공장의 생산 라인이 BMW 그룹에 실제 생산의 가시성을 제공하는 것처럼 가치 흐름과 네 가지 플로우 아이템은 소프트웨어 전달에서 관찰해야 할 비즈니스 가치 흐름을 확인하는 데 필요한 추상화를 제공한다. 가시성을 확보하기 위해 각 가치 흐름의 생산성 추적에 가장 많이 연관된 주요 지표를 식별해야 한다. 그런 뒤에는 주요 지표를 가치 흐름에 적용할 방법이 필요하다.

예를 들어 모든 가치 흐름을 통틀어 동일하게 리드 타임을 줄이는 것이 목표인지, 또는 각 가치 흐름에 알맞은 리드 타임을 정하는 방법을 찾아야 하는지 둘 중 하나의 방식을 고민할 수 있다. BMW 그룹 라이프치히 공장에서 배운 내용을 생각해 보면 답은 확실히 후자다.

4장에서는 제품 지향적 가치 흐름을 비즈니스 목표에 맞추기 위한 플로우 지표의 조정이 얼마나 중요한지 이해할 수 있도록 공장 견학을 계속할 것이다.

가치 흐름 정렬에 대해 알아보는 것 외에도 네 가지 플로우 아이템을 분산하는 것이 가치 흐름을 비즈니스 전략에 맞추는 데 있어 중요한 척도가 되는 이유와 각 가치 흐름이 전달하는 비즈니스 가치의 속도를 측정할 방법에 대해서도 논의할 것이다.

플로우 타임을 추적하는 방법과 이 값이 린과 애자일에서 사용되는 시간 측정값과는 어떤 차이가 있는지에서도 다룬다. 또한 생산성 저하를 일으킬 수 있는 과잉 활용에 대해 높은 수준의 선행 지표를 제공하는 방법으로 가치 흐름에 실린 부하를 추적하는 기법을 살펴본다. 그리고 플로우 효율을 측정하는 방법을 소개하며 4장을 마무리한다.

BMW 견학 혁신을 위한 설계

1시리즈와 2시리즈 생산 라인의 '관절' 부분을 돌아본 뒤, 프랭크는 생산 라인을 등지고 이제 막 시야에 들어오기 시작한 i 시리즈 생산 라인으로 연결된 커다란 복도 방향을 가리킨다. 전체 공장의 자동차에 대한 최종 테스트가 진행되는 구역으로 완성된 i8 모델이 통로를 따라 흘러들어오는 것이 보인다.

"이쪽 생산 라인은 아주 다르다는 걸 눈치채실 거예요." 르네가 말한다. "여기는 훨씬 짧고 아주 흥미로운 신규 자동화 기능이 적용돼 있습니다."

"전기차 모델들은 근본부터 혁신적이죠." 프랭크가 자랑스럽게 이야기한다. "워싱턴의 모지스 레이크(Moses Lake)에서 들여오는 천연 소재를 포함해 재료 조달은 지속 가능성을 갖추고 있습니다. 탄소 섬유 차체는 여기 현장에서 만들고, 엔드 투 엔드 공정은 생산 시간과 생태 발자국(EF, Environmental Footprint) 면에서 업계를 선도하고 있습니다. 우리는 모든 라이프 사이클을 고려하지요. 믹, 아까 밖에 있는 풍력발전기가 공장에 얼마나 많은 전기를 만드는지 물어보셨죠? 현재는 풍력발전으로 전기차 모델들을 생산하는 데 필요한 모든 전기를 생산합니다. 그리고 전기차 모델의 방전된 배터리를 수거해 풍력 터빈의 전력 저장소로 사용하려는 프로그램을 시작하려 합니다."

자동차들의 모든 특성은 엔드 투 엔드 흐름을 최적화하는 방향으로 디자인돼 있다. 공장에 전력을 공급하기 위해 사용된 배터리를 재사용한다는 생각은 BMW 그룹이 지속적 학습과 피드백 루프를 고려한다는 것을 보여주는 또 다른 표현이다. 피드백 루프는 생산 라인 자체를 초월해 공급망부터 재활용과 재사용에 이르기까지 모든 주제를 아우르고 있다.

IT 분야에도 이 정도로 고도화된 사례가 있다. 소프트웨어 공급망에 대해서 충분히 깊은 지식이 있는 회사들은 주요 소프트웨어를 오픈소스로 출시하면서도 소프트웨어를 내부적으로 보유했던 것보다 더 커다란 가치를 만들어낸다. 하지만 아직 이 정도로 발전된 효율적인 사례는 흔치 않다. BMW 그룹은 '완전 제품(Whole Product)' 접근 방식뿐 아니라 '완전 수명 주기' 접근 방식을 사용하고 있다. 이는 보잉 787 드림라이너의 브레이크 소프트웨어의 추적성에서 배운 교훈을 떠올리게 한다.

프랭크와 르네는 또 다른 혁신을 보여주려 한다. 르네는 반조립된 자동차를 이동시키는 플랫폼으로 나를 데려간다. 이는 1시리즈와 2시리즈의 생산 라인과는 완전히 달라 보인다. 차체는 레일을 따라 움직이지 않고 바퀴가 달린 평평한 플랫폼이 차체를 옮기고 있다.

"자율 주행 플랫폼입니다." 프랭크가 설명한다. "이 플랫폼이 레일을 대체했습니다. 소프트웨어로 생산 라인을 재구성할 수 있죠."

산업 분야에 전반에 걸쳐 자율 주행 차량에 투자가 이뤄지면서 이 공장에서도 자율 주행 차량을 생산 라인에서 부품을 옮기는 용도로 활용하는 것은 어쩌면 당연할지도 모른다. 그러나 머리로 이해할 수 있다고 해서 그 개념이 마법처럼 보이지 않는 것은 아니다. 나는 소프트웨어를 통해 스스로를 재구성할 수 있는 생산 라인을 보고 있는 것이다. BMW 그룹의 물리적 제품 생산과 소프트웨어 전달 파이프라인 사이의 관련성이 예상보다 훨씬 더 클 것 같다는 생각이 든다.

대량 생산 시대의 정점과 소프트웨어 시대를 헤쳐 나가는 조직의 현실 사이에서 나는 서로 점점 커져만 가는 틈새에 서 있는 기분을 느낀다. 르네가 나를 공장에 데려오고 싶어 한 이유를 이제는 알 것 같다. i8 모델이나 최근 성공에 대해 자랑하려던 것이 아니라, 그가 이해한 것을 나도 이해하길 바란 것이다.

　IT 전환 이전부터 라이프치히 공장에서 경력을 시작한 르네는 한 시대가 다른 시대로 넘어가는 것을 지켜봤고 단절도 경험할 수 있었다. 이건 석유 시대에 자라나 대량 생산 시대로의 전환을 목격한 카를로타 페레스가 그의 책에서 이야기한 내용과 아주 흡사하다.[1] 극히 일부 사람들만이 두 기술 시대에 걸친 관점을 갖고 있고, 이를 깨닫고 공유하고자 하는 사람들은 우리를 이끄는 귀중한 교훈을 전해준다.

　이 교훈을 비롯해 라이프치히 공장 견학의 다른 측면을 되돌아봤을 때 가장 놀라운 것은 비즈니스와 생산 라인의 높은 통합 수준이다. BMW 그룹 공장의 가치 흐름은 공장 흐름에 비즈니스 요구 사항을 바로 연결한 것이었다. 차량의 숫자와 각 차량이 전달되는 시간을 통해 가치가 명확히 정의됐다. 프로젝트로, 제품으로, 자동차로, 다시 비즈니스로 돌아가는 복잡한 수동 매핑 과정은 없었다. 일부 문제가 발생한 부분에 재작업이 필요할지라도 생산 라인의 모든 자동차는 결국 고객에게 인도될 것이기에 생산 품질은 수리가 필요한 차량의 수를 헤아리는 것만으로 측정 가능했다. 재작업 자체도 가치 흐름을 흐르는 플로우의 또 다른 부분일 뿐이었다.

　이는 속도만큼이나 품질 또한 가시화했다. 속도는 생산 라인에서 완성되는 자동차 수에 해당하며 재작업 영역은 품질 역시 투명하게 만들었다. 어떻게 하면 IT 분야에서 전달해야 할 네 가지 플로우 아이템에서 이 정도 수준의 가시성을 얻을 수 있을까? 소프트웨어의 비정형적인 특성 때문에 가시성 확보는 쓸데없는 노력이 되는 것이 아닐까? 하지만 정보 시각화 기술이 주식 시장이나 인터넷을 오가는 데이터 패킷 흐름과 같은 무형의 정보를 '볼 수 있게' 해 준다는 것을 생각해보자. BMW 그룹이 제조 분야에 적용한 것을 IT에도 적용하고 그것을 비즈니스 인텔리전스와 데이터 시각화로 엮을 방법이 분명히 있을 것이다.

특히 BMW 공장에서 육안으로는 확인할 수 없는 생산 정보를 보여주는 수많은 화면과 대시보드를 봤다. 차량 모델, 파생 제품 그리고 계속해서 변하는 부품 공급망들의 숫자는 굉장히 복잡했다. 하지만 이 모든 것이 생산 라인과 원격 측정 방식으로 가시화되고 고도로 최적화된 시스템에 하나로 엮여 있었다. 가장 중요한 것은 i3 생산 라인이 잘 보여줬듯 가치 흐름의 구조와 시각화 방식이 비즈니스 요구를 직접적으로 반영했다는 것이다. 소프트웨어 전달을 통해 비즈니스 가치 플로우를 보여줄 유사한 모델과 추상화를 제공하는 것이 플로우 지표의 목적이다.

플로우 분포 이해하기

기본적인 플로우 지표(그림 4.1)는 단순하지만 아주 중요하다. 우리는 각 가치 흐름에 대한 네 가지 플로우 아이템의 목표인 **플로우 분포**를 도출해야 한다. 예를 들어 신제품의 가치 흐름에서는 출시를 위해 제때 전달돼야 하는 기능 비중이 클 것이다. 이 경우에는 대부분 업무가 기능 플로우로 추가될 것이다. 다시 말해 가치 흐름이 새 비즈니스 가치를 전달하는 방향으로 최적화될 것이다. 신제품 출시 이전에 고객이 제한된 인원의 베타테스터로 한정돼 있다고 가정하면 결함 플로우의 할당량은 많지 않을 확률이 높다. 공개 출시가 아닌 실험적 제품이라면 리스크가 적을 것으로 예상할 수 있다. 그러나 제품이 실제로 시장에 출시되는 것이라면 리스크 대한 작업량이 더 많아지며 찾아내지 못한 결함에 대한 우발 상황에 더 많은 작업량을 할당해야 할 것이다.

그림 4.1 플로우 지표

이와 대조적으로 모바일 애플리케이션에 데이터를 전달하는 것만
을 목적으로 유지되는 레거시 백엔드 서비스와 같이 잘 자리 잡은 기
존 제품을 위한 가치 흐름에 대해서도 생각해보자. 이러한 유형의 가
치 흐름을 위해서는 기능 플로우에 대한 투자를 최소화하거나 전혀
하지 않고, 리스크 감소나 결함 수정 위주로 최적화하도록 플로우 분
포를 설정할 수 있다.

> **플로우 분포:** 비즈니스 가치를 극대화하기 위해 각 흐름의 필요에 따라 조정된 가
> 치 흐름 내 각 플로우 아이템의 비율.

우리는 플로우 분포를 사용해 비즈니스에 전달하고자 하는 결과
에 맞춰 가치 흐름을 재단할 수 있다. 또한 플로우 분포는 제품이 위
치한 특정 제품·성숙도 생애 주기의 단계, 혹은 영역에 맞게 조정이
가능하다. 예를 들어 나의 경우엔 태스크톱에서 세 수평선 프레임워
크Three Horizons Framework 방법론[2]을 도입했고 더 최근에는 무어의 영역
관리 방법론을 도입했다. 서로 연관된 제품을 만드는 각 매니저와 팀
에 이를 명확히 보여줌으로써 팀은 이들 방법론의 '수평선'이나 '영
역'의 비즈니스 목표와 맞는 가치 흐름을 지원하도록 인력 및 프로세
스를 조정하고 플로우 분포를 설정할 수 있었다.

나중에는 가치 흐름에서 일했던 팀들이 플로우 분포를 비즈니스 결과에 맞추는 방법에 대한 전문가가 됐다(예를 들어 릴리즈 사이클을 시작할 때는 기능 플로우를 최대한 가속하기 위해 기술 부채 플로우 비중을 낮춘다). 하지만 팀과 경영진 모두 특정 가치 흐름을 위해 최적화된 플로우 분포에 대해 공통된 이해가 있어야 한다.

가치 흐름과 투자 영역을 위한 플로우 분포를 정의하는 것뿐만 아니라 높은 수준의 비즈니스 목표에 맞춰 모든 전달 과정을 조정하기 위해 조직 전체의 방향을 설정할 수도 있다. 4장 후반부에서는 빌 게이츠Bill Gates가 마이크로소프트의 '신뢰할 수 있는 컴퓨팅Trustworthy Computing' 이니셔티브를 통해 리스크 및 보안 개선에 집중하기 위한 높은 수준의 목표를 설정한 방법과 이후에 마이크로소프트의 제품을 웹 기반으로 전환하면서 파괴 방어를 위해 기능 흐름에 집중한 방법을 살펴볼 것이다.

플로우 분포는 제품의 가치 흐름을 구성하고 관리하는 방법과 깊이 연관돼 있다. 수명이 다하거나 폐기될 예정인 레거시 제품이 이를 잘 보여주는데, 이 제품의 기술 부채에 더는 투자가 이뤄지지 않도록 플로우 분포가 설정돼야 한다. 조직이 수명이 다한 가치 흐름을 포함해 플랫폼을 재정비하고 있다면 시간과 자원 낭비라고 할 수 있다. 한편 조직이 민첩한 디지털 네이티브 기업의 위협을 받는 상황에서 낡은 플랫폼을 버리고 클라우드 기반 아키텍처에 투자하기로 정한 경우를 생각해 볼 수 있다. 이러한 상황에서는 가치 흐름 네트워크에서 신제품에 해당하는 부분의 플로우 분포를 최적화해 새로운 기능을 시장에 신속하게 출시하고 고객 피드백 및 사용량 데이터로 가설 검정을 할 수 있다.

플로우 분포는 특정 가치 흐름을 강화하기 위해 조정될 뿐 아니라 시간 흐름에 따라 투자를 발전시키고 개선하기 위한 가장 기본적 지표이기도 하다.

앞서 이야기한 시나리오에서 신제품의 가치 흐름은 기능 플로우를 최대화하도록 조정됐다. 제품이 일반적으로 사용할 수 있게 되면 플로우 분포를 활용해 앞으로 처리 능력의 제한 조건을 예측할 수 있다. 예를 들어 노련한 제품 관리자와 엔지니어링 관리자는 릴리즈 이후 릴리즈 주기 동안 발생 가능한 사건과 지원 티켓을 처리하고 앞으로 발생할 기술 부채를 줄이기 위해 추가적인 처리 능력을 확보해야 한다는 것을 잘 알고 있다. 그러나 많은 경우 경영진은 시간 흐름에 따른 플로우 분포의 중요한 변화를 이해하기 위한 용어나 모델을 갖추지 못하고 있다.

이 시나리오의 결과로 예상 가능한 것은 경영진이 릴리즈 이후에도 기능 플로우가 비슷한 속도를 유지하리라 기대할 것이라는 점이다. 이렇게 되면 불충분한 처리 능력으로 신규 사용자를 지원하게 된다거나 지난번 기능 추가로 쌓인 기술 부채에 사용해야 할 처리 능력을 다음 기능 세트를 만드는 데 사용하게 될 것을 의미한다. 이는 그림 4.2에서 볼 수 있는 시나리오로 '태스크톱 허브Tasktop Hub'라는 제품의 1.0 버전 출시 이후 12개월 동안의 플로우 분포 데이터를 보여준다.

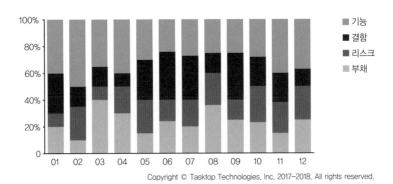

그림 4.2 플로우 분포를 보여주는 대시보드

플로우 분포

태스크톱의 제품 '허브'의 가치 흐름 플로우 분포에서 경험 많은 제품 관리자라면 예상 가능한 신제품 출시에 따른 전형적인 패턴을 볼 수 있다. 첫 출시까지의 램프업 구간은 기능 완성에 많은 집중을 요구했다. 충분한 기능들이 제시간에 출시되는지에 회사의 성공 여부가 달려 있었다. 보잉의 비즈니스 성공이 새로 개발될 항공기에 달려 있듯이 전체 비즈니스의 성공이 이번 릴리즈의 성공 여부에 달려 있었다. 나는 이 이야기를 제품 및 엔지니어링 팀에 반복적으로 전달했으며 기능의 진척 상황을 추적하려 해당 가치 흐름과 관련된 리더들을 2주에 한 번씩 만났다.

조직은 이미 가치 흐름에 맞춰져 있었기에 기능 전달 속도의 가속을 위한 중간 예산 사이클에서 추가 예산 투자가 가능했다. 그러나 애자일과 데브옵스 활동들에서는 인력 충원이 처리 능력 향상을 의미하는 반면, 문제 영역과 코드베이스의 복잡도 때문에 신규 개발자가 제품 개발에 적응하는 데 최대 6개월이 걸린다는 한계에 부딪힌 상황이었다.

나는 가치 흐름에 추가 예산을 할당했으나 출시까지 9개월밖에 남지 않았고 프레더릭 브룩스의 『맨먼스 미신』(인사이트, 2015)에서 강조하듯 개발자를 더 투입해 봐야 제한된 결과밖에 얻지 못한다는 것은 자명했다.[3]

영업 모델에서 영업사원의 램프업 시간을 고려하는 것처럼 제품 중심 사고방식에서는 가치 흐름에 새 팀원을 투입하는 것 역시 고려해 모델링해야 한다. 6개월 안에 결과를 내야 하는 모든 투자는 새로운 것이 아닌 기존 처리 능력에서 비롯돼야 한다.

팀은 더 많은 기능 전달 플로우를 할당하기 위해 기술 부채 해소 작업을 줄이고 부채를 좀 더 감당하는 것을 제안했다. '허브'의 가치 흐름에서 각 릴리즈의 목표 부채는 원래 플로우 분포의 20%였다. 이는 우리의 과거 플로우 지표와 다른 곳에서 보고된 모범 사례에 기반한 비율이었다. 릴리즈를 준비하는 팀은 이 트레이드오프에 대해 잘 알고 있었기 때문에 다른 관리자들에게 스프린트마다 기술 부채를 줄여나가지 않는다면 향후 처리 능력에 큰 걸림돌이 될 것임을 강조했다. 우리는 지금 상황에서 릴리즈 이후의 기능 전달 속도보다 시장에 새 기능을 빠르게 출시하는 것이 더 중요하다는 것을 이해했고, 이것이 최선의 결정이라는 것에 동의했다.

결정에 영향을 준 중요한 요인 중 하나는 태스크톱의 포춘 500 기반 고객층이 과거에 새로운 릴리즈를 배포하는 데 몇 개월씩 걸렸다는 점이다. 우리는 릴리즈 이후의 플로우 분포를 조정해 본 경험이 있었고 이를 기반으로 출시 이후에 기능 플로우가 영향을 받게 될 것이라는 점을 쉽게 받아들일 수 있었다. 그러나 예상치 못한 사건이 발생해 가치 흐름에 영향을 주게 됐다.

제품이 예상보다 빠르게 고객에게 채택돼 버린 것이었다. 공개 릴리즈 날짜가 다가오면서 베타 테스트 프로그램에 참여하고 있던 주요 통신사 하나가 베타 릴리즈를 대규모 프로덕션 환경에서 사용하고 있다는 것을 뒤늦게 알게 됐다. 그림 4.3이 보여주는 것처럼 릴리즈 이후 스프린트는 예상한 것보다 더 많은 부분을 결함 플로우에 할당했다. 줄어든 처리 능력에도 불구하고 백로그에는 완료해야 할 더 많은 주요 기능이 남아 있었다.

기술 부채 작업은 또다시 미뤄졌고 모든 긴급 기능 구현 작업과 계획에 없던 추가 결함 수정 작업으로 팀의 기술 부채는 역대 최악을 기록했다. 기술 부채는 릴리즈를 거치면서 악화되는 경향이 있는데, 그림에서 볼 수 있듯 기능 전달이 0에 수렴해 혁신을 요구하는 제품을 지속 불가능하게 만드는 대가를 치르고 말았다.

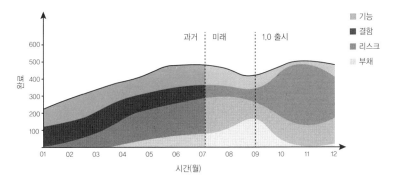

그림 4.3 플로우 분포 타임라인

릴리즈를 맡았던 노련한 제품 관리자는 이러한 일이 일어날 가능성을 한참 전에 매니지먼트 팀에 알렸다. 하지만 경영진은 상황이 완전히 명확해질 때까지 고객과 파트너 재배포 계획을 조정할 생각을 하지 않았다(이는 플로우 분포 대시보드를 갖고 분기 플래닝을 진행하면서 드러나게 됐다). 현재와 미래의 플로우 분포를 비즈니스 수준에서 이해해야만 비즈니스 이니셔티브를 상황에 맞게 조절할 수 있던 것이다. 이를 통해 배운 것은 향후 서비스 전달에 의존하는 모든 부서와 팀에 플로우 분포 예측을 더욱 명확하게 보여줄 필요가 있다는 점이었다.

플로우 분포가 우리에게 제공하는 것은 하나 또는 그 이상의 가치 흐름이 비즈니스 우선순위를 어떻게 지원할지 결정하는 제로섬 메커니즘이다. 라이프치히 공장으로 되돌아가 보면 생산 라인을 이루는 모든 것은 요구되는 플로우의 유형에 맞춰 설계돼 있었다. 이점이 i3, i8 모델의 생산 라인과 1, 2시리즈의 생산 라인의 구조가 그토록 상반되게 디자인된 이유다. 각각의 생산 라인에서 만들어지는 자동차가 비슷한 크기와 모양으로 보이기는 하지만 생산 라인 하나는 혁신에, 다른 하나는 대량 생산이라는 서로 다른 비즈니스 요구 사항과 제약조건에 맞춰져 있었다.

이것이 우리의 소프트웨어 가치 흐름을 다루는 방식이 돼야 한다. 플로우 분포는 시간에 따라 발전하는 비즈니스의 요구 사항에 알맞게 가치 흐름을 발전시키는 메커니즘을 제공한다. 그러나 물리적인 생산과는 다르게 생산 라인을 분할하고 격리하지는 않을 것이다.

4장 마지막에 자세히 소개하겠지만 하나의 가치 흐름 네트워크는 여러 생산 라인과 시간에 걸친 플로우 분포를 조정하고 관리할 수 있다. BMW 그룹이 보여주듯이 가치 흐름 내 모든 것을 조정함으로써 현재 비즈니스 요구 사항을 충족하는 최적의 플로우 분포를 만들어 낼 수 있다. 특정 가치 흐름에서 일하는 인적 자원 유형부터 소프트웨어 아키텍처에 관한 가치 흐름 플로우 중심 사고방식에 이르기까지 가치 흐름 내 어떤 것이든 조정이 가능하다.

표 4.1 플로우 지표

플로우 지표	설명	예시
플로우 분포	단위 시간당 하나의 플로우 상태(Flow State) 내 상호 배제 · 전체 포괄(MECE) 인 플로우 아이템 할당량	특정 스프린트에서 작업 진행 중인 각 플로우 단위의 비율
플로우 속도	단위 시간당 완료된 플로우 아이템 작업 개수	특정 릴리즈에서 해소된 기술 부채
플로우 타임	플로우 아이템이 가치 흐름에 들어온 시점(플로우 상태: 활성)부터 고객에게 릴리즈 된 시점(플로우 상태: 완료됨) 사이의 시간	새 기능을 도입하기로 승인한 시점부터 고객에게 기능을 전달하기까지 걸린 시간
플로우 부하	플로우 상태가 활성 · 대기 상태인 플로우 아이템의 개수 (예: 진행 중인 작업 (WIP, Work In Progress))	플로우 부하가 특정 임계치를 넘으면 플로우 속도가 저하됨
플로우 효율	전체 시간 대비 플로우 아이템이 능동적으로 작업되는 시간의 비율	의존성으로 팀이 다른 요소를 기다리게 되면 플로우 효율이 줄어듦

플로우 분포의 힘은 제품 및 엔지니어링 팀과 관리자가 일상적으로 사용하는 계획 방식 그대로를 비즈니스 수준에서 명시적이고 규모

에 맞게 수행할 수 있다는 것이다. 플로우 분포의 트레이드오프를 고려하면 비즈니스는 소프트웨어 전달의 트레이드오프를 더 잘 이해할 수 있다. 이러한 사고방식은 거대 기술 기업의 CEO처럼 한때 소프트웨어 엔지니어였던 비즈니스 리더에게는 자연스러운 일이지만 플로우 프레임워크의 목적은 코딩과 소프트웨어 제품 관리에 익숙지 않은 모든 구성원이 이러한 의사 결정 방식을 쉽게 이해하도록 하는 것에 있다.

플로우 분포 트레이드오프라는 제로섬 게임은 계획되지 않은 작업이 가치 흐름에 들어왔을 때마다 개발 리더가 내려야 했던 다른 작업을 포기하는 결정을 비즈니스에게도 강제한다. 너무 많은 결함이 들어오면 기능 전달은 떨어져 나갈 것이다. 결함을 수정하면서 새 기능을 전달하라는 비즈니스의 압박이 몇 분기째 완화되지 않는다면 기술 부채 백로그의 증가로 새로운 기능 전달이 불가능한 지점에 도달할 수 있다. 팀의 백로그 내에 명시적으로 리스크의 우선순위를 조정하지 않는다면 고객이나 비즈니스에서는 잘 보이지 않는 위험 요소들은 절대로 해결되지 않을 것이다. 소프트웨어 전달 팀에서는 이를 알고 있겠지만 비즈니스 관계자들이 모르는 경우 의사 결정에 문제가 있어 보이는 것은 놀랄 일이 아니다.

균형 잡힌 플로우 분포를 보려면 각 플로우 아이템은 비슷한 수준의 작업 공수와 크기를 가져야 한다. 평균적으로 기능 구현 작업 소요 시간이 결함 처리 작업 소요 시간의 4배라면 누적 막대그래프에는 결함 플로우가 기능 플로우보다 4배 더 큰 비중으로 표현될 것이다. 플로우 아이템의 점수는 비즈니스에 의미 있는 가치와 작업 단위를 캡슐화하기 때문에 본질적으로 잘못된 것은 아니다. 그러나 실제 상황에서는 이러한 왜곡이 비즈니스 이해관계자들에게 오해를 불러일으킬 수 있다. 그래서 태스크톱에서는 애자일 모델에서 비슷한 크기를 갖는 작업 항목을 추려서 플로우 아이템을 설정하기로 했다. 예를 들어 기능 플로우 아이템은 오래 지속되는 '에픽'보다는 결함과 크기가 비슷한 유저 스토리로 매핑됐다(9장 '통합 모델' 참고).

플로우 속도

플로우 분포는 플로우 아이템의 처리 기간이나 상태와 상관없이 사용 가능하므로 이번 릴리즈에서 진행 중이거나 완료된 작업에 대해 알아보거나 미래의 처리 능력을 예측해 볼 수 있다. 플로우 분포에 더해 얼마나 많은 비즈니스 가치가 고객에게 전달되고 있는지 좀 더 구체적인 척도가 필요하다. 이를 위해 일정 단위 시간 동안 완료된 각 플로우 아이템 수를 측정할 필요가 있다.

이것이 **플로우 속도**다. 이는 애자일의 '속도' 개념을 차용한 것인데, 얼마나 많은 작업 단위(예를 들어 스토리 포인트)를 주어진 시간 동안(예를 들어 2주짜리 스프린트) 한 팀이 전달하는지를 측정한 것이 애자일에서 말하는 속도다.[4] 플로우 속도 역시 이와 같은 개념을 네 가지 플로우 아이템에 적용한 것이며 좀 더 단순하고 덜 세분된 측정 방식이다. 예를 들어 한 릴리즈에 10개 기능과 5개 리스크 요소가 처리 완료됐다면 그 릴리즈의 플로우 속도는 15다. 그림 4.4는 각 플로우 아이템별 가치 흐름의 플로우 속도 목표 달성을 위해 진행 상황을 시각화하고 이를 직전 이터레이션의 합계와 비교한 플로우 속도 대시보드의 예시다.

플로우 속도와 애자일 속도의 가장 큰 차이는 플로우 속도의 경우 작업 규모나 영역에 따른 추정치, 또는 각 플로우 아이템의 우선순위에 의존하지 않기 때문에 애자일 속도보다 더 간단하다는 점이다. 이러한 단순화 방식은 애자일 개발 레벨에서도 사용된다. SAFe에서 하나의 기능은 하나의 에픽과 몇 개의 유저 스토리로 구성될 수 있으며 각 유저 스토리는 스토리 포인트 추정치를 갖는다.[5] 이러한 단순화는 작업 우선순위 최적화에 아주 중요하다.

플로우 프레임워크는 각각의 플로우 아이템의 우선순위와 비즈니스 가치 정의가 이미 돼 있다는 가정에서 해당 대상의 엔드 투 엔드 플로우에만 집중한다. 애자일에서 '작업 아이템'이라 칭하는 아티팩트의 각 유형이 플로우 아이템 중 어느 하나에 매핑될 수만 있다면 플로우 분포와 플로우 속도 두 가지로 현재 전달되고 있는 모든 작업을 표현할 수 있다.

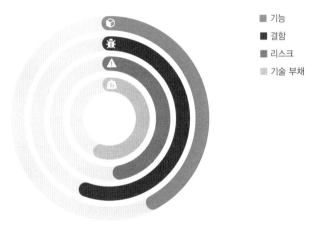

그림 4.4 플로우 속도 대시보드의 예

플로우 아이템과 플로우 속도의 조합을 활용해 각 플로우 아이템이 얼마나 전달됐는지 측정할 수 있으며 비즈니스 목표를 달성하는 데 필요한 상태를 만들기 위해 무엇이 더 필요한지 계획할 수 있다. 예를 들어 특정 가치 흐름의 기능 플로우 속도가 비즈니스 목표를 달성하기에 너무 낮다면 인력이나 아키텍처 또는 인프라 구조에 대한 투자 등의 확대를 고려해 볼 수 있다.

플로우 프레임워크에서 플로우 속도는 가치 흐름을 직접 관찰해 생산성을 측정하는 실증적인 방법이다. 코드 라인 수, 추가된 기능 포인트, 일간 배포 횟수, 코드 커밋으로부터 코드 배포에 걸린 시간 등 생산성 측정의 대리 지표를 플로우 속도가 대신한다. 이들 대리 지표는 가치 흐름의 다른 부분을 이해하는 데 중요하다. 니콜 폴스그렌 Nicole Forsgren, 제즈 험블Jez Humble, 진 킴Gene Kim이 저술한 『디지털 트랜스포메이션 엔진』(에이콘, 2020)의 한 설문조사 결과에 따르면 일간 배포 횟수는 IT 및 조직의 성과와 상관관계가 있다.[6] 이는 데브옵스 기법을 적용하고 확장하려 시도하는 IT 조직에서 배포 자동화가 여전히 흔한 병목 지점임을 의미한다. 그러나 태스크톱과 같이 지속적 통합이 이미 구축된 조직에서는 '커밋에서 배포까지의 시간' 또는 '일간 배포 횟수'가 고객에게 제공되는 가치를 방해하는 장애 요소가 아니다. 제품별 코드 라인 수 등의 다른 지표들은 여전히 문제점 탐지에 유용하지만 근본적이거나 비즈니스 수준의 지표는 아니다.

소프트웨어 시대의 전환점에 생겨난 많은 조직과 마찬가지로 태스크톱 또한 몇 년 전 '얼마나 많은 기능을 전달했는지', '얼마나 빠르게 고객 요청을 받아들이고 요구 사항을 전달했는지'와 같은 고객 관점의 생산성 지표가 필요함을 깨닫게 됐다. 그렇게 플로우 속도와 플로우 타임을 생각해 낸 것이다.

코드 라인 수 같은 측정치는 얼마나 많은 가치를 전달했느냐가 아니라 개발자가 특정한 종류의 작업을 얼마나 많이 했는지를 계산한다. 제품의 '좋아요' 버튼 동작을 바꾸는 것처럼 하나의 기능을 위해 몇 줄 안 되는 코드가 필요하지만 아주 많은 분석과 설계가 필요할 수도 있다. 업무상 중요한 메인프레임 애플리케이션의 코드를 단 한 줄 고치기 위해 며칠간 영향도 분석이 필요할 수도 있다. 따라서 코드 라인 중심 지표는 다양한 가치 흐름에서 일어나는 작업의 세세한 측면의 이해에는 도움이 되지만 비즈니스 가치를 캡슐화하는 데는 적합하지 않다.

플로우 아이템은 비즈니스 가치와 명시적으로 엮여 있다. 예를 들어 어떤 기능이 고객의 요구 사항과 끌어당김에 기반한 가치가 있는지 없는지 정의하는 것은 비즈니스 분석가와 제품 관리자의 역할이다. 결함, 리스크, 기술 부채 아이템도 마찬가지다. 플로우 아이템이 가치 흐름에 들어가기 전에 반드시 명시적으로 정의된 비즈니스 가치가 있어야 한다. 여기서 플로우 프레임워크는 어떻게 가치를 정의하는지에 대한 가이드는 제공하지 않는다(예를 들어 기능 채택이 되도록 설계하는 방법, 어떤 리스크를 먼저 해소해야 할지 결정하는 방법 등). 이것은 애자일 프레임워크와 제품 관리 프로세스의 역할이다. 이렇게 정의된 가치를 기반으로 플로우 프레임워크는 고객으로 향하는 가치 플로우를 측정해 시장과 빠른 피드백 루프를 구축하도록 한다.

플로우 아이템의 크기는 다양하므로 '스토리 포인트'나 '티셔츠 사이즈' 등을 사용해 크기를 정의하고 싶을 수 있다.[7] 실제로 애자일 프레임워크에서 이러한 측정값과 비즈니스 가치 순위는 작업의 우선순위를 정하고 계획하는 데 활용된다. 그러나 플로우 프레임워크는 작업 우선순위를 정하려는 것이 아니라 작업 흐름과 결과를 보여주는 데 목적이 있다. 또한 여기서 '스토리 포인트'나 '티셔츠 사이즈 측정법'을 적용하려는 대상은 플로우 아이템 수가 아주 많은 대규모 소프트웨어 전달일 것이다. 따라서 큰 수의 법칙[8](충분히 많은 시행이나 사례가 주어지면 발생 가능성이 균일해진다는 법칙)에 따라 전체 결과를 측정할 때는 특정 플로우 아이템을 완료하기 위한 작업량이 균일한 분포를 따른다고 생각할 수 있다. 다시 말해 충분히 많은 수의 플로우 아이템이 있다면 특정 기간에 플로우 아이템이 몰리는 경우는 극히 드물다.

플로우 속도가 가치 흐름 네트워크를 통해 측정 된다는 것을 감안하면 플로우 아이템 간에 주목할 만한 크기 차이가 있는지 네트워크 전체를 통해 확인할 수 있다. 어떤 가치 흐름은 매우 개략적으로 기능을 정의할 수도 있고, 또 다른 가치 흐름은 기능을 세부적으로 정의할 수도 있다. 또는 어떤 레거시 메인프레임 가치 흐름은 아주 적은 양의 기능을 전달함에도 상당히 많은 비즈니스 가치를 제공한다는 사실을 발견할 수도 있다. 또한 제품 관리자는 가치 흐름에 따라 기술, 시장, 고객에게 맞는 특정한 방식으로 기능을 정의할 것이다. 이러한 면에서 플로우 속도 지표는 여러 가치 흐름에 걸쳐 활용되기보다 하나의 가치 흐름 내 생산성과 전달을 추적하는 데 더 적합하다. 그러나 플로우 아이템의 맥락이 비슷할 경우, 예를 들어 모든 제품에 GDPR^{General} ^{Data Protection Regulation}(개인정보보호법령) 같은 규제 요구 사항을 적용할 때는 서로 다른 가치 흐름 간 비교가 적절할 수 있다. 가치 흐름 중 하나가 새로운 개인 정보 프로토콜을 적용하는 데 다른 가치 흐름보다 훨씬 더 생산적이라면 구현된 코드를 다른 가치 흐름에서 재사용하기 위해 공통 API로 추출하는 경우가 있을 수 있다. 이는 개발자에게는 이미 익숙한 방식이다. 새로운 가치 흐름으로서 API에 투자하려 한다면 이러한 가치 흐름 사고방식을 통해 더 쉽게 조직을 설득할 수 있다.

플로우 타임

플로우 분포와 플로우 속도는 일정 기간 어떤 작업이 얼마나 많이 완료되는지에 대한 지표다. 하지만 작업 사이클이 얼마나 빨리 시스템을 통과하는지를 나타내지는 못한다. 전달 속도를 알아내기 위해(예를 들어 특정 기능이나 기능 세트의 출시 시점을 알고 싶을 때) 플로우 타임을 측정해야 한다.

린 제조에서는 리드 타임과 사이클 타임이라는 두 가지 핵심 지표가 프로세스 개선에 사용된다. 리드 타임은 전체 프로세스를 아우르는 시간을 측정하는 데 초점이 맞춰져 있고, 사이클 타임은 프로세스 안에서 한 단계를 마치는 데 걸리는 시간을 측정하는 데 초점을 맞춘다. 대량 생산 시대의 활용기로부터 우리는 이 두 가지 지표가 생산 프로세스를 개선하는 중요한 열쇠라는 것을 알고 있다. 사이클 타임은 가장 긴 사이클 타임을 갖는 단계가 보통 병목 지점이라는 것을 이용해 제한 사항 식별에 도움을 주고, 리드 타임은 처음부터 끝까지 프로세스가 실행되는 데 걸리는 시간(예를 들어 고객이 자동차를 주문해서 배송이 완료되기까지의 시간)을 알려준다. 리드 타임은 제조업의 성과를 가장 잘 예측하는 방법으로 많이 언급된다.[9] 플로우 프레임워크의 목적은 소프트웨어를 통해 가치를 전달하는 데 걸리는 시간에 대해 균등하게 의미 있는 엔드 투 엔드 측정 방법을 제공하는 것이다.

리드 타임과 사이클 타임의 문제점은 애자일과 데브옵스 관련 서적에서 이 용어가 모호하게 사용되면서 원래의 의미를 자주 벗어났다는 것이다. 데브옵스 커뮤니티에서 자주 쓰이는 흔한 지표인 '코드 커밋부터 배포까지의 리드 타임'이 그 예다. 개발자 중심 관점에서 벗어나 고객 중심, 가치 흐름 중심의 관점에서 보면 이것은 리드 타임이라기보다 배포 사이클 타임으로 봐야 한다.

리드 타임의 또 다른 부분집합을 만드는 것도 가능하긴 하지만 혼동을 피하기 위해 플로우 프레임워크는 도미니카 드그란디스Dominica DeGrandis의 책 『업무 시각화』(에이콘, 2020)에 소개된 플로우 타임이라는 린 지표를 사용한다(그림 4.5).[10] 플로우 타임은 플로우 아이템이 가치 흐름 안에 들어오면서 시작된다(예를 들어 기능 하나가 한 릴리즈에 포함되거나 고객 티켓이 리포트되고 관련된 결함 해소를 위해 조사가 시작되는 등). 이는 고객 중심의 측정 방식이기에 플로우 타임은 '벽시계' 시간으로 측정된다. 즉 작업이 시작됨과 동시에 휴일이나 주말을 고려하지 않고 플로우 아이템이 고객에게 전달될 때까지의 시간을 측정한다.

플로우 타임은 플로우 아이템의 4가지 플로우 상태 변화에 기반한다. 4가지 상태는 '신규', '대기', '활성', '완료'이며, 태스크톱에서 연구한 308개의 조직에서 쓰이던 55개의 서로 다른 애자일, 데브옵스 및 이슈 추적 툴에서 지원하는 모든 작업 흐름 상태를 일반화한 버전이다.

예를 들어 단일 플로우 아이템의 리드 타임은 이 항목이 '신규' 상태일 때부터 '완료' 상태로 변경될 때까지의 시간으로 측정될 수 있다. 마찬가지로 평균 복구 시간MTTR, Mean Time To Repair은 시스템 장애와 관련된 결함의 '신규'에서 '완료' 사이의 시간으로 측정된다. 플로우 타임은 '활성'부터 '완료'까지의 시간이다. 여기서 플로우 상태는 상호 배제·전체 포괄의 원칙을 따르기 때문에 우리가 연구한 툴에서 사용되던 모든 세부적 작업 흐름 상태가 플로우 상태 4가지 중 하나로 매핑 가능하다.

조사 과정에서 우리는 '요구 사항' 같은 단일 아티팩트에 200개가 넘는 작업 흐름 상태를 사용하는 조직을 발견하기도 했다. 그렇지만 상태의 가짓수가 많더라도 '활동 모델(9장 참고)'을 이용하면 이를 좀 더 일반적인 플로우 상태로 매핑해 가치 흐름 전체에서 플로우 타임을 일관성 있게 가시화할 수 있다. 리드 타임, 플로우 타임, 사이클 타임 그리고 이와 관련된 플로우 아이템 상태를 그림 4.5에서 볼 수 있다.

그림 4.5 리드 타임, 플로우 타임, 사이클 타임 비교

플로우 타임은 플로우 프레임워크의 주요 지표로 작업 수행 의사 결정부터 가치가 실제로 고객에게 전달되기까지 하나의 플로우 아이템을 전달하는 데 시간이 얼마나 소요되는가에 대한 종합 측정 방식이다. 가치 흐름에 걸쳐 리드 타임은 여전히 중요한 지표이지만(예를 들어 고객이 기능을 요청한 시점부터 더 긴 시간을 추적하기 위해), 하나의 가치 흐름에서 처리할 수 있는 것보다 훨씬 많은 고객 요청이 있을 때와 같이 리드 타임은 일반적으로 다른 조직의 다양한 프로세스를 포함하고 있기에 플로우 프레임워크 범위를 벗어난다. 일례로 내가 작업했던 어떤 오픈소스 프로젝트는 매 릴리즈 처리 능력의 100배가 넘는 기능 요청을 받았다. 이 경우 리드 타임은 최악이었겠지만 계획된 기능을 얼마나 빨리 제공했는지에 대한 지표는 사실 플로우 타임이므로 프로젝트의 성공은 플로우 타임과 함수 관계에 있다고 할 수 있다.

플로우 타임: 한 플로우 아이템이 가치 흐름에 들어온 때부터 활성 및 대기 시간을 포함해 완료되기까지 걸리는 시간.

고객 요청에 의한 백로그가 많은 제품일 때는 리드 타임에서 플로우 타임을 분리하는 것이 중요하지만, 백로그가 작을 때는 두 지표가 비슷할 것이다. 따라서 카르멘 데아르도 $^{Carmen\ DeArdo}$가 네이션와이드 보험에서 리드 타임 지표를 플로우 프레임워크 개념과 함께 사용했던 것처럼[11] 리드 타임은 여전히 의미 있는 측정 방식이라고 할 수 있다.

하나의 가치 흐름에서는 사이클 타임이 정말 중요하다. 예를 들면 사용자 경험 설계^{UX} 또는 품질 보증^{QA} 등 가치 흐름의 특정 단계에 병목 지점이 있는지 확인할 수 있다. 하지만 엔드 투 엔드 가치 흐름을 측정할 때는 플로우 타임이 가장 중요한 지표다. 라이프치히 공장에서 봤듯이 플로우 속도와 플로우 타임에 대한 비즈니스 요구가 가치 흐름 구조를 주도해야 한다. 가치 흐름 네트워크가 기능 플로우를 위해 4주의 플로우 타임을 달성해야 한다면 큰 배치 사이즈와 2주 이상의 사이클 타임으로는 달성하기 어려울 것이다. 플로우 타임이 목표보다 길어지면, 이는 가치 흐름을 개선하기 위한 기준점이 된다. (목표보다 길어지는 플로우 타임의 원인은 3부에서 서술한다.)

소프트웨어 전달을 위한 플로우 타임은 제조업과는 조금 다르게 동작한다. 플로우 아이템이 가치 흐름을 따라 선형적인 경로를 취할 필요가 없기 때문이다. 특정 플로우 아이템은 많은 단계를 건너뛰어 '패스트 트랙' 처리가 가능한데, 이는 생산 라인에서 할 수 없는 일이다. 예를 들어 모니터링 툴이나 지원 팀에서 식별한 소프트웨어 결함이 원인으로 의심되는 고위험 사고가 그 대상 중 하나다. 특정 가치 흐름에 대한 서비스 수준 계약SLA, Service-Level Agreement은 고위험 결함 수정에 대해 24시간 이내 플로우 타임을 요구할 수 있다. 이러한 플로우를 지원하기 위해 가치 흐름 네트워크의 활동 모델(9장 참고)은 설계, 계획, 우선순위 조정과 같은 업스트림 단계 없이 개발 팀 백로그로 결함을 바로 할당하는 프로세스를 지정할 수 있다. 마찬가지로 외부 출시를 하지 않는 인큐베이션 제품은 규제 인증과 같은 다운스트림 단계를 건너뛸 수 있다. 즉, 각각의 플로우 아이템은 가치 흐름 네트워크의 어떤 부분을 흐르느냐에 따라 아주 다른 플로우 타임을 가질 수 있다는 것이다.

다양한 플로우를 조정해 반응형 소프트웨어 개발 조직과 효과적인 가치 흐름 모델을 만들 수 있으며 플로우 타임 측정을 통해서는 다양한 단계에서 사이클 타임의 최적화 또한 보장할 수 있다. 예를 들어 프로덕션 환경의 고위험 사고에 기인한 결함은 수 시간의 플로우 타임 목표가 필요할 수 있다. 완전한 제품의 한 기능을 위해서는 4주의 플로우 타임이 적합할 수 있으나 빠른 가설 검정 주기가 필요한 실험적 인큐베이션 제품에는 1주가 필요할 수 있다.

플로우 타임은 플로우 아이템이 명시적으로(예를 들어 새 기능 등)

또는 묵시적으로(예를 들어 자동으로 에스컬레이션 된 사고 등) 승인될 때 시작되기 때문에 비즈니스 결과를 조정하는 데 있어 가장 의미 있는 지표다. 다양한 플로우 타임 목표를 정하고 관리하는 것에 실패한다면 결함과 사고에 대응력이 뛰어난데도 새 기능을 통해 가치를 고객에게 전달하는 것이 지연되는 원인을 모르는 조직으로 남게 된다. 이는 가치 흐름의 부분적 최적화라는 또 다른 잠재적 함정이다.

플로우 부하

플로우 부하는 주어진 가치 흐름에서 진행 중인 모든 활성 플로우 아이템을 측정한 값으로 플로우 속도와 플로우 타임에 영향을 주는 문제에 대한 선행 지표를 제공하려는 목적이 있다. 이는 가치 흐름 및 WIP^{Work-in-progress}(진행 중 작업) 안에 얼마나 많은 동시 수요가 있는지 측정하는 방법이다. WIP는 제조업 분야에서는 진행 중인 작업을 나타내기 위해 일반적으로 사용되는 지표로 소프트웨어 전달 플로우를 관리하기 위해 도미니카 드그란디스가 처음 제안했다. 드그란디스가 설명하듯이 너무 많은 WIP는 리소스 과잉 활용이 결과에 주는 부정적인 영향으로 인해 생산성의 적으로 취급된다.[12]

플로우 부하는 특정 가치 흐름 안에서 작업 중인 플로우 아이템 (예를 들어 '활성' 또는 '대기' 상태)의 총합이다. 가치 흐름을 파이프에 비유한다면 아직 시작되지 않았거나 이미 완료된 플로우 아이템은 모두 파이프의 양 끝 바깥쪽에 있을 것이며, 플로우 부하는 파이프 안에 있는 항목의 수가 된다. 플로우 부하는 파이프에 걸리는 부하이며 여기에는 부분적으로 완료된 작업도 모두 포함된다.

플로우 부하: 하나의 가치 흐름 내에서 진행 중인 플로우 아이템의 개수. 즉 WIP의 양.

과도한 플로우 부하는 비효율로 연결될 수 있다. 예를 들어 라이너트슨Reinertsen은 가치 흐름의 과잉 활용은 과도한 대기 시간으로 속도에 큰 악영향을 미친다고 설명한다.[13] 다른 플로우 지표에서처럼 플로우 프레임워크는 특정 가치 흐름을 위한 절대적인 플로우 부하 값을 제공하지는 않는다. 대신 플로우 프레임워크는 플로우 부하를 추적해 플로우 속도나 플로우 타임의 변화와 플로우 부하의 상관관계를 알 수 있게 한다. 이 상관관계를 통해 플로우 아이템이 과다하게 동시에 처리돼 생산성이 줄어들기 시작하는 지점에 대한 선행 지표를 비즈니스에 제공할 수 있다.

라이너트슨이 지적하듯 비즈니스는 가치 흐름 내 자원 활용을 극대화하려는 경향이 있다.[14] 제조 분야에서는 로봇 가동률 100%라는 형태로 나타날 것이다. 골드랫은 제조업의 이러한 접근 방식에 어떤 결함이 있는지 입증했으며,[15] 라이너트슨은 과다 활용이 제품 개발에 미치는 부정적인 영향에 대한 증거를 제시한다.[16] 소프트웨어 전달에서 이에 상응하는 행동은 기능 등의 플로우 아이템 전달을 위해 소프트웨어 개발 팀을 100% 사용하도록 할당하려는 것이다. 드그란디스의 설명처럼 완전한 활용을 추구한 결과는 제조업에서 그랬듯 소프트웨어 전달에서도 플로우 속도와 시간에 악영향을 미친다.[17]

플로우 부하 지표는 다른 플로우 지표들과 연결돼 결과를 명확히 하고 플로우 속도는 최대화하며 플로우 타임은 최소화하는 수준으로 플로우 부하를 설정할 수 있도록 가시성을 제공한다. 플로우 부하의 수준은 가치 흐름에 따라 다양할 수 있음에 유념해야 한다. 예를 들면 잘 정의된 시장을 위해 몇 개의 노련한 팀이 전달하는 성숙한 소프트웨어 제품은 MVP를 반복하며 계획되지 않은 많은 작업과 함께 고객을 발굴해 나가야 하는 소규모 팀의 실험적인 제품보다 높은 플로우 부하를 가질 수 있다.

플로우 효율

플로우 타임을 추적하는 방식을 확장하면 각 플로우 아이템의 활성 작업 시간 또한 추적할 수 있다. 그림 4.6에서 보듯, 이는 우리에게 플로우 효율이라는 최종 지표를 제공한다. 플로우 효율을 추적하는 목적은 플로우 아이템이 가치 흐름 안에서 소모한 전체 시간 대비 작업이 활성 상태였던 비율을 알아내는 것이다. 플로우 효율이 낮았다는 것은 플로우 아이템이 대기 상태로 머물러 더 많은 낭비가 발생했다고 볼 수 있다. 대기 중인 항목이 많을수록 더 많은 WIP가 발생하고 가치 흐름의 대기열이 점점 늘어난다. 결국 리소스 과다 활용과 콘텍스트 전환Context Switching으로 큰 낭비가 발생하며 지연이 심해진다.

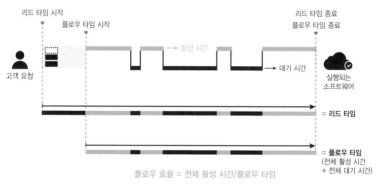

그림 4.6 플로우 효율

플로우 아이템의 대기 상태와 대기열을 어느 정도 예상하는 것은 타당한 일이다. 하지만 플로우 효율의 추적 목적은 플로우 타임을 늘리고 플로우 속도를 늦추는 과도한 대기 시간을 가진 가치 흐름을 찾아내는 것이다. 테스트 데이터 셋을 기다리는 개발 팀 사례처럼 플로우 효율이 떨어지는 것을 통해 가치 흐름 내 과도한 의존 관계를 알아낼 수 있다. 플로우 효율은 사이클 타임이 아니라 플로우 타임에 기반하기 때문에 개발의 업스트림과 다운스트림 모두의 문제를 파악할 수 있다. 디자이너 팀이 다른 일에 할당되는 동안 개발 팀이 사용자 인터페이스 디자인을 계속 기다리는 상황이라면 아무도 작업하지 않는 해당 기능 플로우 아이템의 상태는 계속 대기 상태로 남아 있을 것이고 플로우 효율은 떨어질 것이다. 이처럼 플로우 효율의 감소 원인을 파악하면 가치 흐름의 병목 지점을 찾아낼 수 있다.

결론

4장에서는 소프트웨어 제품과 가치 흐름을 하나의 생산 라인과 같이 가시적으로 만들어야 한다는 것을 배웠다. 이는 소프트웨어 제품의 비정형성 때문에 제조업보다는 좀 더 어려워 보일 수 있다. 그러나 우리는 데이터 수집과 정보 시각화를 자유자재로 사용할 수 있다. 라이프치히 공장에서도 육안으로는 볼 수 없는 원격 측정과 생산 리포트를 시각화하는 셀 수 없이 많은 스크린과 디지털 대시보드가 있었다. 문제는 정보를 시각화하는 방법에 있는 것이 아니라 비즈니스 수준에서 무엇을 시각화해야 할지를 정의하지 못하는 것에 있다.

일간 배포 횟수나 변경 성공률과 같이 시각화를 위한 원격 측정 방법을 정확히 알고 있는 데브옵스 팀이나 스크럼이나 칸반 보드를 이용해 진행 중인 작업을 팀 전체가 볼 수 있는 개발 팀과 비교해 보자. 다시 말해 작업은 전문가와 팀 레벨에서는 이미 가시적이라는 이야기다. 조직은 비즈니스 수준의 가시성을 놓치고 있으며 이는 플로우 지표가 제공하는 것이다.

실시간으로 모든 가치 흐름에 걸쳐 네 가지 플로우 지표를 측정하는 것은 현대 툴체인과 전달 파이프라인의 복잡성 때문에 어렵게 느껴질 수 있다. 어려움을 해결하기 위해 이러한 플로우와 피드백 모두를 지원하는 가치 흐름 네트워크를 만들고 연결하는 방법을 3부에서 살펴볼 예정이다. 그러나 이에 앞서 플로우를 추적하는 목적인 비즈니스 결과를 정의해야 한다.

5장

비즈니스 결과로
연결하기

4장에서는 데브옵스의 첫 번째 방법인 엔드 투 엔드 플로우를 플로우 지표를 통해 측정하는 방법에 대해 살펴봤다. 5장에서는 데브옵스의 두 번째 방법인 피드백을 살펴본다. 피드백은 소프트웨어 생산 결과를 비즈니스와 연결하는 기능을 제공한다. 우리가 필요한 것은 비즈니스 수준의 관점을 제공하는 성과 기반 지표를 확립하는 것이다. 이를 통해 플로우 지표와 비즈니스 결과 사이에 피드백 루프를 생성하고, 이를 통해 다시 지속적 학습 및 실험 루프를 만들어 높은 성과를 내는 IT 조직이 될 수 있도록 이끈다.

제품 관리는 성공적인 프로젝트 결론을 얻는 데 필요한 단계, 프로세스, 리소스, 종속성을 추적하기 위해 잘 확립된 기준을 사용한다. 반면에 비즈니스 성과를 추적하는 플로우 프레임워크의 주요 관심사는 각 비즈니스 성과가 각 제품 지향적 가치 흐름에서 지속적으로 추적되고 있는지에 초점을 둔다. 이것은 프로젝트 또는 조직 구조를 따라 지표를 추적하는 기존의 많은 접근 방식과 대조적이다. 이와 같은 측정 대상에 대한 변화는 적절한 레벨의 올바른 피드백을 통해 의사 결정을 가능하게 하므로 '프로젝트에서 제품으로'를 달성하기 위한 핵심 요소다.

5장에서는 먼저 각 제품 가치 흐름의 가치와 비용을 측정하는 방법을 알아보고, 가치 흐름 및 고객 지향적 관점의 품질 측정에 대해 논의할 것이다. 우리가 다룰 마지막 비즈니스 성과 지표는 가치 흐름에 기여하는 구성원의 행복도다. 마지막으로 가치 흐름 대시보드에서 추적할 핵심 지표가 무엇인지에 대해서도 살펴볼 것이다.

BMW 견학 | 비즈니스 성과에 따른 생산량 조절

"전기차 시장이 얼마나 빠르게 진화할지 정확히 예측할 수 없었습니다." 프랭크가 설명한다. "그래서 방금 본 시리즈 1, 2의 자동화 라인 같은 것을 더 만들기보다는 우리가 필요에 따라 확장하고 조절할 수 있는 더 나은 무언가를 만들고 싶었습니다. IT에서 애자일이라고 부르는 그런 것 말이지요. 전기차 시장 수요 변화에 반응하기 위해서 공장은 더 엄격한 피드백 루프를 갖고 있습니다. 예를 들어 노르웨이는 2025년부터 판매되는 모든 자동차에서 유해 물질이 배출되지 않아야 한다는 계획을 발표했습니다.[1] 이렇게 전기차 수요가 늘어난다면 우린 생산 라인을 수요에 맞도록 확장해야 합니다. 그래서 서로 다른 트레이드오프의 조합으로 이 생산 라인이 만들어졌습니다. i3의 택 타임은 8분으로 각 스테이션에서의 작업이 택 타임 70초 내 완료돼야 하는 시리즈 1, 2 생산 설비와는 아주 다릅니다. 각 생산 라인은 비즈니스와 고객의 서로 다른 목표를 충족하도록 맞춰져 있습니다."

이는 내가 생각하는 가치 흐름의 완벽한 예시다. 시장과 비즈니스 요구가 변할 때 특정 제품에 좀 더 많은 투자가 이뤄질 수 있으며 가치 흐름 자체의 아키텍처는 확장될 수 있다. 무엇보다 중요한 것은 BMW 그룹은 적응력을 고려해 이러한 생산 라인을 만들었다는 것이다. 몇 달 후 BMW 그룹 라이프치히 공장에서 i3와 i8의 생산량이 하루 130대에서 200대로 증가했다는 것을 듣게 됐다.[2]

소식을 듣고 이러한 방식을 소프트웨어 전달에 대해 고려할 때도 적용해야 한다는 것을 깨달았다. 제품·시장 적합성과 확장성을 정확히 예측할 수 있다고 믿는 대신 가치 흐름을 위한 성공 지표를 명확히 정의하고 적응성과 확장성을 고려한 가치 흐름을 만들어야 한다. 다른 것이 아닌 우리의 가치 흐름을 중심으로 소프트웨어와 조직을 설계해야 한다.

"이것이 i8의 생산 라인인가요?" 내가 묻는다. i8 시리즈는 가장 인상적인 대량 생산 자동차였기 때문에 i8 생산 라인의 복잡성과 자동화에 대해서 줄곧 궁금해하고 있었다.

"아뇨, 그렇지 않아요. i8 생산 라인은 이 건물에서 가장 짧은 라인입니다. i3 시리즈의 생산 라인은 시리즈 1, 2 생산 라인 일부이고 i8은 i3의 일부입니다. i8의 생산 소요 시간이 얼마나 될 것 같나요?" 프랭크가 되묻는다.

"i3와 같은 8분인가요?"

"완전히 틀렸어요. i8의 생산 소요 시간은 30분입니다. 금방 이유를 알게 될 거예요. 그전에 i3가 어떻게 생산되는지 살펴봅시다." 프랭크가 대답한다.

플로우 지표와 비즈니스 결과 연결하기

BMW 자동차의 택 타임은 제품에 따라 각각 다른 비즈니스 요구 사항과 목표에 맞춰져 있었다. 마찬가지로 비즈니스 목표는 우리 기업들이 가진 가치 흐름에 따라 다양할 것이다. 플로우 프레임워크의 핵심 목표는 가치 흐름을 측정하기 위한 일련의 핵심 지표를 제공하는 것이다. 비즈니스를 위해 필요한 매우 방대하고 세부적인 지표 중 플로우 프레임워크는 각 제품의 가치, 비용, 품질, 행복도의 네 가지 지표를 요구한다(그림 5.1과 표 5.1 참고).

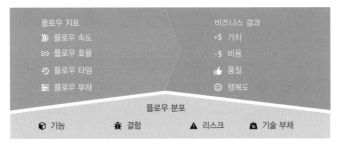

그림 5.1 플로우 지표와 비즈니스 결과 연결하기

이러한 지표를 측정하는 방법은 조직에 따라 다르며 조직마다 각
성과를 측정하는 방법도 다르다. 소프트웨어 전달과 비즈니스 결과의
상관관계를 유지하려면 연관된 가치 흐름에서 각각의 측정값을 추적
할 수 있어야 한다. 3부에서는 이러한 지표를 수집할 수 있도록 툴 네
트워크에서 무엇을 바꿔야 할지 살펴볼 것이다. 예를 들어 가치 흐름
척도를 이용해 직원 설문조사를 진행하고 행복도 지표가 가치 흐름과
연관성이 있는지 확인하는 방법이 있다.

표 5.1 비즈니스 성과 지표

비즈니스 결과	측정 방법	예시
가치	가치 흐름이 생산하는 비즈니스 이득	매출, 월간 고정 매출, 연간 계약 가치, 월간 활성 사용자
비용	비즈니스가 부담하는 가치 흐름 비용	가치 흐름을 위한 모든 인건비, 운영비, 인프라 비용. 가치 흐름에 할당된 전일제 환산 (FTE, Full Time Equivalent)
품질	가치 흐름이 생산하는 제품이 고객에게 감지되는 품질	(고객에게) 드러난 결함, 쌓인 티켓 수, 계약 연장률, 확장률, 순수 고객 추천 지수(NPS)
행복도	가치 흐름 구성원의 몰입도	직원 추천 지수(eNPS), 직원 몰입

가치 측정하기

각 가치 흐름에서 가장 중요한 지표는 객관적인 가치 측정이다. 가치 측정 지표는 조직에서 사용하는 재무 지표에서 직접 가져와야 한다. 예를 들어 고객 대면 제품의 경우 지표는 제품 전체 매출 또는 월간 고정 매출일 수 있다. 가치 측정은 때로 더 복잡할 수 있으며 다른 유형의 매출 또는 계약 연장률 등을 포함할 수 있다. 사용자와 구매자가 분리된 시장이라면 특수한 방법을 적용해야 할 수 있다(예를 들어 광고 기반 비즈니스 모델에서는 가치 흐름에서 서비스를 받는 쪽은 사용자이지만 매출은 배너 광고에서 발생한다). 이럴 때는 월간 활성 사용자와 같이 매출과 관련성이 있을 법한 대리 지표를 사용할 수도 있다. 이와 비슷하게 아직 매출이 발생하지 않는 제품의 가치 흐름일지라도 추후 제품과 가치 흐름이 확장돼 매출로 변환될 수 있을 만한 지표를 사용할 수만 있다면 가치 측정이 가능하다. 또한 가치 흐름에 의해 생성된 수익 선행 지표, 즉 세일즈 파이프 라인 성장률, 고객 만족도(예를 들어 NPS) 등을 가치 버킷에 넣을 수 있다.

각 가치 흐름의 매출을 측정하는 데 중요한 부분으로 회계와 고객 관계관리CRM 같은 매출 추적 시스템이 있다. 이러한 시스템은 매출 성과와 단일 제품의 가치 흐름을 연결하는 방식으로 설정돼야 한다. 그러므로 제품군이 구매 추적 및 재고 관리 코드SKU 사용 없이 판매된다면 문제가 될 수 있다.

어떤 제품 가치 흐름은 바로 현금화되지 않는다. 내부 개발자를 위한 소프트웨어 플랫폼 구성 요소의 가치 흐름이나 정산 혹은 트랜잭션 프로세싱 시스템과 같은 내부 애플리케이션의 가치 흐름 등이 그 예다. 이러할 때는 직접적인 매출 지표를 갖출 수는 없지만 그렇다 할지라도 그 제품에 의해 생성되는 간접 가치를 측정하는 방법 등으로 가치 성과 지표를 정의해야 한다.

3부에서 소개하겠지만 가치 흐름 네트워크 내에서 확인할 수 있는 가치 흐름 간 종속성은 매출을 올리는 가치 흐름이 명백히 눈에 들어오도록 할 것이다. 플랫폼 또는 SDK 구성 요소가 10개의 가치 흐름을 지원한다면 각각의 가치 흐름에 의해 생성된 가치의 전부 또는 일부를 활용해 해당 구성 요소의 가치 성과 지표를 정의할 수 있다. 또는 내부 제품 채택률과 같은 내부 가치 지표가 대안이 될 수도 있다. 예를 들어 한때는 매출을 올리는 12개의 가치 흐름 시스템이 내부 정산 시스템을 사용했지만, 이제는 그중 11개가 클라우드 기반의 새로운 정산 시스템을 대신 사용한다면 내부 정산 시스템의 가치 흐름에 의한 매출 지원 감소가 시스템의 종료 사유가 될 수 있다.

이러한 종류의 의사 결정은 제품 지향적 사고방식의 핵심이고, 비즈니스 성과의 측정은 트레이드오프를 이해하기 위해 대단히 중요하다. (이러한 지표들을 쉽게 측정하기 위한 가치 흐름 네트워크의 설정에 관한 추가 설명은 3부에서 하기로 한다.)

가치 흐름 비용

가치 흐름 비용은 특정 제품의 전달과 관련된 모든 비용을 포함한다. 해당 가치 흐름의 전달과 관련된 모든 것을 포함해 TCO^{Total Cost of Ownership}(총소유 비용)을 고려하는 것과 비슷하며 제조업의 '가치 흐름별 비용 계산^{Costing by value stream}' 기법과도 유사하다.[3] 그러나 여기에는 전달 비용만 포함되고 마케팅 및 세일즈와 같은 공유 비용은 제외된다. 대부분 조직에서 단일 가치 흐름에 이러한 공유 비용을 매핑하는 시도는 어렵거나 불가능하기 때문이다.

가치 흐름별로 비용을 계산하는 경우 프로젝트 지향 관리 비용 모델 및 자원 할당 접근 방식으로는 진행이 어렵다. 직원이 둘 이상의 가치 흐름에 할당 가능한 상황에서 가치 흐름 하나에 할당된 직원의 정확한 근로 시간을 계산해 내는 것은 기껏해야 계산 오류만 발생시킨다. 내가 함께 일했던 포춘 100 기업의 어떤 IT 조직에서는 한 개발자에게 할당한 프로젝트 수가 연간 6~12개 정도였다.

프로젝트 지향 접근으로는 가치 흐름별 비용을 계산할 수 없다는 사실은 대규모 소프트웨어 전달에서 프로젝트 지향 접근이 왜 실패할 수밖에 없는가를 알려주는 또 다른 예다. 가치 흐름별 비용을 정확히 측정할 수 없다면 제품 수익성이나 또 다른 비즈니스 핵심 목표에 대해 안정적인 결정을 할 수 없다. 가치 흐름에 공유 자원(예를 들어 여러 제품을 지원하는 그래픽 디자이너 등)을 허용하지 말아야 한다는 것은 아니지만 이러한 자원은 일반적인 것이 아닌 예외여야 한다.

가치 흐름 비용은 직접적인 비용뿐만 아니라 가치 흐름이 사용하는 공유 서비스 비용의 비율도 계산해야 한다. 여기에는 인건비(정직원 또는 계약직), 라이선스 비용, 인프라 비용(내부 또는 외부 호스팅) 등이 포함될 수 있다. 핵심은 전용 서비스의 경우 이를 사용하는 가치 흐름에 할당되고, 공유 자원의 경우 각 가치 흐름의 사용량에 비례해 할당된다는 것이다. 클라우드 호스팅 플랫폼을 사용한다면 전체 비용의 그림을 파악하기 위해 컴퓨팅 및 데이터 서비스 청구 금액이 가치 흐름별로 할당돼야 한다.

가치와 비용 측정을 조합하면 각 가치 흐름에 대한 LCP^{Life Cycle Profit}(수명 주기 총이익)을 계산할 수 있다. 도널드 라이너트슨은 그의 책 『The Principles of Product Development Flow』(Birkhauser Basel, 2009)에서 제품 전달을 위한 가장 의미 있는 지표로 LCP 사례를 들었다.[4] 또한 가치와 비용 두 지표를 별도로 가져갈 때 역시 아직 매출이 발생하지 않는 가치 흐름이나 내부적 가치 흐름의 성과를 측정하는 데 유용하다.

가치 흐름 품질

소프트웨어 품질 지표에 관한 수많은 자료가 있다. 그중 DORA^{DevOps} Research and Assessment의 「2017년 데브옵스 상태 보고서^{2017 State of DevOps} Report」에서는 품질 지표 간 연관성(예를 들어 드러난 결함과 조직 성과 사이의 관계 등)을 밝혀냈다.[5] 가치 흐름은 고객에게 초점을 두고 있으므로 품질 버킷에는 고객에게 드러나는 종류의 지표를 사용해야 한다. 드러난 결함뿐만 아니라 발생한 사건의 수, 티켓 개수, 기타 고객 만족 지표도 품질 버킷에 포함될 수 있다. 결함 수명^{Defect Aging}(결함 인지부터 해소까지의 기간) 및 변경 성공률과 같이 고객에게 인지되지 않는 품질 지표는 품질 문제의 중요한 선행 지표이기는 하지만 플로우 프레임워크는 고객과 비즈니스에 가시적인 지표에 집중하므로 중요도는 한 단계 아래다.

핵심은 품질 지표를 각 가치 흐름별로 추적해 품질에 대한 트레이드오프를 눈에 잘 띄도록 하는 것이다. 예를 들어 시장 출시 시간의 압박으로 품질이 희생된다면 앞으로의 매출 감소 또는 계약 실패 가능성의 선행 지표가 될 수 있으며, 이를 바로잡기 위해 미래 플로우 분포에 결함 추가 할당이 필요해진다.

가치 흐름 행복도

마지막 지표는 가치 흐름의 건전성을 추적하는 것이다. 소프트웨어 전달에서 부가 가치를 창출하는 활동은 모두 비즈니스 분석, 디자인, 아키텍처, 코딩, 테스트 자동화, SRE(사이트 신뢰성 엔지니어링), 지원 등의 업무를 수행하는 사람들에 의해 수행된다. 소프트웨어 전달 과정에서 수동 테스트와 같은 프로세스는 대부분 자동화가 가능해졌다.

그 결과 가치 흐름의 생산성은 화면 디자인, 자동화 테스트 작성 등 가치 창출 활동에 달려 있다. 앞으로 인공 지능이 테스트 코드를 자동으로 작성하는 것과 같이 자동화되는 분야가 늘어나더라도, 생산성은 언제나 팀에서 수행하는 창조적 작업에 달려 있음을 기술 기업들은 오래전부터 잘 알고 있었다.

대니얼 핑크Daniel Pink를 비롯한 많은 사람이 행복하고 몰입된 직원이 창의적 업무에 참여했을 때 더 좋은 결과를 낳는다는 것을 보여줬다. 프로젝트 지향적 관리는 핑크가 정의한 업무 만족도의 핵심인 자율성, 숙련도, 목적의식을 방해하는 반면, 제품 지향적 방식이 제공하는 업무와 팀에 대한 안정감은 이를 고양시킨다.[6]

개인 및 팀의 행복도와 생산성을 측정하고 개선해야 하는 것과 더불어 행복도를 추적하는 것은 가치 흐름 내 문제점을 드러나게 할 수도 있다. 예를 들어 행복하지 않은 직원의 존재는 지루한 수작업을 초래하는 자동화의 부족, 또는 새로운 기능 개발을 힘들게 하는 복잡한 아키텍처와 같은 생산 과정의 문제점을 알리는 중요한 지표가 될 수 있다. 성과가 좋은 조직은 이미 eNPS(직원 추천 지수)와 같은 지표를 통해 직원 참여도를 측정한다. 액셀러레이트Accelerate는 IT 조직에서 좋은 성과를 내는 조직의 직원이 그들의 조직을 일하기 좋은 곳으로 추천하는 경향이 2.2배 더 높음을 발표했다.[7]

eNPS는 태스크톱 성장의 중요한 부분이기도 하다. CFO와 나는 몇 년 전 회사에 eNPS를 도입했고 우리 팀의 생산성과 행복에 대한 방해 요소를 탐지하기 위해 이 프로그램을 계속 운영하고 있다. 프레드 라이켈트Fred Reichheld의 접근 방식으로 부서마다 eNPS를 측정해 각 부서 내 모든 직원의 평균 eNPS를 측정하고 있다.[8] 이는 특정 부서에 추가로 주의를 기울여야 할 때를 위한 매우 유용한 피드백이 됐다.

그러나 플로우 프레임워크의 배포가 제품 및 엔지니어링 팀 외부로 진행되던 시점에 놓치고 있던 문제가 발견됐다. eNPS 측정을 오직 조직의 사일로를 기준으로만 진행했기 때문에 특정 가치 흐름별 eNPS에 대해서는 알지 못한 것이었다. eNPS를 위해 엔지니어링 부사장과 나는 많은 시간을 할애했기에 가치 흐름 안에 있는 직원의 행복과 몰입도가 측정되지 않는 것은 아니었다. 다만 가치 흐름이 서로 다른 영역에 있다는 것을 뒤늦게 알아차린 것이다. 우리의 '허브' 제품은 성과 영역에 있는 데 반해 몇몇 작은 이니셔티브는 인큐베이션 영역에 있다. 그리고 우리의 새로운 중요한 이니셔티브 중 하나는 변혁 영역에 있다.

또한 우리는 구성원이 성장할 수 있는 영역에 배정돼 있는지 확인하는 것도 필요하다는 것을 알게 됐다. 예를 들어 우리의 최고 개발자 몇몇은 플랫폼 깊숙한 곳에서 매우 어려운 규모와 성능 문제를 해결할 때 성장한다. 이러한 개발자들은 잘 정의된 제약 사항이 있는 환경에서 성장하는 경향이 있다. 반면에 또 다른 개발자들은 까다로운 프런트엔드, 빠른 주기의 프로토타이핑 그리고 MVP와 같은 환경에서 성장하기도 한다. 다른 많은 엔지니어링 리더처럼 우리의 엔지니어링 부사장 역시 개발자를 그들의 자율성, 숙련도, 목적에 잘 맞는 가치 흐름에 할당하는 것에 숙련돼 있다.

그러나 딱 한 번, 인큐베이션 영역에서 변혁 영역으로 프로젝트가 이동하던 중요한 단계에서 부적합한 인원 배치가 발생한 적이 있다. 이는 성과 영역의 '허브' 팀과 변혁 영역의 팀 모두에게 부정적인 영향을 미쳤다. 성과 영역 '허브' 팀에서는 중요한 기여자를 잃었고 변혁 영역 팀에서 이 사람이 탁월한 능력을 발휘하도록 하기에는 제품 정의와 아키텍처가 부족한 면이 있었다. 문제를 겪고 있던 20여 명의 결과가 eNPS 점수에 드러나기엔 엔지니어링 팀이 너무 컸기 때문에 eNPS를 통해 이를 발견하는 것은 불가능했다. 대신 정기적 일대일 미팅과 eNPS 조사의 설문을 통해 팀 구조에 무언가 문제가 있다는 것이 밝혀지게 됐다.

eNPS가 제공하는 조기 경보 시스템(예를 들어 어떤 부서에 잘 맞지 않는 관리자가 투입되는 경우 점수의 하락 등)은 우리가 조직 사일로를 측정하고 있었기 때문에 가치 흐름 기준으로는 동작하지 않았다. 아무런 경보가 없었다고 잘못된 배정 상태를 그대로 방치했다면 변혁 영역의 가치 흐름이나 양쪽 가치 흐름에서 일하는 훌륭한 직원들에게 매우 좋지 못한 결과를 불러왔을 것이다. 지표가 사람 간 소통을 대신할 수는 없음에도 당시 우리는 가치 흐름 내부가 아닌 오직 기능적 사일로 내에서만 행복도를 측정함으로써 플로우 프레임워크의 원칙을 위반하고 있었다는 것을 깨달았다.

이와 같은 일이 있던 무렵 나는 바클리즈^{Barclays}에서 각 가치 흐름에 대한 eNPS 측정을 도입했던 존 스마트$^{Jon\ Smart}$를 만났다. 그리고 기능적 사일로가 아닌 가치 흐름당 몰입도를 측정하는 존의 방식이 우리가 놓치고 있던 것임을 알 수 있었다. 우리는 부서뿐만 아니라 가치 흐름을 명시하도록 eNPS 수집을 강화했다. 이러한 가시성은 조직이 가치 흐름 내 팀에 좋은 교육이나 기술 인프라 등의 더 많은 지원을 해야 할 필요가 있을 때를 알아차리기 위한 귀중한 정보가 됐다.

가치 흐름 대시보드

플로우 지표와 비즈니스 성과를 연관시키면 가치 흐름이 생산하는 비즈니스 결과와 각 가치 흐름 내에서 수행되는 업무를 연결하는 대시보드를 만들 수 있다. 이를 위해서 팀 또는 기타 비용 측면에서 각 가치 흐름의 경계를 정의하고 매출이나 직원 행복도와 같이 가치 흐름의 결과를 도출하는 메커니즘 또한 정의해야 한다. 3부에서는 가치 흐름을 뒷받침하는 시스템으로부터 직접 결과를 얻는 데 필요한 메커니즘에 대해 알아볼 것이다. 가치 흐름 일부가 제외된다면(예를 들어 업스트림에 있는 사람, 활동, 비용 등) 플로우 지표는 정확하지 않을 것이며 가치 흐름과 제품의 경계 혹은 각 가치 지표가 정확하게 정의되지 않은 경우에도 플로우 지표는 의미를 잃게 된다. 그러나 일단 가치 흐름 지표가 가치 흐름 네트워크와 연결되면 그림 5.2의 가치 흐름 대시보드 모델에서 볼 수 있듯 소프트웨어 가치 흐름에 무엇이 흐르고 어떤 성과를 끌어내는지 특별한 시야를 갖게 될 것이다.

이러한 샘플 대시보드는 플로우 프레임워크를 사용해 소프트웨어 제품 포트폴리오를 추적 및 관리하는 방법과 비즈니스, IT가 트레이드오프를 만드는 예시를 간략하게 보여준다. 예를 들어 그림 5.2의 두 가지 가치 흐름에서 각 흐름을 통해 얼마나 많은 새로운 비즈니스 가치가 기능 형태로 유입됐는지 즉시 알 수 있다.

비즈니스는 각 가치 흐름에 목표를 설정하기보다 특정한 제품에 매출 목표와 같은 가치 지표를 설정한다. 그런 다음 가치 흐름을 담당하는 팀은 기능 플로우를 최적화하기 위한 플로우 분포를 알맞게 설정한다. 예를 들어 새로운 리스크 작업이 긴급성을 요구하는 경우(새로운 규제 사항에 대한 요구 사항 등) 이해관계자들은 대시보드를 통해 상응하는 양의 기능 전달이 줄어드는 것을 관찰할 수 있다. 이와 비슷하게 제품 개발 팀이 제품의 기능 제공 속도를 유지하기 위해 기술 부채를 줄여야 할 필요가 있다고 예측한다면 이러한 부채에 대한 작업이 계획되고 예정될 수 있으며 단기적 및 장기적 기능 플로우 속도에 대한 트레이드오프도 명확하게 논의되고 결정될 수 있다. 이는 제품 및 엔지니어링 관리자가 더 세부적인 수준에서 결정하던 트레이드오프와 동일한 내용이 더 높은 수준으로 추상화돼 비즈니스 이해관계자에게 전달되고 의사 결정으로 이어질 수 있음을 의미한다.

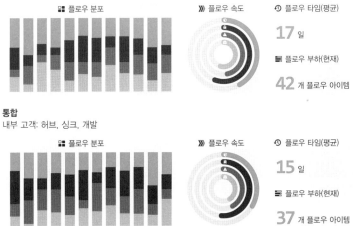

그림 5.2 가치 흐름 대시보드의 예

이와 함께 비즈니스 성과는 기술과 비즈니스 이해관계자 모두에게 정확하고 가시적이다. 일반적인 모범 사례를 맹목적으로 적용하는 것 대신 우리는 가치 흐름 지표로 가치 흐름을 측정하고 복합 동적 시스템인 가치 흐름 네트워크를 우리 조직만을 위해 최적화할 수 있다. 앞서 소개한 허브의 사례에서 기술 부채의 축적이 기능의 플로우 속도를 늦추는 것을 확인했다. 다른 상황의 조직이었다면 이러한 결과 대신 플로우 타임이 늘어나는 결과가 나타났을 수도 있다.

플로우 프레임워크를 이용하면 실제 데이터로 이러한 상관관계를 확인할 수 있으며 지속적으로 학습하고 맞춰 나갈 수 있다. 플로우 분포가 기능에만 너무 많이 할당돼 품질 문제를 일으키고 있다면 이것이 매출 감소 또는 사용자 감소의 형태로 가치 손실에 대한 선행 지표가 될지 확인할 수 있다. 공통적인 플로우 패턴도 보일 것이다. 가령, 가치 흐름 속에서 과도한 플로우 부하는 느린 플로우 속도로 이어질 수 있다. 그러나 과도한 플로우 부하가 발생하는 지점은 가치 흐름에 따라 다를 것이다.

마지막으로 모든 플로우 지표는 비즈니스 결과와 상관관계가 있기에 좀 더 근본적인 문제를 발견할 수 있는 메커니즘이 있다. 비즈니스 가치를 창출하기 위한 기능 플로우 아이템이 높은 비율로 전달되고 있는데도 그것이 매출로 이어지지 않는다면 가치 흐름의 외부, 즉 영업 및 마케팅에 병목 지점이 존재할 수 있다. 또는 병목 지점이 조직 외부의 제품·시장 적합성 문제에 있을 수도 있다. 플로우 프레임워크는 흐름을 증가시키는 방법을 정의하고 있지는 않지만 앞서 살펴본 방식처럼 역학 관계를 가시화해 가치 흐름이 우리를 관리하게 하는 것이 아닌 우리가 가치 흐름을 관리할 수 있도록 한다.

결론

5장에서는 가치 흐름에 대한 투자를 성과 기반 지표에 연관시키기 위해 가치 흐름을 추적하는 데 사용할 일련의 비즈니스 성과를 소개했다. 각각의 성과 자체도 해당 비즈니스의 상황에 맞춰 더욱 정교해지고 확장될 수 있다. 그러나 플로우 프레임워크의 목표는 각 비즈니스 성과를 위한 하나 이상의 지표를 확보하고 그 지표가 조직 전체에서는 물론 각 가치 흐름에서 추적될 수 있도록 하는 것이다. 이를 위해서는 비용과 가치에 대한 사고방식을 지속적 가치 흐름을 고려하지 않는 프로젝트 지향적 모델로부터 각 가치 흐름을 제품에 맞추는 제품 지향적 모델로 바꿔야 한다(변화 과정을 위한 툴 설계와 설정 방법은 3부에서 다룬다).

가치 측정은 각 가치 흐름에 대한 표준적 지표를 제공한다. 이는 간단해 보이지만 조직의 IT 포트폴리오 전반에 걸쳐 모든 제품 지향적 가치 흐름과 고객을 식별하는 능력을 많은 조직이 갖추지 못했다.

제품 포트폴리오가 정의된 후에 비용, 품질 그리고 행복도를 측정하는 것은 비즈니스 성과에 플로우 지표를 연결하기 위한 또 다른 핵심 요소다. 각 지표를 결합하면 기술자와 비즈니스를 위한 가치 흐름 대시보드를 만들 수 있다. 이는 모두에게 공통된 일련의 가치 흐름 지표로서 IT라는 블랙박스를 열어 줄 것이다. 이를 갖추고 나면 조직은 의사 결정에 대한 정보를 얻고 전략을 지원할 수 있다. 성과 영역에서 성장한 가치 흐름의 수익성을 비교하는 대시보드와 리포트를 만들거나, 실험과 반복이 필요한 변혁 영역에서 기능 제공을 위한 플로우 타임이 아주 짧게 걸리도록 유지할 수 있다.

이를 지원하는 가치 흐름 네트워크를 정의하기에 앞서 플로우 프레임워크의 관점으로 몇 가지 중요한 대규모 디지털 변혁을 검토해볼 것이다.

6장

파괴 추적

소프트웨어 시대의 전환점을 향해 나아가며 회사의 쇄신을 함께하는 이들이 경험했듯 나 또한 이 변화를 극복할 수 있을 줄 알았던 많은 조직이 쇠약해져 가는 것을 지켜봤다. 최근 몇 년간 주요 언론사들이 이와 같은 종류의 실패 관련 기사를 눈에 띄게 많이 보도하고 있다. 2017년 9월 에퀴팩스의 대규모 데이터 유출 사례와 2017년 5월 영국 항공의 IT 시스템 결함으로 여객기 운항이 중단됐던 사건이 그 예다. 이때 두 회사의 경영진은 IT와 엔지니어를 비난했고 기술 분야 전문가는 구세대 경영진의 소프트웨어와 IT에 대한 몰이해를 지적했다. 그렇지만 사실은 양측 모두 비즈니스의 성공을 위해 최선을 다하고 있었으며 정보 또는 관점의 차이로 한쪽이 알고 있는 것이 다른 쪽으로 전해지지 못했기 때문이라면?

6장에서는 플로우 프레임워크의 관점으로 소프트웨어 변혁 사례 네 가지를 살펴볼 것이다. 경영진이 악의적이었다거나 무능했다고 생각하는 대신 기술 조직과 비즈니스 조직의 리더들이 그들의 정보와 프레임워크를 이용해 최선의 결정을 내리고 있었다고 가정하고, 플로우나 정보 그리고 이에 상응하는 관리 접근 방법이 어떻게 부족했는지 확인해 볼 것이다. 그리고 이러한 접근 방법이 소프트웨어 시대의 변혁 진행 과정에서 상황을 어떻게 반전시킬 수 있는지에 관한 이야기로 마무리할 것이다.

가장 먼저 자동차 산업의 소프트웨어 결함 관리 방법 트렌드에 관한 이야기로 시작한다. 그런 다음 이것이 많은 자동차 제조사의 플로우 분포 접근 방식에 어떤 영향을 줬는지 알아볼 것이다. 다음으로 에퀴팩스의 정보 보안 사고를 통해 핵심 가치 흐름 속 리스크에 대한 대응 계획 부재가 최악의 결말을 가져온 원인이 될 수 있음을 확인해 본다. 또한 노키아의 사례를 다시 살펴보며 경영진 수준에서 기술 부채에 대한 이해 부족이 어떻게 회사의 몰락으로 이어지는지 알아본다. 마지막은 마이크로소프트가 소프트웨어 시대의 도입기로 진입하는 과정에서 제품과 가치 흐름, 플로우에 대한 그들의 깊은 이해를 통해 어떤 도움을 받아 성공하게 됐는지 살펴본다.

BMW 견학 플로우에 먼저 집중, 그 뒤 자동화에 집중

프랭크와 르네는 나를 i3 생산 라인을 따라 안내한다. i3 생산 라인은 8분마다 다음 스테이션으로 자동차를 옮기는 자율 주행 플랫폼으로 구성돼 있다.

"이 라인은 최신식이기 때문에 새로운 생산 기술이 나올 때마다 적용할 수 있습니다." 프랭크가 이야기한다. "여기 전기 구동부에 무슨 일이 일어나는지 한번 보세요."

우리가 1, 2시리즈 라인에서 봤던 주황색 로봇과는 매우 다른 생김새의 로봇을 프랭크가 가리킨다. 각 로봇은 커다란 케이지로 완전히 둘러싸여 있다. 푸른색 조끼의 작업자가 로봇의 보조를 받아 커다란 구동 장치를 자동차에 넣어 조립한다.

"이 라인을 위해 저희가 도입한 협동 로봇(Collaborated Robot)입니다." 프랭크가 말한다. "사람 몸과 접촉을 감지할 수 있어서 협업하는 사람이 작업하는 동안 상해를 입지 않도록 합니다."

워낙 최첨단이다 보니 i3 라인은 로봇으로 완전히 자동화했을 것이라고 내심 기대하고 있었다. 그렇지만 여태까지의 사람과 로봇 간 협업보다는 훨씬 더 미래 기술에 가깝다는 생각이 든다. 자율 주행 플랫폼과 협동 로봇 간 지속적 학습, 튜닝, 가치 흐름 최적화가 인상적이다.

"여기서는 i3가 두 갈래로 나뉘는 것을 볼 수 있습니다." 프랭크가 말을 잇는다. "차의 중요한 두 부분에 대한 조립을 병렬 처리할 수 있죠."

i3 라인을 따라 걸으며 프랭크는 매우 정교해 보이는 한 부분을 가리킨다. 그곳에는 전보다 더 큰 로봇이 있다.

"이 부분은 i3 라인에서 가장 흥미로운 부분입니다." 프랭크가 말한다. "이곳은 두 개로 나뉘었던 라인이 하나로 합쳐지는 곳입니다. 드라이브 모듈과 라이프 모듈이 접착되지요. 전기차 디자인이 이를 가능하게 했습니다. 한번 보시죠."

우리는 통로로 걸어가 아래를 내려다본다. 라이프 모듈이라는 것을 들어본 적은 없지만 펼쳐진 광경을 보자마자 그것이 사람이 앉는 좌석 부분을 의미한다는 것을 바로 이해했다. 라인에서 드라이브 모듈에 라이프 모듈이 놓이고 큰 로봇이 둘을 눌러 합친다. 이를 보면서 대량 생산에 대한 나의 무지함과 더불어 접착 기술이 얼마나 발전했는지 전혀 몰랐다는 것을 깨달았다.

워크스테이션을 하나하나 이동할 때마다 놀라는 내 모습을 보고 프랭크와 르네는 즐거워한다. 자동화부터 조립 병렬 처리에 이르는 i3 라인 속 모든 혁신 사항을 이해하기가 처음에는 어려웠지만 플로우에 집중해 르네의 시선을 차근차근 따라가다 보니 모든 결정과 최적화가 천천히 이해되기 시작한다. 그들은 엔드 투 엔드 플로우 사고방식으로 시작해 플로우 타임과 플로우 속도를 향상하기 위해 각 단계와 순서를 지속적으로 최적화하고 있다.

코너를 돌자 i8의 골격이 저 멀리서 보이기 시작한다.

자동차 소프트웨어: 결함 대 기능

2010년부터 자동차에 들어가는 소프트웨어가 급격히 늘어나기 시작했다.[1] 자동차 제조가 성숙기에 접어들면서 시장 점유율을 놓고 벌이는 경쟁은 스타일링이나 성능을 넘어선 것들로 옮겨 가고 있다. 소프트웨어 시대에 등장한 인포테인먼트 시스템, 커넥티드 모빌리티 솔루션, 자율 주행 기능 등이 새로운 경쟁 우위가 되고 있다. 이 모든 이야기는 더 많은 소프트웨어를 의미한다.

자동차는 구동력 제어와 같은 기본적인 드라이빙 기능을 위한 백만 라인의 코드에서 발전했다. 그리고 그 발전은 디지털화, 전기 제어 유닛의 발전, 전기차의 제어 소프트웨어 등을 위한 천만 라인의 코드로 커넥티드 카와 인포테인먼트 성장에 따른 일억 라인의 코드로 이어졌다. 그리고 곧 자율 주행차를 위한 십억 라인의 코드로 발전할 것이다.[2]

이렇게 빠른 규모의 확장은 몇 가지 흥미로운 사건의 결과를 가져왔다. 금융자문회사 스타우트 리시우스 로스Stout Risius Ross, Inc.의 「2016

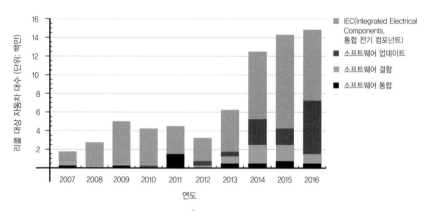

그림 6.1 미국 내 자동차 전자 장비 리콜 현황[3]

BMW, 다임러 AG, FCA, 포드, 제너럴 모터스, 혼다, 현대, 기아, 토요타, 폭스바겐, 볼보 포함. 2016년까지의 데이터. 타카타 에어백 관련 리콜은 제외됨.

년 자동차 품질 보증 및 리콜 보고서」에서는 그림 6.1에서 볼 수 있듯 소프트웨어와 관련된 리콜 및 증가 추세를 조명했다.

보고서에 따르면 2016년 소프트웨어 관련으로만 1,400만 대 리콜이 발생했다.[4] 리콜의 증가는 자동차 시장에서는 골칫거리가 되고 있으며, 고객 경험은 소프트웨어 품질에 점점 더 영향을 받고 있다. (이 통계는 소프트웨어 결함이 더 심각한 결과를 낳게 될 자율 주행 시스템 보급 이전의 자료임에 주목해야 한다.)

자동차 시장의 현 상황은 대량 생산 시대의 활용기와 소프트웨어 시대로의 전환점 사이 변화를 잘 나타낸다. 1908년부터 1929년까지 자동차 산업이 대량 생산 시대의 도입기에 있었을 때 품질 관련 문제가 계속되던 시기가 있었다.[5] 린, 식스 시그마 등 자동차 품질 관리에 성공적이었던 운영 시스템들이 이 시기에 에드워즈 데밍Edwards Deming을 비롯한 많은 이에 의해 만들어졌다는 사실은 잘 알려져 있다.[6] 이러한 노력으로 2016년 타카타 에어백 결함과 같은 예외를 제외하고는 제조 품질과 전달의 문제는 해결됐으며 대량 생산 시대의 도입기로 이어져 성숙한 제조업의 빛나는 사례가 됐다.

그러나 소프트웨어 문제로 자동차가 멈추고 견인이 필요해진다면 기계적 측면의 신뢰성은 중요하지 않다. 리콜 발생률이 증가한다는 사실은 자동차 산업의 '운영 모델 파괴'의 결과라는 것이 내 의견이다. 공유 자동차와 같이 혁신적이고 디지털화된 새로운 무언가를 기대하는 고객의 경험을 충족시키기 위해 자동차 제조업은 시장에 새 기능을 전달해야 한다는 엄청난 압박감에 시달리고 있다.

플로우 프레임워크의 관점으로 볼 때 자동차 산업에서 기능 추가, 결함 수정, 리스크 완화라는 숫자의 제로섬 게임이 벌어지고 있으리라는 것을 이제 우리는 잘 알고 있다. 자동차 산업 전반적으로 다른 플로우 아이템보다 기능에 우선순위를 높게 부여한 트레이드오프로서 지금의 품질 저하가 나타난 것이다. 품질을 희생해 기능 플로우에 우선순위를 높게 부여하는 것이 항상 나쁘다는 것이 아니다. 트위터 같은 인터넷 스케일 기업이 시스템을 확장하던 초창기에는 여러 품질 문제가 흔하게 일어났음에도 결국 시장에서 성공을 거둘 수 있었다. 그러나 이러한 트레이드오프는 반드시 앞으로 예상되는 비즈니스 결과를 염두에 두고 이뤄져야 한다. 이러한 맥락에서 리콜 발생률은 자동차의 여러 소프트웨어 구성 요소 플로우 분포가 상황에 맞도록 조정이 필요하다는 것을 시사한다.

이는 복잡한 소프트웨어 전달 환경에서 쉬운 일이 아니며 품질과 관련된 모든 내부 가치 흐름을 설정해야 할 수도 있다. 한번은 전기차에 들어가는 인버터 소프트웨어를 만드는 회사에 방문한 적이 있었는데, 천 명이 넘는 소프트웨어 엔지니어가 인버터 생산에 전부 연관돼 있다는 사실이 놀라웠다. 그들은 급발진의 원인이 되는 전기 스파크를 인버터가 전달하지 않도록 검증하는 시뮬레이션 소프트웨어를 구축했다. 특히 자동차의 수명 동안 수천 개의 전기 부품 중 하나라도 기능이 저하되거나 오작동하는 것을 고려해야 한다는 점에서 아주 훌륭한 사례였다. 이와 유사하게 BMW 그룹은 아이슬란드의 슈퍼컴퓨터에서 실행되는 자동차 시뮬레이션의 가치 흐름을 만들었다.[7] 이들은 자동차 소프트웨어와 하드웨어를 모두 시뮬레이션할 수 있는 지속적 통합 시스템을 만들기 위해 데브옵스 원칙을 활용했다. 태스크톱에서도 통합 테스트로는 모든 고객과 툴 간 구성 시나리오를 철저하게 테스트할 수 없기에 복잡한 고객 가치 흐름 시뮬레이션을 위한 내부 가치 흐름을 갖고 있다.

각 사례를 살펴보면 플로우 속도를 높이고 플로우 타임을 줄이면서 기능을 전달하려는 기업의 가치 흐름에 품질을 갖추기 위한 새로운 투자가 필요하다는 것이 명확해진다. 단기적으로 이 투자는 기능 전달을 희생해 이뤄질 것이다. 여기에서 플로우 프레임워크의 가설은 너무 많은 플로우 분포가 기능에 할당되면 결국 기술 부채로 이어진다는 것이다. 다시 말해 리콜 발생률이 안정화될 때까지는 결함 수정과 기술 부채를 줄이는 데 집중해야 한다는 의미다.

에퀴팩스의 리스크 문제

소프트웨어 시스템의 보안은 외부로 노출된 부분과 관련이 있다. 시스템 규모가 커질수록 그리고 웹 서비스나 또 다른 인터넷을 이용하는 기능이 많아질수록 시스템을 보호하기 위한 작업이 늘어난다. 소프트웨어 시대 활용기의 주요 트렌드는 기존 비즈니스가 더 많은 시스템을 온라인 시장으로 가져온다는 점이다. 고객과 비즈니스 파트너를 위해 새로운 웹 기반 서비스를 제공하는 사례가 점점 증가하고 있다.

　사이버 보안은 민감한 데이터를 보호하기 위한 IT 및 소프트웨어 인프라를 관리하는 회사와 보안을 뚫기 위한 인프라, 소프트웨어를 만들어내는 악당 간 일종의 소프트웨어 '군비 경쟁'이라 할 수 있다. 2000년대 전환점이 시작된 이래 보안 사고와 피해 고객이 모두 급증했다.[8] 홈디포The Home Depot, 타깃Target, JP모건 체이스JPMorgan Chase를 포함해 많은 정보 침해 사고가 헤드라인을 장식했고 각각의 결과를 합하면 오천만 개가 넘는 계정을 사용할 수 없게 됐다.[9] 이와 같은 보안 사고들로 고객 개인 정보를 보호해야 하는 기업의 보안에 대한 신뢰도가 흔들리던 중 2017년 에퀴팩스 사고가 결정타를 날렸다.

　1899년 미국에서 설립된 이래로 에퀴팩스는 미국 고객의 금융 정보 및 개인 정보를 보관해 오고 있었다. 2017년 에퀴팩스의 보안 사고가 발생했을 때 약 1억 4,550만 명의 고객 계정이 피해를 입었다.[10] 경영진은 이전 시대를 지내며 데이터 보호라는 핵심 기능을 마스터했던 기업을, 전환점을 지나는 동안 기업 핵심 자산을 대규모로 누출하는 결과로 이끈 것이다.

　에퀴팩스의 CEO는 자리에서 물러났고 청문회에 소환됐다. 청문회에서 CEO는 개발자 한 명에게 책임이 있음을 주장했다.[11] 기술 기업의 CEO가 일상 업무 과정에서 발생한 실수에 대한 책임을 개별 구성원에게 돌리는 것은 양심적이지 못한 일이다. 기술자의 관점에서 이는 자동차 리콜 사건에서 제조사 CEO가 생산 라인 작업자 하나를 공개적으로 탓하는 것만큼이나 상상조차 할 수 없는 일이다. 자동차 제조사의 CEO들은 안전성과 보안이 생산 프로세스에서 특히 체계적이며 견고한 부분이 돼야 한다는 것을 똑똑히 이해하고 있다. 이와 대조적으로 에퀴팩스 CEO의 발언은 전통적인 비즈니스 관리 방법과 소프트웨어 시대의 생산 수단 사이의 단절 상태를 잘 보여준다.

2017년 에퀴팩스가 스스로를 취약한 상태로 이끌어 가던 때에도 경영진은 비즈니스와 주주의 성공을 바라고 있었다고 가정해 보자. CEO는 자리를 잃고 싶지 않았을 것이고 경영진은 그들의 명성과 회사 브랜드가 회복 불가능하도록 손상되기를 원치 않았을 것이다. 에퀴팩스가 지난 한 세기 동안 해 온 것처럼 기업 경영진의 역할은 비즈니스의 감독과 보호에 있다. 하지만 에퀴팩스가 디지털 변혁을 경험하면서 중요한 변화가 있었고, CEO와 경영진이 그 역할을 제대로 할 수 없게 된 것으로 생각할 수 있다. 그 변화로 인해 에퀴팩스의 경영진이 소프트웨어 시스템의 규모를 더는 감당할 수 없게 됐다.

그렇다면 에퀴팩스가 보안보다 우선시한 것은 무엇이었을까? 주요 경쟁사와의 경쟁에서 경쟁력을 유지하기 위해 새로운 기능과 서비스를 빠르게 전달하는 것이었을까? 애플리케이션 포트폴리오 중 중요한 부분의 품질을 향상하려는 것이었을까? 어떤 트레이드오프가 있었든 가치 흐름 내 리스크가 있는 작업에 대한 충분한 검토와 우선순위 고려가 부족했음은 분명하다.[12] 거대 기술 기업 및 스타트업과 경쟁할 때 많은 기업이 새로운 디지털 서비스를 전달해야 한다는 압박감을 느낀다. 이를 위해서 리스크에 대한 우선순위를 낮추고 고객 눈에 보이는 기능과 품질에 집중하려 할 것이다. 그러나 소프트웨어 전달 팀의 백로그에 쌓이는 기술 부채는 경영진에게 보이지 않는다. 플로우 분포 불균형의 원인이 무엇이었든 간에 결과는 기업과 해당 기업 서비스를 이용하던 미국 시민에게 재앙이었다.

플로우 분포의 중요한 측면 중 하나는 소프트웨어 전달 팀부터 비즈니스 전략에 이르기까지 수직으로 연결한다는 점이다. 이를 통해 어떤 하나의 가치에 대해 플로우 분포를 측정하거나, 전체 조직의 가치 흐름에 걸쳐 결합된 플로우 분포의 영향도를 분석할 수 있다. 일련의 기술 관련 의사 결정 때문에 에퀴팩스가 겪은 보안 위험의 정도를 생각해 보면 에퀴팩스의 CEO는 기업의 가치 흐름 대부분을 리스크 및 기술 부채 해결에 할당했어야 했다.

디지털 제품을 보호하거나 기능 전달 속도를 유지하는 등 경영 전략을 위해 경영진이 어떤 플로우 분포에 투자해야 하는지 이해하고 결정할 수 있게 하는 것이 IT 언어와 현실을 비즈니스에 연결하는 방법이다. 에퀴팩스의 CEO가 이 방법을 알고 있었다면 기업 가치 흐름 전체적으로 리스크를 줄이기 위한 좋은 결정을 내릴 수 있었을 것이다. 여기서 플로우 프레임워크의 가설은 에퀴팩스가 주요 가치 흐름 내에서 리스크 및 기술 부채에 대한 우선순위 선정에 실패했다는 것이다.

기술 부채와 노키아의 몰락

낮은 품질, 느린 기능 전달 속도, 보안 리스크는 오늘날 디지털 상품의 소비자인 우리가 늘 겪는 일이다. 이어질 노키아 이야기는 기술 부채가 가치 흐름 및 기업 성공에 미치는 눈에 잘 보이지 않는 영향을 중심으로 전개된다.

노키아는 1865년 핀란드에서 설립됐다. 펄프 공장으로 시작해 고무 사업으로 업종을 변경한 노키아는 20세기 중반에는 전자 기술로 점차 사업 영역을 옮겨 갔다. 철강 시대에 태어나 대량 생산 시대에 놀라운 피벗을 이루며 모바일 혁명을 대표하는 회사로 우뚝 섰던 노키아는 당대 최고의 핸드셋과 시장을 지배하던 모바일 OS로 무장하고도 소프트웨어 시대로 전환하는 데는 실패하고 말았다.

2008년에 심비안의 CIO를 만날 기회가 있었다. 노키아의 핸드폰 OS를 만든 심비안은 2008년 노키아에 인수됐다.[13] 나는 일 년 전에 태스크톱을 설립한 상태였고 노키아가 태스크톱의 오픈소스 개발 생산성 툴을 활용해 사업을 확장하고 싶어 한다는 것을 알게 됐다. 심비안 CIO와의 만남은 수십만 달러짜리 소프트웨어 계약으로 이어졌고, 덕분에 태스크톱은 스타트업 시절을 자력으로 몇 달간 더 버텨낼 수 있었다. 하지만 그것이 내가 얻은 가장 가치 있는 부분이 아니었다.

수십 년 동안 학계, 산업 연구, 오픈소스 개발 분야에 있었지만, 수천 명의 IT 부서 직원에게 리포트를 받는 IT 리더와 의미 있는 시간을 보내 본 적이 그때까지 한 번도 없었다. 두 시간의 미팅에서 나는 심비안 CIO에게 존경심을 느꼈고 그가 당면한 과제에 깊이 공감하게 됐다. 빠른 속도로 성과를 내는 팀과 함께 일해 온 나에게는 쉽고 명백해 보였던 모든 것이 심비안 CIO가 마주한 대규모 환경에서는 전혀 달랐다. 소스 코드와 컴퓨터를 사용하는 기술적으로 복잡한 일에 수많은 시간을 보내왔지만, 가치 흐름의 복잡도가 이렇게까지 높은 경우는 처음이었다. 또한 존재조차 몰랐던 기술 부채의 한 형태에 대해서도 배우게 됐다.

워드 커닝햄Ward Cunningham은 1992년 기술 부채라는 개념을 만들었다.[14] 1999년 팰로앨토 연구소에서 AspectJ 언어 개발 팀과 일하던 시절에 처음 이 개념을 배웠다. 짐 후구닌Jim Hugunin이 기술 리더였던 그 팀에서는 기술 부채를 줄이기 위해 릴리즈마다 플로우의 일정 부분을 할애하고 있었다. 짐은 기술 부채로 플랫폼의 업데이트나 유지 보수가 힘들어지지 않도록 유지하기 위해 우리가 주의를 기울여야 할 우선적인 작업으로 여겼다. 기술 부채를 줄이는 일은 일상 작업의 일부가 됐다. 심비안의 CIO가(그다음 논의에서는 CTO도) 해결해야 했던 것은 이와 비슷했지만 코드를 한참 넘어서는 규모의 문제였다.

1990년대, 심비안 시리즈 40 OS는 모바일 컴퓨팅의 가능성을 보여줬다. 노키아는 심비안을 인수하면서 모바일 경험의 미래는 좋은 하드웨어뿐만 아닌 소프트웨어에 달려 있음을 보여줬고, 2008년까지 주요 모바일 기기에 심비안 OS를 설치했다.[15] 대량 생산 시대의 최고 기업인 노키아가 초기 소프트웨어 시대에 태어난 회사를 인수한 것이다.

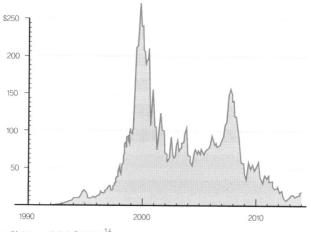

그림 6.2 노키아의 흥망성쇠[16]

소프트웨어 경험 수준을 한층 높인 노키아와 심비안은 다음 세대인 시리즈 60 OS를 만들고 있었다. 새로운 OS는 모바일 서비스 및 전자 상거래의 묵은 요구 사항을 해결하는 완전히 새로운 기능을 전달할 필요가 있었다.

소프트웨어 조직이 시장에 새로운 기능을 빠르게 출시하려면 타협이 필요하다. 심비안은 품질에 있어 평판이 무척 좋았다. 심비안의 리스크와 보안 문제를 검토했을 때는 이미 당시 수준을 훨씬 앞서고 있었다. 성장하는 시장을 위한 새로운 기능의 중요성을 인지함과 동시에 품질과 보안에 대해 높은 수준을 지켜내려면 어떤 작업이 타협의 대상이 될까? 바로 기술 부채를 줄이는 작업이다. 여기서 기술 부채란 말 그대로 기술 및 인프라에 관련된 부채는 물론, 자동화 부족 등 개발자의 생산성과 작업 흐름에 영향을 주는 가치 흐름 네트워크 자체에 축적된 부채까지 포함한다. (그림 6.2의 그래프는 노키아의 시가 총액이 2천5백억 달러이던 시점과 충격적인 몰락을 맞이하던 시점을 보여준다.)

2013년으로 시간을 빠르게 넘기면 노키아는 시장에서 지위를 잃어버리고 마이크로소프트가 72억 달러에 노키아를 인수하게 된다.[17] 매각 직전 노키아의 새로운 CEO 스티븐 엘롭은 직원들에게 '불타는 시추선'이라는 메모를 전달했다.

북해에서 석유 시추를 하던 사람에 관한 이야기입니다. 어느 날 밤 이 사람은 엄청난 폭발 소리에 잠에서 깼습니다. 갑자기 석유시추선이 불길에 휩싸였고 순식간에 그는 화염에 둘러싸였습니다. 연기와 열기로 뒤섞인 화재 현장 속에서 시추선을 벗어날 길을 찾을 수 없었습니다. 시추선의 끝에서 밑을 내려다봤을 땐 온통 어둡고 차갑고 을씨년스러운 대서양 바다뿐이었습니다.

불길이 코앞까지 다가왔고 그에겐 찰나의 시간만이 남아 있었습니다. 가만히 시추선에 있다면 불과 함께 몽땅 타버릴 게 뻔했습니다. 그렇지 않으면 30미터 아래 차가운 물 속으로 뛰어들어야 했습니다. 그는 '불타는 시추선'에 위에 서서 결정을 내려야 했습니다.

예상치 못했던 것이지만 그는 뛰어내리기로 했습니다. 평소라면 차가운 물 속으로 뛰어내린다는 생각을 절대 하지 않았을 것입니다. 지금은 다릅니다. 시추선이 불타고 있기 때문입니다. 그는 물속으로 뛰어들었고 살아남았습니다. 구조되고 난 뒤 그는 '불타는 시추선'이 그의 행동을 근본적으로 바꿨다고 이야기했습니다.

우리 역시 너무 오랜 시간 '불타는 시추선' 위에 서 있었습니다. 이제 어떻게 우리의 행동을 바꿀지 결정해야 합니다.

지난 몇 달간 저는 주주, 운영자, 개발자, 공급자 그리고 여러분에게 들은 것을 공유해왔습니다. 오늘은 제가 배운 것과 생각하게 된 것을 공유하려 합니다.

저는 우리가 불타는 시추선 위에 서 있다는 것을 알게 됐습니다.

몇 번의 폭발을 겪기도 했습니다. 우리 주위에 뜨거운 열기와 불길이 치솟고 있습니다.

예를 들어 예상보다 훨씬 빠르게 다가온 우리 경쟁자로부터의 강한 불길이 있습니다. 애플은 스마트폰을 재정의해 시장을 재편했고, 폐쇄적이지만 강력한 환경으로 개발자들을 끌어들였습니다. [18]

이때 노키아의 몰락을 둘러싼 수많은 루머가 떠돌았다. 한번은 내 친구가 핀란드 신문에 실렸다는 기사 내용을 들려준 적이 있다. 노키아의 어떤 엔지니어 얼굴을 전면에 싣고는 그가 정전식 터치 스크린을 도입하지 않아 노키아가 몰락했다며 핀란드인에게 닥친 재앙이 '그의 탓'이라 주장했다는 것이다. 이야기의 출처를 확인할 수는 없었지만, 루머와 비난이 얼마나 널리 퍼졌는지 알 수 있게 해주는 부분이다.

그것이 사실이든 아니든 에퀴팩스의 CEO를 떠올리게 하는, 한 엔지니어에게 책임을 뒤집어씌우는 행동은 비난하는 문화에서 만들어진다. 비난하는 문화는 전환점이라는 어려움을 헤쳐나가는 데 필수적인 위험 부담과 변화를 어렵게 한다. 이미 성숙한 생산 시스템에 비춰봤을 때 고위 경영진에서 행해지는 비난은 말도 안 되는 일이다. 어떤 한 명의 직원이 내린 결정이나 실수가 백 년 이상 된 기업을 무너뜨릴 수는 없기 때문이다. 하지만 두 경우 모두에서 이렇게 한 엔지니어를 비난하는 일이 발생했던 것으로 보인다.

노키아가 기업과 주주의 성공을 추구했다고 가정하자. 최고의 방법으로 회사를 관리하고 보호하려는 그들의 계산에 무언가가 또 빠져 있던 것이다. 불타는 시추선에 대한 스테판 엘롭의 메모는 이미 결정된 사안에 대한 묘비명 같은 것일지도 모른다. 하지만 그 글을 처음 읽었을 때 노키아의 엔지니어가 해준 이야기가 다시 떠올랐다. 심비안 시리즈 60에는 엄청난 양의 기술 부채가 축적돼 있었다. 심비안 시리즈 40은 훨씬 간단한 구조였기 때문에 경영진은 이와 같은 기술 부채를 다루는 방법에 익숙지 않았다. 부채 수준은 소스 코드나 아키텍처를 넘어 전체 가치 흐름과 운영 그리고 소프트웨어 제공 계획까지 스며들어 있었다. 40시리즈를 만들 때는 기술자가 조직을 운영하고 있었기 때문에 이렇게 심각한 수준의 기술 부채가 OS에 존재하지 않았다. 기술 부채가 무엇인지 알고 있는 마이크로소프트에서 온 스테판 엘롭은 기술과 비즈니스 모두에서 문제점을 찾아냈다.

엘롭이 문제를 너무 늦게 발견한 것인지, 모바일 플랫폼의 근본적 결함에 베팅한 것인지, 노키아 조직이 그 시점에 문제를 바로잡기에는 이미 너무 많이 무너진 상태였는지는 알 수 없다. 2002년 애플이 Mac OS 9에 리팩터링 불가능한 기술 부채를 발견하고 Mac OS X가 되는 다음 세대 운영 체제를 처음부터 다시 만들어야 한다는 것을 깨달았던[19] 것처럼 노키아도 몇 년 앞서 기술 부채를 발견했다면 어땠을까?

노키아의 직원을 인터뷰했던 내용에 비춰 보면 노키아가 정전식 터치 스크린 기술을 애플보다 먼저 도입했다 하더라도 운명이 크게 달라지지 않았을 것이라는 생각이 든다. 요구를 더는 들어줄 수 없을 정도로 기술 부채가 쌓이기 전까지 기술 부채에 우선순위를 할당하는 것은 비즈니스의 안중에 없었다. 대량 생산되는 버튼의 세상에서 소프트웨어로 움직이는 스크린으로 전환하기 위해 회사를 포지셔닝하는 것은 불가능했다. 여기서 플로우 프레임워크의 가설은 기능 플로우가 부채와 기존 아키텍처에 의해 심한 방해를 받아 플랫폼이 막다른 골목을 마주하게 됐다는 것이다. 활주로와 자본이 고갈되기 전에 새로운 플랫폼에 대한 투자가 이뤄졌어야 했다.

마이크로소프트의 제품 전달

에퀴팩스와 노키아의 이야기는 기업 리더가 대규모 소프트웨어 전달에 대한 이해와 가시성이 부족했을 때 어떤 위험이 발생하는지 자세히 말해 준다. 하지만 반대 사례는 어떨까? 넷플릭스나 구글과 같은 최신 디지털 네이티브 기업의 사례도 있지만, 이들의 IT 포트폴리오는 상대적으로 짧은 역사 덕에 기술 부채가 비교적 적어 관련성이 부족할 수 있다. 레거시가 적다는 것이 저절로 얻어진 것만은 아니다. 구글은 고객향 제품을 서비스 종료시킨 횟수 측면에서 제품 지향적 운영의 빛나는 예다. 그러나 소프트웨어 시대의 시작을 열던 시절부터 오랜 기간 레거시와 함께 기업의 규모를 축적해 온 마이크로소프트가 더 알맞은 예시가 될 것이다.

다른 젊은 회사들에 비해 마이크로소프트는 감당할 수 없는 양의 기술 부채를 쌓고 소프트웨어 복잡도를 늘리며 외부에 노출되는 부분을 만들 기회가 많았다. 이는 기능 전달이 멈추거나 정교하고 치밀한 해킹에 노출될 가능성을 높여 시장에서의 지위를 잃게 만들 수도 있었다. 그러나 마이크로소프트는 소프트웨어 포트폴리오 운영 방법에 근본적인 차별성이 있었다. 이들은 처음부터 제품 지향적 운영을 해왔던 것이다.

2003년 마이크로소프트의 최고 아키텍트를 지낸 찰스 시모니Charles Simonyi와 그의 스타트업 '인터내셔널 소프트웨어International Software'에서 반년 정도 일했던 적이 있다. 같이 시간을 보내면서 찰스는 빌 게이츠와 마이크로소프트 운영진이 기업 포트폴리오를 어떻게 관리하고 발전시키는지에 대한 많은 이야기를 들려줬다. 나에게 가장 놀랍고 인상적이었던 것은 빌 게이츠의 인터넷 전환 이야기다.

1995년 빌 게이츠는 인터넷 중심의 기능 전달을 크게 늘리지 못한다면 마이크로소프트는 시장에서 현 위치를 유지하지 못할 것이라는 결론을 내리고[20] 넷스케이프로 인한 위기 방어를 위해 인터넷 중심 기능을 우선순위에 두는 것으로 마이크로소프트의 가치 흐름을 설정했다. 품질과 기술 부채 문제는 초기 인터넷 익스플로러에 대한 불만족의 원인이 됐지만, 이는 의도된 결정이었고 이후 해결됐다. 해당 품질의 문제는 마이크로소프트 브랜드에 큰 영향을 미치지 않았기에 빌 게이츠는 어찌 보면 직관적이지는 않은 방식으로 플로우 분포를 조정할 수 있었다. 결국에는 이 트레이드오프가 전환점에서 마이크로소프트의 미래와 인터넷의 발전을 결정하게 됐다.

그다음 이야기는 더 인상적이다. 이어지는 글은 2002년 빌 게이츠가 전 직원에게 보낸 편지다. 요즘처럼 보안 사고들이 헤드라인을 장식하기 훨씬 이전임을 참고하고 읽어 보자.

발신: 빌 게이츠

시간: 2002년 1월 15일 화요일 오후 5:22

수신: 마이크로소프트 및 계열사 전 직원

제목: 신뢰할 수 있는 컴퓨팅

저는 마이크로소프트에서 가장 중요시해야 하는 것에 대해 지난 몇 년 동안 메시지를 보내드리고 있습니다. 2년 전에는 닷넷(.NET) 전략의 킥오프에 대해 말씀드렸습니다. 그전에는 우리 미래를 위한 인터넷의 중요성 그리고 사람들이 유용하게 인터넷을 사용할 수 있게 할 수 있는 방법에 관한 내용으로 몇 차례의 메시지가 더 있었습니다. 작년 한 해 동안 닷넷이 신뢰할 수 있는 컴퓨팅을 위한 플랫폼임을 확실히 하는 일이 가장 중요하다는 것이 명확해졌습니다. 그렇게 하지 못한다면 사람들은 우리가 하는 다른 훌륭한 작업을 이용하고 싶어 하지 않을 것이고 이용할 수도 없게 됩니다. 신뢰할 수 있는 컴퓨팅은 우리가 하는 일 중 가장 중요한 것입니다. 우리는 신뢰할 수 있는 컴퓨팅이라는 완전히 새로운 수준의 산업을 이끌어 가야 합니다.

…제가 강조하고 싶은 것은 시스템이 항상 사용 가능할 것이며 고객의 정보를 보호한다는 사실을 고객이 믿을 수 있어야 한다는 것입니다. 신뢰할 수 있는 컴퓨팅이란 마치 전기, 수도, 전화와 같이 항상 이용할 수 있고 안정적이며 안전한 컴퓨팅입니다.

오늘날 선진국에서는 전기나 물 공급을 걱정하지 않습니다. 전화 통화를 언제나 사용 가능하고 안전하다고 생각합니다. 통화 대상이나 통화 내용과 같은 정보를 보호하는 높은 수준의 보안 절차가 갖춰져 있음을 믿고 있습니다. 오늘날 컴퓨팅은 이에 훨씬 미치지 못한 상태이며 그 범위는 시스템 불안정을 우려해 새로운 애플리케이션을 설치하지 않으려는 개인 사용자부터 아직 충분한 수준에 도달하지 못했다는 이유로 인터넷 사업 분야에 진출하는 것을 꺼리는 기업에 이릅니다.

지난 9월의 테러 공격으로부터 널리 알려진 악의적인 컴퓨터 바이러스와 같은 작년의 사건들은 그것이 비행기가 됐든 컴퓨터 시스템이 됐든 핵심 인프라의 무결성과 보안이 우리에게 얼마나 중요한지 생각하게 만듭니다.

컴퓨팅은 이미 수많은 사람의 삶 속에 중요한 부분으로 자리 잡았습니다. 10년 내로 컴퓨팅은 우리가 하는 대부분 일에 필수적인 부분이 될 것입니다. 마이크로소프트가 신뢰할 수 있는 컴퓨팅 플랫폼을 만들었다는 사실을 기업의 CIO들과 소비자 그리고 다른 모두가 알 수 있어야만 마이크로소프트와 컴퓨터 산업은 그 세상에서 성공할 수 있을 것입니다.[21]

게이츠는 피벗이 필요했을 때 기능 전달 쪽으로 방향타를 돌렸던 것처럼 '신뢰할 수 있는 컴퓨팅' 이니셔티브를 위해 회사의 모든 가치 흐름에 대한 경로를 재설정했다. 이는 보안 문제가 주요 언론의 헤드라인에 흔하게 보도되기 훨씬 이전에 이뤄졌다. 윈도우즈 운영 체제와 90년대 'DLL 지옥'을 비롯해 '죽음의 블루스크린'이라는 결과에 이르렀던, 솔직히 말해 노키아 버금가게 심각했던 기술 부채 문제를 인식한 게이츠는[22] 최고의 프로그래밍 언어 및 소프트웨어 아키텍트인 앤더스 헤일스버그Anders Hejlsberg를 1996년 300만 달러의 사이닝 보너스로 채용하며 더 강건한 개발 플랫폼을 만들 것을 주문했다.[23]

플로우 프레임워크 관점에서 게이츠의 이러한 의사 결정들을 바라보면 그는 먼저 리스크에 집중한 뒤 기술 부채에 집중하도록 조직에 방향성을 제공했다는 것을 알 수 있다. 또한 그 눈금들이 10까지 올라갔다는 것은 기능 전달의 눈금이 곧 0으로 낮춰짐을 의미한다는 것을 그가 잘 인식하고 있었음을 보여준다. 플로우 프레임워크를 사용해 빌 게이츠와 찰스 시모니의 지난 의사 결정들을 소급해 분석할 수야 있겠지만 이들은 당시 이 프레임워크가 필요하지 않았다. 이들 모두 IT와 소프트웨어 전달을 제대로 이해하는 데 필요한 프로그래밍 및 제품에 대한 직무적 경험이 있었다. 지금의 마이크로소프트를 클라우드의 시대로 끌어가는 CEO 사티아 나델라Satya Nadella도 마찬가지다.

나는 시모니의 전용기를 타고 270피트짜리 요트에서 몇 주를 보내며 프로그램을 작성하기도 했다. 소프트웨어 시대에서 부를 경제 전반에 공유하기 위해서는 전략적 의사 결정 프레임워크가 모든 비즈니스 리더에게 필요하다는 것을 깨달은 때였다.

결론

BMW 라이프치히 공장의 생산 라인을 따라 걸을 때 눈 앞에 펼쳐진 인프라의 엄청난 규모와 우수성은 충격적이었다. 다른 어느 곳보다도 거대한 건물 안에서 엄청나게 많은 기계가 조화롭게 작동하고 있는 모습을 상상해 보라. 조직화된 모습은 멈춰 있지 않고 비즈니스 요구와 시장 변화에 직접적으로 연결돼 있다. 재작업 구간에 너무 많은 차가 들어오면 이를 감지한 공장 감독과 다른 직원들은 품질 이슈를 해결하기 위해 리소스를 재설정할 것이다. i3에 대한 수요가 증가하면 생산량 증가를 위해 더 많은 자동화 및 병렬 처리가 라인에 배치된다. i8 시리즈에 새로운 기능이 요구되면 맞춤형 생산 라인은 그것에 맞게 조정된다.

BMW 그룹의 혁신을 위한 인프라와 마이크로소프트가 만들어낸 인프라 사이에는 매우 중요한 공통점이 있다. BMW, 마이크로소프트와 같은 고성과 기업은 비즈니스와 생산 수단이 서로 연결돼 있다는 점이다. 노키아 사례에서 변혁의 발목을 잡은 기술 부채를 인식하지 못한 것은 개발자가 아니라 비즈니스였다. 그 결과 기술 부채를 해결하기 위한 계획을 세울 수 없었다.

나 역시 태스크톱에서 유사한 경험을 했다. 태스크톱 싱크^{Tasktop} ^{Sync}의 성공은 기술 부채로 인해 막다른 골목에 도달했고 태스크톱 허브$^{Tasktop Hub}$라는 새로운 플랫폼을 만들어야 했다. 플랫폼을 재구성한다는 것 자체로 고통이 따랐지만 그것은 어찌됐든 해결 가능한 기술적 문제였다. 정말 어려운 부분은 플랫폼 재구성을 당장 시작하지 않는 경우 회사가 주저앉을 수 있다는 것을 경영진에게 알리는 의사 결정 프레임워크를 보유하는 것이었다.

빌 게이츠와 마이크로소프트의 경영진은 소프트웨어 엔지니어링이라는 배경이 있으므로 그들의 의사 결정력과 비즈니스에 미치는 영향력은 내재한 능력일 것이다. 위태로운 많은 기업 중에서 성공하는 기업을 돕는 요인 중 하나는 경영진이 트레이드오프를 결정할 수 있는가에 달려 있을 것이다. 오늘날 기술 기업의 키를 쥐고 있는 개발자 출신의 경영자가 불균형적으로 많은 이유는 그들의 소프트웨어 개발 경험이 기능, 결함, 리스크, 기술 부채 플로우에 대한 이해를 제공했기 때문일 것이다.

이렇게 직접적인 경험을 통해 배운 것을 기업 경영에 녹여냈던 사례는 지난 시대 활용기에서 일어났던 것과 다르지 않다. 예를 들어 BMW 그룹의 CEO 대다수는 이전에 공장 관리자였다.[24] 공장 관리자는 생산 플로우와 비즈니스 전략을 연결하는 방법을 직관적으로 알고 있다. 이들은 처음에는 가치 흐름 하나에서 경력을 시작해 나중에는 공장 전체를, 마지막에는 기업 전체를 관리할 수 있을 정도로 충분히 배우게 된다.

이는 개발자가 점점 '새로운 킹메이커' 역할을 하는 것을 뒷받침하긴 하지만[25] 기업 경영에 관심이 있는 개발자들에게 야망을 불어넣는 것만으로는 충분하지 않다. 오늘날의 비즈니스 리더와 기술자들이 서로 연결되고 그 틈이 더는 벌어지지 않고 줄어들 수 있도록 소프트웨어 전달 기법들을 향상해야 한다. 이를 위해 기술자 및 비즈니스 이해관계자 모두가 정확한 정보로 좋은 의사 결정을 내릴 수 있도록 하는 공통의 언어가 필요하다.

6장에서는 소프트웨어 전달에 대해 제대로 된 가시성을 갖지 못했던 비즈니스 리더가 심각한 결점이 있는 의사 결정을 내렸던 이야기와 좋은 의도를 가졌던 리더가 기업을 위험에 빠뜨리는 게 얼마나 쉬운지에 관한 이야기를 살펴봤다. 마이크로소프트 사례는 우리에게 더 나은 방법이 있음을 말해 줬다. 플로우 프레임워크는 전환점을 지나는 조직을 관리하기 위해 새로운 접근 방법의 주요 요소들을 다루고 있다.

2부에서는 비즈니스와 IT 사이의 가교 역할을 해 줄 가치 흐름 지표를 소개했다. 가치 흐름을 통해 비즈니스 성과로 흐르는 것을 플로우 지표로 연결할 수 있다면 BMW의 첨단 제조 라인이 갖춘 것과 같은 가시성과 피드백을 얻을 수 있다. 2부에서 소개된 가치 흐름 지표의 요점은 다음과 같다.

- **플로우 아이템 정의**: 각 플로우 아이템은 툴 네트워크를 관찰해 측정할 수 있다. 플로우 아이템을 이용해 툴 네트워크를 흐르는 비즈니스 가치의 플로우를 측정할 수 있고 이를 비즈니스 결과에 연관시킬 수 있다.
- **플로우 분포 설정**: 모든 지표가 결국 플로우 분포에 의존하고 있으므로 플로우 프레임워크에서 가장 중요한 부분이다. 각 제품의 가치 흐름 플로우를 추적해 어떤 유형의 비즈니스 가치가 전달되는지 파악해야 한다.
- **플로우 속도 측정**: 시간에 따라 고객에게 전달되는 각 플로우 아이템의 양을 측정할 수 있어야 한다. 이를 플로우 속도라고 하며 애자일 소프트웨어 개발의 '속도'에서 가져온 개념이다.
- **플로우 타임 추적**: 플로우 분포 및 속도는 어떤 종류의 작업이 얼마나 많이 수행됐는지를 알려주는 측정치이지만 시스템에서 작업이 얼마나 빨리 순환됐는지를 나타내지는 못한다. 플로우 타임은 우리가 시장에 비즈니스 가치를 제공하는 속도를 나타낸다.
- **플로우 부하 측정**: 가치 흐름 내 플로우우를 최적화하기 위해 WIP(진행 중인 작업)의 양이 너무 많이 발생하지 않도록 해

야 한다. 플로우 부하 지표는 가치 흐름 수준에서 이를 측정한다(예를 들어 병렬로 진행 중인 기능 작업의 수 등).

- **플로우 효율성 추적**: 각 제품의 가치 흐름에서 플로우 아이템은 작업 중이거나 작업 완료, 또는 의존 관계가 있는 다른 작업의 처리를 기다린다. 플로우 효율성은 생산성 대비 대기 시간을 측정하고 생산성을 위해 가치 흐름을 개선할 수 있도록 도와준다.
- **비즈니스 결과로 연결**: 가치, 비용, 품질, 행복도는 비즈니스 결과의 네 가지 버킷으로 비즈니스 성과와 소프트웨어 투자를 연관시키고, 비즈니스와 IT를 연결하는 일련의 공통 결과 지향 지표를 제공하기 위해 플로우 프레임워크의 일부로서 추적된다.

활용기에 접어들수록 조직에서 기술자들이 경영 레벨로 올라오기까지 기다리는 것은 점점 어려워질 것이다. 그렇지만 6장의 경고성 사례는 경영진이 현재 흐름에 적응하지 못한다면 그들의 직원과 경제 전반에 막대한 손해를 입힐 것임을 보여준다. 에퀴팩스와 노키아의 또 다른 사례가 되지 않으려면 비즈니스 경영진과 기술자 사이를 연결할 수 있는 공통의 언어와 프레임워크가 있어야 한다. 소프트웨어 전달에서 비즈니스 가치가 어떻게 흘러가는지, 그리고 시장의 변화에서 살아남기 위해 어떻게 예측하고 적응할지를 이해하는 능력이 소프트웨어 시대에 조직의 경쟁력을 유지하고 성공하게 할 것이다.

이제 남은 질문은 '이를 어떻게 실행하느냐'이다. 어떻게 소프트웨어 전달 과정에서 높은 수준의 가시성과 피드백을 얻을 수 있을까? IT 조직 대부분 이를 위한 대시보드, 비즈니스 인텔리전스[BI] 그리고 빅데이터 솔루션을 이미 사용하고 있다. 하지만 비즈니스에서 IT가 아직도 블랙박스로 남아 있는 이유는 무엇인가?

이에 대한 해답은 새로운 생산 수단 자체를 직접 연결해야 한다는 것이며 이를 위해 가치 흐름 네트워크가 필요하다. 가치 흐름 네트워크는 변혁에 실패한 조직들과는 완전히 다른 방식으로 소프트웨어 전달을 도울 것이다. 3부에서는 비즈니스와 소프트웨어 전달을 연결하기 위해 새로운 네트워크를 만드는 방법을 알아볼 것이다.

3부

플로우 프레임워크

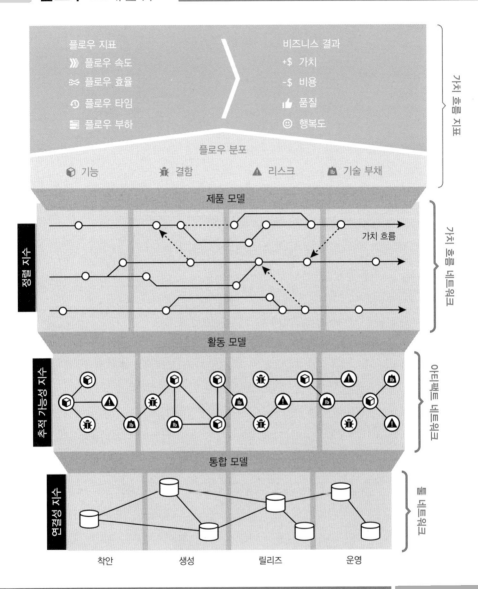

플로우 지표
- ⫸ 플로우 속도
- ⋇ 플로우 효율
- 🕐 플로우 타임
- ▥ 플로우 부하

비즈니스 결과
- +$ 가치
- -$ 비용
- 👍 품질
- ☺ 행복도

가치 흐름 지표

플로우 분포
- 🔲 기능
- 🕱 결함
- ⚠ 리스크
- 📒 기술 부채

제품 모델

가치 흐름 네트워크

정렬 지수

가치 흐름

활동 모델

아티팩트 네트워크

추적 가능성 지수

통합 모델

툴 네트워크

연결성 지수

착안　　　생성　　　릴리즈　　　운영

3부

가치 흐름 네트워크

우리에게는 소프트웨어 전달을 비즈니스에 연결하고 조직을 제품 지향적 가치 흐름에 맞추는 새로운 인프라가 필요하다. 3부에서는 가치 흐름 네트워크의 개념, 네트워크의 3계층, 네트워크 측정 지수, 이를 뒷받침하는 모델에 대해 정의할 것이다.

애자일 및 데브옵스 운동을 통해 성장한 전문 툴의 폭발적 증가로 가치 흐름 네트워크를 만들어야 하는 필요성이 대두됐다. IBM 래셔널IBM Rational이 개척한 단일 툴 플랫폼 세상에서는 모든 가치 흐름 네트워크가 처음부터 연결돼 있다. 이 모델은 구글, 마이크로소프트 등의 기술 기업이 모방했다. 예를 들어 마이크로소프트는 3,500명이 개발 팀에서 일하고 있으며 그중 비주얼 스튜디오 팀 서비스VSTS, Visual Studio Team Service에서 일하는 사람만 800명에 달한다고 발표했다.[1] 이 정도 규모의 인력을 고려하면 마이크로소프트와 같은 기술 기업은 가치 흐름 전체를 위한 엔드 투 엔드 흐름과 피드백을 제공하는 사내 툴 네트워크를 구축하는 데 수년간 수십억 달러를 투자하고 있다고 추정할 수 있다. 어떤 툴도 비즈니스를 향한 가치 흐름 플로우와 피드백을 이 정도 수준으로 제공하도록 설계할 수 없기에 수준급의 공급업체 및 오픈소스 툴을 사용하는 경우와도 비교할 수 없는 이점을 제공한다.

IBM 래셔널은 기업용 툴 네트워크에 대한 엔드 투 엔드 주도권을 상실했고 수백 개의 오픈소스 프로젝트를 통해 개발된 새로운 종류의 맞춤형 툴들로 대체됐다. 액셀러레이트의 조사에 따르면 툴을 선택할 수 있는 것은 구성원 개개인의 생산성에 도움을 준다.[2] 그러나 서로 다른 툴에 의해 흐름과 피드백이 방해를 받기 때문에 그에 따른 비용이 발생한다.

이렇게 혼란스러운 환경에서 살아남아 프로젝트에서 제품으로 이동해 가치 흐름을 가시화하기 위해 우리에게는 두 가지 선택지가 있다. 첫째, 거대 기술 기업들이 하는 것처럼 수십억 달러의 투자로 통합된 툴 세트를 구축한다. 둘째, 공급업체 혹은 오픈소스에서 만들어진 기성 툴들을 가치 흐름 네트워크로 연결한다. 연결된 가치 흐름 네트워크가 없다면 플로우 지표는 엔드 투 엔드 흐름이 아닌 가치 흐름 하나에 대한 일부분을 측정하게 되기 때문에 플로우 지표가 제대로 작동하지 않는다. 결국 조직은 2부에서 보았던 부분적 최적화의 함정에 빠지게 된다. 가치 흐름 네트워크는 다양한 소프트웨어의 전달 기능을 툴 간에 그리고 비즈니스와 연결하는 데 필요한 계층이다.

3부에서는 아래와 같은 내용을 다룬다.

- 가치 흐름 네트워크가 IT 스택의 1급 계층이 되도록 하는 기술 환경의 근본적 변화
- 가치 흐름 네트워크 내 툴 간 흐름의 필요성을 제시하는 308개 툴 네트워크에 관한 연구 결과
- 네트워크 각 계층의 개요 및 각 계층과 비즈니스를 연결하는 통합 모델, 활동 모델, 제품 모델
- 가치 흐름 네트워크의 개념으로 이어진 세 가지 깨달음과 각 깨달음이 제공하는 플로우, 피드백, 지속적 학습을 조직

에서 달성하는 방법

　3부는 비즈니스가 새 프레임워크를 요구하는 이유부터 시작해 플로우 프레임워크에서 제공하는 플로우, 피드백, 지속적 학습을 달성하기 위해 무엇을 추적하고 측정하고 정의해야 하는지의 순서로 진행될 것이다.

7장

기업 툴 네트워크의
실측 정보

가치 흐름 네트워크를 생성하고 연결하는 방법을 이해하기 전에 기업 IT 툴 네트워크의 실측 정보를 이해해야 한다. 자동차 공장에서는 라인을 따라 조립되는 자동차가 보이기 때문에 실측 정보를 찾는 것이 쉬운 데 반해 소프트웨어 전달은 기본적으로 보이지 않는 지식 작업에 관한 것이다. 보이는 것만으로 세상을 이해하려 했다면 인류는 증기와 철도 시대를 넘지 못했을 것이다. 전력망과 발전소를 통해 전기가 흐르는 것을 시각화하는 툴이 필요하듯 소프트웨어 협업과 지식 창출을 추적하는 툴을 통해 지식 노동의 흐름을 시각화하는 새로운 방법이 필요하다.

7장은 자동차 생산의 측정에서 영감을 얻기 위해 BMW 그룹 공장을 다시 방문하는 것으로 시작한다. 그다음 기업 툴 네트워크에 가시성 개념을 적용하는 방법을 알아보고 개발자만이 아닌 모든 레벨의 리더십에서 소프트웨어 전달의 실측 정보를 이해하는 것이 왜 중요한지 다시 점검할 것이다. 그렇다고 대량 생산에 숙달된 BMW 그룹을 잘 이해하기 위해 내가 첨단 제조업의 복잡성을 공부했던 것처럼 모두가 코딩하는 방법을 배워야 한다는 이야기는 아니다. 그러나 IT와 소프트웨어 투자에 올바른 결정을 내리고자 하는 모든 사람은 반드시 비즈니스 가치 흐름 차원에서 소프트웨어 전달을 이해해야 한다.

툴 네트워크의 아티팩트를 검사해 가치 흐름의 겜바 워크('작업에 대한 개인의 관찰'을 의미하는 일본어) 수행 방법을 설명하는 것으로 7장의 문을 연다. 그 뒤 개발자의 업무가 가치 흐름으로부터 단절됐을 때 개발자 활동의 현실에 대해 자세히 살펴볼 것이다. 마지막으로 나의 깨달음 중 첫 두 가지에 대해 좀 더 자세히 살펴볼 것이다. 첫 번째 깨달음은 가치 흐름에서 단절된 개발자의 막대한 생산성 손실을 측정하면서 얻게 됐다. 두 번째 깨달음은 이것이 개발자에 국한된 것이 아니라 가치 흐름에 포함된 기술 및 비즈니스의 모든 이해관계자에 연관된 문제라는 것이다.

BMW 견학 비즈니스에 대한 라인 조정하기

BMW를 가져 본 적은 없지만 자동차 디자인과 엔지니어링을 선도한다는 점에서 이 브랜드를 오랫동안 주목했다. 그리고 i8만큼 디자인과 엔지니어링 조합을 잘 구현한 자동차는 없다고 생각한다. i8 사진은 2014년 인터넷에 공개되자마자 내 컴퓨터의 바탕화면이 됐다. i8을 소유하고 싶어서라기보다 i8을 생산한 기술의 경이로움에 매료됐기 때문이다.

"보시다시피 이것은 가장 짧은 라인입니다." 프랭크가 말한다. "이 생산 라인의 모든 직원은 자동화할 수 없는 많은 부분에서 여러 작업 단계를 수행하기 때문에 다방면에 지식을 갖추고 있습니다. 여기서는 좀 더 많은 변동성이 있어요."

우리는 i8 생산 라인을 따라간다. 다른 생산 라인보다 느린 30분의 택타임 덕에 라인을 따라 이동하는 자동차보다 훨씬 빠르게 걸으며 살펴볼 수 있다. 워크스테이션 하나에서 다음으로 이동함에 따라 i8 생산 라인은 각 자동차의 현재와 미래 상태를 오가며 흥미로운 시각적 진행 상태를 보여주고 있다.

그러나 i8의 모든 기술적, 디자인적 위엄에도 불구하고 i8 라인에 대한 집중력을 잃고 자꾸 i3 라인을 돌아보게 된다. 나는 항상 i8이 근사한 제품이라고 여겼기 때문에 i8 라인이 더 흥미로울 것이라 기대했지만 이 공장에서 인상적인 것은 생산 자체다. 생산되는 자동차보다 수백 배는 더 복잡하고 정교한 것 같다. 나는 제품보다 생산이 더 감명을 준다는 것을 깨닫고 i3의 생산 라인으로 발길을 돌린다.

나는 i3를 옮기는 자율 주행 플랫폼에 대해 프랭크가 말했던 것을 아까부터 생각하고 있다.

"프랭크, 아까부터 물어보려고 했는데요." 플랫폼에 실려 이동하며 완성돼 가는 i3를 보면서 묻는다. "이 플랫폼들은 경로를 재설정할 수 있나요?"

"네, 할 수 있습니다." 프랭크가 답한다. "예를 들어 하이브리드 i3의 생산을 시작했을 때 새로운 경로를 생성할 수 있었습니다. 소프트웨어를 통해 자율 주행 플랫폼을 설정할 수 있습니다." 그가 계속 설명한다. "그러나 그런 일은 자주 일어나지 않습니다."

'그런 일은 자주 일어나지 않습니다.' 이 한 마디가 1, 2시리즈의 생산 라인 쪽으로 돌아가는 동안 계속 머릿속을 맴돈다. 돌아가면서 우리는 새로운 프로토타입 차체, 샘플 차량을 롤러 위에서 시속 200킬로미터가 넘도록 가속하는 테스트 센터 그리고 억수 같은 비가 쏟아지는 시뮬레이션 환경에서 진행되는 수밀성 테스트를 포함해 몇 가지 놀라운 것들을 구경한다. 이것은 마치 제임스 본드가 Q의 연구실을 걷는 것 같다. 코너를 돌면 나타나는 BMW 한 대가 화염을 내뿜어 충돌 테스트 더미를 태워버리지 않을까 하는 상상을 멈출 수가 없다.

나는 지금까지 본 것들에 푹 빠져 있다. 한쪽에는 낮은 가변성 및 높은 생산량의 1, 2시리즈 라인이 있고, 다른 한쪽에는 높은 가변성 및 낮은 생산량의 i8 라인이 있다. 그리고 i3 라인의 매우 특이한 점은 생산 공정에서 하이브리드 엔진처럼 복잡한 무언가를 추가하도록 재설정이 가능하다는 것이다.

1년 전 보쉬의 가솔린·하이브리드 연구실에 방문했을 때 하이브리드 자동차의 시스템이 얼마나 복잡한지 알 수 있었다. 동료들은 하이브리드 시스템에 대해 자동차 두 대만큼의 복잡성을 차 한 대에 넣는 것이나 마찬가지라고 표현했다. 놀랍게도 BMW 공장에서는 이런 종류의 변경을 처리해낼 수 있었다. 하지만 공장은 각각 가치 흐름에서 목표한 수량의 자동차를 생산하는 데 목표를 두고 있다. 각 라인의 자동차가 서로 다르기는 하지만 자동차를 생산 공정 중에 설계하는 것은 아니기에 자동차의 근본적 설계는 변하지 않는다.

이것이 대규모 소프트웨어의 구축 방법을 개념화하는 더 좋은 방법일까? 이러한 가시성을 어떻게 소프트웨어 생산 공정에서 얻을 수 있을까?

"믹." 프랭크가 끊임없이 이어지는 내 생각을 멈춰 세운다. "커피 한잔 할까요?"

"네." 나는 중얼거리듯 대답한다. 르네는 내가 경험하는 것에 만족하는 듯 나를 향해 고개를 끄덕이고 미소를 짓는다. IT 분야로 옮기기 전 그가 경력을 시작한 이 공장은 그에게 많은 의미가 있을 것이다. 그리고 나도 마침내 그 이유를 이해할 수 있게 됐다.

"좋아요." 프랭크가 말한다. "이제 마지막으로 병목 지점을 보게 될 거예요."

실측 정보 구하기

1980년대 자동차 산업은 잘 알려진 품질 위기로 고통받고 있었다.[1] 자동차는 더 복잡해졌고 생산량은 늘어났으며 품질 문제가 잇따랐다. 자동차 생산은 이미 해결된 문제였지만 경쟁이라는 역학 관계의 제약 조건 내에서 자동차 생산을 확장하는 것은 또 다른 문제라는 것이 밝

혀졌다. 이와 똑같은 일이 테슬라가 모델 3 생산을 확장했을 때 다시 한번 일어났다.[2]

대규모 생산의 품질과 가변성을 통제할 수 있게 된 것은 린 운동 덕분이다. 린 관리의 기본적인 부분 중 하나는 겜바 워크 개념이다.[3] 가치가 창출되는 곳을 직접 확인해 기업 리더십을 생산의 본질과 연결하는 것이 겜바 워크 개념의 핵심이다. BMW 공장 방문은 이틀간 겜바 워크를 경험할 수 있는 선택 받은 초대였다. BMW에서 겜바 워크를 통해 얼마나 많은 것을 배울 수 있을지 예감할 수 있던 이유는 지난 10년간 포춘 500대 IT 기업뿐 아닌 소프트웨어 스타트업 및 유니콘 기업(가치가 10억 달러 이상인 비상장 스타트업) 십여 군데를 방문해 겜바 워크를 경험했기 때문이다.

요즈음 온갖 종류의 대시보드와 원격 측정을 보여주는 대형 TV가 여기저기 있지만 통일성 없이 전부 따로 노는 것처럼 보인다. 소프트웨어 가치 흐름에 어떤 가치가 흘러가고 있는지 보여줄 비즈니스 수준의 공통 언어가 부족한 것이다. 반면 겜바 워크는 모든 작업과 이를 위한 인프라가 가시적이기 때문에 직관적이며 효과적이다.

소프트웨어는 자동차와 그 부품보다 훨씬 짧은 주기로 변화하기 때문에 소프트웨어 툴을 사용함으로써 소프트웨어 자체가 어떻게 구축됐는지 관찰하고 분석할 수 있는 정확하고 정밀한 방법을 얻을 수 있다. 소프트웨어 개발자의 거의 모든 작업은 하나 이상의 툴에서 추적된다. 제대로 된 모델 집합과 추상화를 갖춘다면 모든 데이터를 분석하는 것이 가능해진다. 이 정도로 많은 작업 활동이 표면화돼 툴에 저장되는 분야는 거의 없으므로 데이터 수집 및 정확도는 제조업도 부러워할 만한 높은 수준에 도달할 수 있다. 정보 시각화 분야의 성숙도를 감안하면 소프트웨어 가치 흐름 내에서 일어나는 각 활동의 모든 측면을 시각화할 수 있다. 문제는 소프트웨어 전달의 시각화가 가능하냐는 것이 아니라 어떻게 하면 비즈니스에 의미 있는 시각화와 데이터 모델링을 수행할 수 있는가에 있다.

나는 연구자로서 개발자의 활동을 가치 흐름 속 작업 흐름으로 연결하는 툴을 만들려고 노력해 왔다. 툴 저장소 안의 데이터는 소프트웨어 전달의 실측 정보보다. 7장에서는 동료들과 내가 데이터를 수집하고 분석하면서 발견한 것을 통해 가상 겜바 워크를 경험해 볼 것이다. 이 발견을 통해 1장에서 설명했던 세 가지 깨달음을 떠올렸다. 각 깨달음은 가치 흐름 네트워크가 무엇인지, 그리고 소프트웨어 전달의 진정한 엔드 투 엔드 가시성을 얻기 위해서는 가치 흐름 네트워크를 어떻게 사용해야 하는지를 알려 줄 것이다.

개발자의 하루: 첫 번째 깨달음

개발자의 일상 업무에 대한 나의 첫 겜바 워크는 나의 일상 업무 수행과 관련돼 있었다. 그것은 순전히 절망감에서 나왔다. 2002년 제록스 PARC에서 프로그래머로서 첫출발을 하고 있었다. 그리고 우리의 오픈소스 프로젝트 AspectJ는 첫발을 내디디고 있었다. 당시 우리의 사용자 커뮤니티는 번창하고 있었다. 또한 우리는 지속적 배포를 했고 켄트 벡의 XP 방법론을 따르고 있었으며 프로그래밍 언어에 발자취를 남기겠다는 야심 찬 계획이 있었다.

성장하는 오픈소스 커뮤니티에서 지속적으로 전달되는 결함 및 기능 요청을 처리함과 동시에 다음 단계의 언어 및 툴 기능에 도달하려는 우리의 바람은 끝없는 백로그로 이어졌다. 새로운 언어를 중심으로 한 프로그래밍 커뮤니티를 성장시키는 능력은 추가 기능을 전달하는 플로우 타임 및 플로우 속도와 정비례한다는 것을 알고 있었다. 이러한 이유로 나는 주당 70~80 시간을 일하게 됐다. 또한 샌프란시스코에서 팰로앨토까지 먼 거리를 통근하는 것은 2주의 릴리즈 주기 동안 최소 한 번은 사무실 책상 밑에서 자야 한다는 것을 의미했고,

그 결과 내 손은 많은 시간 키보드 위에 있어야 했다. Common Lisp Object System^CLOS의 설계자 중 한 명인 나의 상사 그레거 킥제일 Gregor Kiczales은 중대한 기술적 혁신의 시작 단계에 참여할 기회는 우리 경력에서 오직 한 번 혹은 아주 드물게 두 번 주어진다고 팀에 이야기한 적이 있다. 그레거의 말은 내 열정에 기름을 들이부었다.

그리고 통증이 시작됐다. 팔뚝에서 느껴지는 뻐근한 통증을 처음엔 무시했다. 그러나 다음 릴리즈에 포함해야 하는 기능에 대한 기대와 이를 구현하기 위한 밤낮 없는 노력은 결국 통증을 악화시켰다. 2002년이 되자 마우스 클릭 하나하나가 고통스러워졌고 규칙적으로 휴식을 했지만 별 소용이 없었다. 사내 간호사는 내 증상이 팔의 힘줄과 신경에 생긴 염증으로 인한 RSI(반복 사용 긴장성 손상 증후군)라고 진단했다. 통증을 줄이기 위해 하루 네 알의 이부프로펜을 두 달간 처방 받았다. 두 달이 지나 통증이 약간 나아졌다는 생각에 복용을 중단하자마자 심한 통증이 재발했다. 간호사는 손목 보호대를 항상 착용할 것과 이부프로펜의 지속적 복용을 처방했다.

상사인 그레거는 내가 손목 보호대를 한 첫날부터 상태를 눈치채고 나를 따로 불러 몇 가지 이야기를 들려줬다. 그는 제록스 PARC의 많은 동료가 RSI로 인해 은퇴하는 것을 지켜봤다며 몇 주 또는 몇 달 정도 유급 휴가가 필요한지 물어봤다.

가장 듣고 싶지 않았던 이야기였다. 이제야 내 여정의 첫걸음을 내디뎠는데 서비스를 제공 중인 사용자 커뮤니티와 멀어진다는 것을 상상할 수 없었다. 나는 계속 이부프로펜에 의지하기보다 고요히 절망에 빠진 채로 혼자만의 해결책을 찾기 시작했다. 이를 해결하려면 반년 이상 걸릴 것 또한 잘 알고 있었다. 가장 피하고 싶었던 결과인 RSI로 인한 영구적 손상이 가까워지고 있었다.

나는 이부프로펜을 버리고 서로 다른 입력 장치들을 빌려 첫 번째 실험을 시작했다. 늦은 시간까지 일하는 직원 사이에서 상당히 흔하게 사용되는 다양한 종류의 마우스, 트랙볼, 분할 키보드 등을 사용해 봤다. 그러나 키보드에서 떨어져 있는 시간 외에는 의미 있는 차이를 찾지 못했다. 통증을 가라앉히려면 코딩을 적게 하는 수밖에 없었다. 코딩이 아닌 다른 일을 생각한 적이 없어서 눈앞이 캄캄해질 뿐이었다.

문제를 좀 더 좁혀 보기로 했다. 하루를 시작해 통증으로 업무를 중단하기까지 6시간가량 걸렸다. 왼쪽 손에도 통증이 약간 있어서 양쪽 모두 동일한 치료를 받았지만 마우스를 사용하는 오른쪽 손의 통증이 가장 심각했다. 두 번째 실험은 간단했다. 왼손으로 마우스를 사용하는 방법을 익혀 하루에 코딩할 수 있는 시간을 두 배로 늘리는 것이었다. 그러나 왼손잡이용 마우스 구매 요청은 첫 번째 마우스 반납 요청과 함께 되돌아왔다. 약간의 설명 후 두 번째 마우스를 받을 수 있었지만 왼손으로 마우스를 쓰는 것은 매우 고역이었고 정말 비생산적인 2주를 보내게 됐다. 이는 내가 문제를 더 깊이 탐구해야 한다는 사실을 알려주는 계기가 됐다.

임시 해결책을 사용하는 동안 나의 생산성 측면에서 근본적인 문제는 마우스 클릭이라는 것을 알았다. 그 뒤 더글러스 엥겔바트^{Douglas Engelbart}가 우리 회사의 정규 강연회인 PARC 포럼에 참석한다는 것을 듣게 됐다. 전 직원이기도 한 엥겔바트는 '모든 데모의 어머니'의 뒷이야기를 소개하며 그의 키보드 사용을 강화하기 위한 발명품 '컴퓨터 마우스'에 관해 발표했다. 이 발표는 내가 코딩을 하면서 마우스를 어떻게 사용하고 있는지 되돌아보는 계기가 됐다. 내가 마우스를 사용하는 방법은 엥겔바트가 상상했던 것과는 매우 달랐다.

프로그래밍을 하는 동안 생산성은 작성되는 코드 라인의 수와 연관된다. 내 직업에서 가장 좋아하는 부분은 코딩이었고, 코딩과 관련되지 않거나 코딩에 방해되는 활동을 줄이려 노력했다. 그런 내가 키보드로 코딩을 하고 있어야 할 시간에 도대체 왜 마우스 조작에 많은 시간을 할애하고 있었을까?

손목이 아파지기 전까지 하루에 코딩할 수 있는 얼마 안 되는 시간을 마우스에 빼앗길수록 클릭 하나하나에 대한 원망은 커져만 갔다. 일 년 후 박사 과정을 시작하면서 마우스 클릭으로 낭비되는 지점을 좀 더 체계적으로 조사할 기회를 얻게 됐다. 내 코딩 활동을 좀 더 이해하기 위해 코딩을 하는 동안 나의 모든 활동을 추적하는 확장 기능을 이클립스 IDE (통합 개발 환경)에 만들어 추가했다.

나의 코딩 활동 이력을 살펴보는 첫 겜바 워크에서 가장 먼저 깨달은 것은 키보드를 통해 코드를 작성하는 동안 발생하는 상호 작용의 절반 이상은 코드 작성에 필요한 정보를 찾기 위한 마우스 클릭이었다는 것이었다. 마우스 사용 대부분 폴더나 트리 형식의 뷰를 클릭하는 것, 그리고 반복 검색과 그 검색 결과를 클릭하는 것이었다.

이러한 아이디어를 지도 교수였던 게일 머피에게 이야기하고 시각화 자료를 만들었다. 그러자 흥미로운 결과가 나타났다. 대부분은 이미 접근했던 코드 일부에 다시 접근하고 있었다. 계속 같은 코드를 검색하고 클릭하는 것을 반복하던 것이다. 대부분 시간을 새로운 정보를 찾는 데 쓰고 있다고 생각했지만 수집된 데이터는 내 예상과 달랐다. 무언가 크게 잘못된 것이 있었다.

소프트웨어 아키텍처의 핵심은 코드 변경 사항을 지역화하는 것이다. 나쁜 아키텍처는 새로운 기능을 추가하거나 결함을 고칠 때 지역화됐어야 하는 여러 위치의 코드를 변경해야 한다. PARC의 우리 팀에서 진행한 것이 바로 횡단 변경 사항을 지역화하기 위한 관점 지향 프로그래밍 언어였지만 모순적이게도 해당 언어를 위한 작업은 내게 별 도움이 되지 않았다. 백로그에 등록되는 업무와 아키텍처 사이에 깊은 불일치가 있었고 더 나은 프로그래밍 언어가 이를 해결할 수 있을지 확신할 수 없었다.

들어오는 업무와 현재 코딩 작업 사이의 교차점을 더 잘 감지하기 위해 컴퓨터를 사용할 때의 모든 상호 작용을 추적할 수 있도록 모니터링 툴을 확장했다. 나아가 이 상호 작용을 바탕으로 도출한 콘텍스트 화면을 주 내비게이션 툴로 사용해 실험을 좀 더 진행했다. 마우스 클릭 횟수는 크게 줄었고 몇 주 내로 팔의 증상이 완화된 것을 느꼈다. 그때 나는 스스로 상당한 발견을 하고 있다는 것을 알아차렸다. 게일은 내가 흥분한 상태임을 눈치채고 너무 늦기 전에 진짜 실험을 정의할 수 있도록 도와줬다.

6개월 후에 스스로를 대상으로 진행했던 실험과 동일한 실험을 토론토의 IBM 소프트웨어 개발실의 전문 개발자 여섯 명을 대상으로 수행하기 위해 소프트웨어, 연구 설계, 실험 윤리 승인을 준비했다. 처음 목적은 데이터 수집이었지만 게일은 현장을 방문해 각 실험 참가자에 대한 면밀한 인터뷰를 통해 좀 더 양질의 이해를 함께 얻을 것을 조언했다.

연구를 진행하면서 참가자들은 작업 콘텍스트가 자동으로 연결된다는 것이 무엇인지 이해하게 됐다(당시 개발자들에게는 새로운 것이었다). 그러나 그들은 입을 모아 진행 중인 작업을 다른 작업으로 전환하면 연관돼 있던 코드가 더는 연관이 없어진다고 불만을 토로했다. 나는 인터뷰 동안 그들에게 다중 작업의 원인을 나열할 것을 요청했다. 그들의 모든 콘텍스트 전환의 원인은 더 긴급한 기능, 결함, 보안 수정 작업을 요청하는 커뮤니케이션과 관련돼 있었다. 그리고 긴급 작업이 완료되면 개발자들은 원래 작업 중이던 기술 부채 해결이나 신규 API 개발 작업으로 돌아가고 또다시 방해받는 일이 반복되는 것이었다.

인터뷰를 마치고 그날 밤을 꼬박 새워 알게 된 것을 정리했고 첫 번째 깨달음을 얻었다. 코딩의 콘텍스트를 자동으로 읽어 서로 연결하는 것은 가능했지만, 나의 RSI를 유발하기도 한 진짜 문제점은 코드가 아니었다. 소프트웨어 아키텍처 기능인 코딩 활동과 가치 흐름을 흐르는 작업 사이의 단절이 원인이었다. 이러한 단절이 개발자의 생산성에 가장 큰 병목 지점이며 내가 경험한 단절임을 깨달았다. 실험에 참여한 개발자들이 참여했던 더 큰 규모의 소프트웨어의 경우 가치 흐름의 규모가 훨씬 커지기 때문에 문제가 더 심각했다.

첫 번째 깨달음: 소프트웨어의 규모가 커짐에 따라 소프트웨어 생산성이 감소하고 스래싱이 증가하는 것은 아키텍처와 가치 흐름 사이의 단절 때문이다.

이는 매우 근본적인 문제로 보였기 때문에 게일과 나는 통계적으로 의미 있는 연구 결과를 얻기 위해 좀 더 큰 규모의 사용자 연구를 계획했다. 문제를 해결하기 위한 실험적 오픈소스 툴인 이클립스 마일린의 높아 가던 유명세를 이용해 99명의 전문 개발자를 모집해 몇 달 동안 일상적 코딩 활동을 추적해 가치 흐름과 단절됐을 때의 생산성을 기준선으로 삼아 이를 가치 흐름과 연결됐을 때와 비교하는 실험을 진행했다.

충분한 활동 데이터를 만들어낸 16명의 개발자 집단 대상에서 개발자의 일상 업무를 소프트웨어 아키텍처가 아닌 가치 흐름에 맞도록 재편성하는 경우 통계적으로 의미 있는 생산성 증가세를 보였다. 게일과 나는 2005년 소프트웨어 엔지니어링 재단의 국제 학술 토론회에 연구 결과를 발표했다.[4] 10년 후 개발자 환경 대부분은 가치 흐름 아티팩트와 개발자를 연결하는 방법을 어떤 방식으로든 지원하게 됐으며, 후속 논문은 'Modularity 2015' 콘퍼런스에서 '가장 영향력 있는 논문상'을 수상했다.[5] 이러한 발견은 계속해서 쓸모가 있겠지만 우리는 이것이 사실은 개발자를 넘어선 훨씬 거대한 문제의 증상에 불과하다는 것을 알게 됐다.

누락된 계층: 두 번째 깨달음

기업 가치 흐름의 실측 정보에 관해 좀 더 알아보기 위해 2007년 게일 머피, 로버트 엘브스와 함께 브리티시 컬럼비아 대학에서 나와 태스크톱을 설립했다. 오픈소스와 기술 회사의 소프트웨어 개발에 대한 가정을 바탕으로 기업 IT 현실에 대한 우리의 이해가 얼마나 잘못됐는지 알아볼 참이었다. 우리는 대형 고객을 유치하게 됐는데 수천 명의 IT 직원 간 발생하는 데이터 입력의 중복을 제거하려 했던 회사였다. 여기서는 핀코FinCo라고 지칭하겠다. 문제는 이처럼 큰 규모의 회사에서 많은 IT 직원이 서로 다른 IDE를 사용하거나 혹은 IDE를 전혀 사용하지 않는다는 것이었다. 소프트웨어 전달 전문가들은 테스팅 툴, 운영 툴, 요구 사항 관리 및 플래닝 툴 속에서 살다시피 하고 있었다.

영업 리더인 릭과 함께 로버트와 나는 핀코에 방문해 현장을 걸으며 그들의 상황을 이해해보려 했다. 소프트웨어 인건비의 대부분을 차지하는 개발자를 위해 이 문제를 해결하는 것만으로는 충분하지 않은 이유를 찾으려 노력했다. 이 겜바 워크는 나를 두 번째 깨달음으로 이끌었다.

당시 우리는 '린 스타트업'에 관심이 많았기 때문에 핀코의 모든 IT 전문가의 요구 사항을 충족시킬 개발자 툴을 적용하는 실험을 시작했다. 그리고 우리가 해결하려는 개발자 문제는 사실 개발자들에 국한된 문제가 아니라 개발과 운영, 품질 보증 및 비즈니스를 연결하는 방법까지 포함한다는 것을 깨달았다. 가치 흐름을 연결하는 툴을 개발자의 데스크탑에 설치해 문제를 해결하려 시도했지만 잘 되지 않았다. 로버트는 피어 투 피어Peer-To-Peer 방식으로 각 개발자의 IDE에서 가치 흐름 내 다른 툴에 정보를 전달하는 프로토타입을 개발했다.

이 솔루션의 아키텍처를 검토해본 결과 개발자 문제는 빙산의 일각에 불과했음을 깨달았다. 핀코의 진짜 문제는 근본적으로 단절된 두 가치 흐름이 수많은 IT 전문가로 하여금 매일 툴을 통해 수동으로 정보를 입력하고 수정하거나 보고하는 데 많은 시간을 낭비하게 만든다는 것이었다. 그리고 이러한 작업 한 건이 처리될 때마다 일종의 프로젝트 관리 추적 툴이나 또 다른 툴에 수동으로 업데이트를 해야 했다.

우리가 이미 알고 있었던 소프트웨어 아키텍처와 가치 흐름 사이의 단절과 겹쳐지는 문제였지만 핀코의 상황은 그보다 더 심각했다. 운영 인프라와 배포 자동화 및 통합 관리 방법의 부족은 소프트웨어 아키텍처뿐만 아니라 운영 인프라 또한 가치 흐름과 단절돼 있었다는 것을 의미했다. 이번 관찰을 통해 프로젝트 관리 모델, 엔드 투 엔드 전달 아키텍처 그리고 가치 흐름 사이의 단절이 소프트웨어 생산성의 병목 지점이 된다는 두 번째 깨달음을 얻게 됐다.

두 번째 깨달음: 단절된 소프트웨어 가치 흐름은 소프트웨어 생산성의 병목 지점이다. 이러한 가치 흐름 단절의 원인은 프로젝트 관리 모델의 잘못된 사용에 있다.

결론

7장에서 살펴본 툴의 급증과 조직의 전체적인 인프라 계층 부족은 나를 두 번째 깨달음으로 이끌었다. 소프트웨어 가치 흐름의 단절은 소프트웨어 생산성에서 가장 심각한 병목 지점이다. 이러한 단절의 문제는 비즈니스 이해관계자부터 지원 부서의 구성원에 이르는 모든 소프트웨어 전문가에게 걸쳐 있다. 이는 제품 지향적 소프트웨어 가치 흐름상 엔드 투 엔드 전달 아키텍처와 프로젝트 운영 모델이 잘못 조정돼 발생한다. 이를 제조업에 비유하자면 어떤 부가 가치 작업을 시작하기도 전에 다음 워크스테이션으로 부품을 떠넘기고, 그 동료가 부품을 정리해서 수량을 확인한 후 프로젝트 매니저에게 작업 결과까지 보고하기를 기대하는 것과 같다. 남은 질문은 이러한 단절이 근본적인 문제인지 또는 기업 IT 조직을 제품 지향적 가치 흐름 중심으로 재편성함으로써 해결할 수 있는 문제인지에 관한 것이다. 질문에 답하고 세 번째 깨달음을 다시 이야기하기 전에 애초에 왜 이런 단절이 존재했는지를 알아보자.

8장

전문화된 툴과 가치 흐름

두 가지 깨달음을 끌어낸 사용자 연구와 경험을 통해 서로 단절된 툴들이 가치 흐름에서 심각한 파편화를 일으키고 있었다는 사실을 명확히 알게 됐다. 파편화는 개발자의 생산성을 극단적으로 감소시켜 조직 구성원 차원에서 영향을 미쳤고 조직 차원에서도 유사한 문제가 발생했다. 이러한 상황을 직접 목격한 기술자들이 있기에 개발과 운영의 병목 지점은 모두 파편화 문제와 관련돼 있음을 자신 있게 이야기할 수 있다.

그렇다면 해결책은 무엇인가? 모든 것을 단일 툴에 집어넣으면 되는가? 이 방식은 많은 조직이 IBM 래셔널의 툴 네트워크를 이용하던 소프트웨어 시대의 도입기 초반에는 잘 작동했으며 대형 기술 기업 및 아파치Apache, 이클립스Eclipse 등의 유명 오픈소스 개발 조직은 비슷한 접근법을 사용했다. 그러나 다른 조직에서도 이러한 접근 방식이 사용 가능하고 바람직한가? 오늘날 시장의 애자일 및 데브옵스 툴 네트워크의 복잡성 수준만 감안한다면 근본적인 변화가 있는 것일까? 역사적으로 마일린Mylyn이나 최근에는 슬랙Slack이 제공하는 것처럼 여러 툴에 걸친 정보를 하나의 인터페이스를 통해 제공하는 새로운 툴을 통해 문제를 해결할 수 있는가? 아니면 좀 더 근본적인 인프라 문제가 도사리고 있는가?

8장에서는 데브옵스와 애자일 툴 환경에서 살펴본 툴이 급증한 원인을 다루고 가치 흐름 속에서 단절의 원인과 결과에 대해 논의할 것이다. 마지막으로 308개의 기업 IT 툴 네트워크를 살펴본 뒤, 우리가 어떤 툴을 사용하는지와 관계없이 효과적으로 가치 흐름 네트워크를 계획하고 생성하는 방법을 살펴볼 것이다.

`BMW 견학` 전문화에서 일반화로, 그리고 다시 전문화로

라이프치히 공장의 1시리즈와 2시리즈 생산 라인은 수백 개의 서로 다른 툴과 공정에 해당하는 소프트웨어로 구성돼 있다. 일 년 전 BMW의 내부 공급업체 콘퍼런스에서 발표한 적이 있는데, 그때 전시돼 있었던 산업 기술 회사들의 로고를 지금은 생산 라인 내의 다양한 워크스테이션에서 볼 수 있다. 각각의 워크스테이션을 보는 것도 흥미롭지만 다양한 단계에서 일사불란하게 동작하는 공급업체 장비들은 더욱더 인상적이다.

"플로우에 어떻게 초점이 맞춰져 있는지 알 수 있을 거예요." 르네가 말한다. "작업을 위한 소프트웨어 생산이 어떻게 이뤄지는지 보여줍니다. 우리는 여러 가지 전문화된 툴과 시스템을 실험하고 있고 보시는 것처럼 라인마다 다르게 적용돼 있습니다. 그렇지만 우리는 언제나 플로우에서 시작하며 툴이 플로우를 지원하는지 확인합니다."

"최근에는 롤스로이스 공장을 방문했어요." 르네가 이야기를 이어간다. "장인 정신을 각 단계에 녹여내느라 택 타임은 두 시간이 걸리고 수작업 과정이 많다는 것에 자부심이 있었어요. 더 흥미로웠던 것은 여러 해 전에 BMW Z 시리즈에서 얻은 경험이었습니다. Z 시리즈는 대량 생산을 목적으로 하지 않으니 '인큐베이션 영역'에 적합하겠네요. 놀라운 점은 100명으로 구성된 단일 팀에서 자동차의 전체 가치 흐름을 관리했다는 것입니다. Z 시리즈의 생산 공정은 i8과 비슷했지만 모든 생산은 한 팀에서 수행됐습니다. 우리가 그간 이야기해온 '기능 팀(Feature Team)'과 비슷하겠네요. 이 팀에서는 자동차 지원 업무를 하기도 했습니다."

나는 그동안 교차 기능 팀에 대한 르네의 생각을 따르고 있었다. "자동차 지원 업무라면 구체적으로 무엇이었나요?" 내가 묻는다.

"만약 자동차에 유지 보수 문제가 있다면 자동차를 만들어낸 팀이 문제를 해결하는 것이지요." 르네가 대답한다. "개발 조직에서 운영까지 책임지면 어떻던가요? 우리는 이 흥미로운 실험을 통해 많은 것을 배웠습니다. 그렇지만 보시다시피 생산을 확장함에 따라 직원, 프로세스, 툴이 점점 전문화됩니다. 그러나 이 정도 규모가 돼도 기능 팀의 경험을 통해 학습이 여전히 이뤄질 수 있습니다."

기능적 전문화와 툴의 급증

소프트웨어 전달은 하나의 툴만 사용하는 하나의 팀에서만 담당하기에 너무 복잡해졌다. 개발자 업무 시간의 심각한 낭비, 그 낭비가 IT 전문가 사이에 퍼지는 현상 그리고 전문 툴의 급증 모두 동일한 문제에서 비롯된다. IT 노동력의 분업화와 함께 생겨난 변화가 여러 IT 직원이 사용하는 툴의 전문화로 이어졌다.

핀코에서의 경험을 통해 얼마나 많은 툴과 전문가들이 대규모 소프트웨어 전달에 관여하고 있는지를 알게 됐다. 그런데 왜 핀코는 이클립스 재단에서처럼 모든 것을 단일 이슈 트래커에 넣지 못했을까? 지금까지도 이클립스는 6천만 라인의 코드에 걸친 수십만 개 작업 아이템을 단일 이슈 트래커, 소스 저장소, 지속적 배포 시스템에서 추적할 수 있다.[1] 이러한 요구를 레거시 제품과 옛날 IT 포트폴리오의 기능일 뿐이라고 무시하고 싶겠지만 제품 관리자부터 요구 사항 관리

자, 비즈니스 분석가, 팀 리드, 개발자, 테스터, 성능 전문가, 운영 담당
자, 지원 담당자에 이르는 여러 전문가의 요구를 무시하는 것은 잘못
된 일이다. 308개의 툴체인을 연구하면서 확인한 다양한 전문 영역은
그림 8.1에서 볼 수 있다.

그림 8.1 애자일과 데브옵스 툴의 역할과 전문화

핀코의 각 사업부는 상황에 따라 서로 다른 툴을 사용했다. 예를
들어 자바 앱을 개발하는 개발자는 마이크로소프트의 닷넷 앱을 개발
하는 개발자와는 다른 애자일 이슈 트래커를 사용했었다. 각 툴이 특
정 플랫폼에 맞춰져 있기 때문이다. 모든 기업의 IT 조직에서 전체적
으로 나타나는 툴의 급증 현상은 예상보다 더 놀라웠으며 그중 일부

는 정말로 레거시 툴이 늘어난 것이 원인이기도 했다. 하지만 핀코와 일하면서 겪은 복잡성에는 좀 더 근본적인 원인이 있었다.

소프트웨어 개발이 확장되면서 다양한 역할의 실무자들은 자신의 업무에 알맞은 툴을 찾으려 노력해 왔다. 고객의 티켓을 추적하는 툴은 애자일 백로그에서 이슈 트래킹에 쓰이는 툴이나 고객의 유즈 케이스 및 워크플로우를 모델링하기 위한 비즈니스 분석 툴과는 서로 다르다. 그렇지만 또 한편으로 각 툴은 기본 데이터 모델, 워크플로우 모델 및 협업 추적 기능 측면에서 거의 비슷하다. 이것이 소규모 조직에서 개발자 중심의 이슈 트래커 하나만을 사용할 수 있는 이유다. 작업의 복잡성이 증가하면 툴을 전문화해야 한다는 압력이 생기기 마련이다.

현대 소프트웨어 전문가들은 그들의 특정한 역할에 맞춰진 사용자 경험과 참여 시스템을 요구해 왔다. 이런 요구는 공급업체들로 하여금 툴을 전문화하도록 하는 압력이 됐으며 그 결과 툴 네트워크의 캄브리아기 대폭발이라 표현할 수 있을 정도로 수백 종의 애자일과 데브옵스 툴이 시장에 대량으로 쏟아지게 됐다.

308개 기업 IT의 툴 네트워크를 연구한 결과 두 종류의 복잡성을 찾아낼 수 있었다.

- **근본적 복잡성**: 비즈니스 가치 플로우 개선을 위해 전문성을 갖춘 이해관계자의 요구 사항을 수용하면서 발생한 툴의 이질성. 연구 자료에서 예를 들면 자바 애플리케이션을 개발하는 조직은 아틀라시안의 지라JIRA를 더 많이 사용하는 반면, 닷넷.NET 및 애저Azure 환경에서 개발하는 조직은 마이크로소프트 VSTS를 더 많이 사용하고 있었다.
- **우연적 복잡성**: 비즈니스 가치 플로우 개선과 관계없이 발생한 툴의 이질성. 인수 합병의 결과로 툴을 넘겨받는 경우나

중앙 집중형 관리가 부족해 비슷한 툴을 팀별로 각자 선택하는 경우가 이 범주에 속한다. 예를 들어 한 조직은 세 가지 버그 트래커를 보유할 수 있다. (1) 20년 전에 사내에서 개발된 낡은 레거시 툴 (2) 개발자가 선호하는 새로운 이슈 트래커 (3) 인수에 의한 오픈소스 이슈 트래커

가치 흐름 아키텍처 관점에서 두 가지 유형의 복잡성 모두 신경써야만 한다. 일종의 가치 흐름 부채로 볼 수 있는 우연적 복잡성은 지속적 노력으로 줄여 나가야 한다. 생산 라인과 마찬가지로 가치 흐름에서 근본적으로 서로 다른 작업 유형 하나마다 해당 기능을 지원하는 툴이 단 하나씩만 존재해야 한다. 더욱 문제가 되는 경우는 조직이 우연적 복잡성과 근본적 복잡성을 구분하지 못할 때다. 가치 흐름을 조사하면서 근본적 복잡성에 대한 다음과 같은 사례를 식별했다.

- **이해관계자 전문화**: 소프트웨어 전달의 다양한 이해관계자는 각각의 분야에 효과적인 서로 다른 툴을 필요로 한다. 지원 담당자는 서비스 수준 계약^{SLAs}이나 ITIL 프로세스를 지원하는 툴이 필요한 반면, 개발자는 코드 리뷰와 커밋 프로세스를 위한 간결한 툴을 필요로 한다.
- **규모 전문화**: 어떤 툴은 조직의 규모에 전문화돼 있다. 예를 들어 십여 팀 정도의 플로우를 간소화하는 데는 가벼운 칸반 툴이 유용할 수 있지만, 수천 명의 엔지니어가 수행한 안전 필수^{Safety-Critical} 시스템의 산업 표준 요구 사항을 작업 전반에 걸쳐 추적하기 위해서는 계층적 요구 사항 관리 툴이 필요하다.
- **플랫폼 전문화**: 개발 플랫폼을 제공하는 공급업체는 종종 해당 플랫폼에 전문화된 툴을 제공한다. 예를 들어 마이크로

소프트는 배포 플랫폼으로 애저에 최적화된 엔드 투 엔드 데브옵스 및 애자일 툴을 제공하는 반면, 어떤 공급업체는 자바Java 생태계에 최적화된 툴을 제공한다.

- **영역 전문화**: 좀 더 실험적인 인큐베이션 영역 제품에는 프로세스 오버헤드를 최소화하기 위해 아주 가벼운 트래킹 툴만 요구될 수 있다. 성과 영역의 좀 더 성장한 제품은 비즈니스 요구 사항 및 플래닝은 물론 거버넌스, 위험, 규정 준수 툴 사이의 긴밀한 통합이 필요할 수 있다.

- **레거시**: 오래된 툴 또는 자체 개발 결함 트래커 등의 레거시 시스템에서 벗어나는 데 드는 비용 및 파괴의 정도가 너무 높을 수 있다. 특히 유지 보수 중이거나 생산성 영역에 자리 잡은 제품일 때 그렇다. 현대화가 비즈니스 우선순위가 아닐 때 이는 또 다른 복잡성의 원인이 될 수 있다.

- **공급자 다양성**: 오픈소스 소프트웨어 사용과 아웃소싱의 증가에 따라 소프트웨어 공급업체가 아웃소싱 업체와 똑같은 툴을 사용할 것이라는 기대는 현실적이지 못하다. 예를 들어 오픈소스 프로젝트는 오픈소스 툴을 사용하는 경향이 있고, 소규모 공급자는 대규모 소프트웨어 전달용 툴 대신 경량 트래킹 툴을 사용하는 경향이 있다. 또한 이는 가치 흐름을 조직의 경계를 넘어 연결시켜야 하는 컨설팅 시나리오에서도 발생할 수 있다.

어떤 조직이라도 툴 네트워크의 우연한 복잡성을 제거하고 최대한 많은 툴을 표준화하려는 목표가 있겠지만 전문화를 요구하기도 한다. 조직의 운영 규모가 여기 속한다. 단순히 회사 크기로 규모를 산정하는 함수를 생각할 수도 있다. 그러나 308개의 툴 네트워크 연구 중 특히 툴 및 아티팩트 흐름으로 이어지는 비즈니스 요인에 대한 논의를 진행하면서 규모에 대한 보다 구체적인 요인이 드러났다. 여기에는 표 8.1과 같이 기능, 제품, 파트너, 시장, 플랫폼의 개수가 포함된다.

표 8.1 규모의 요인

요인	설명	예
기능	애플리케이션 도메인에 요구 사항이 늘어날수록 기능 세트가 더 복잡해지고 전문가와 전문 툴이 더 필요해진다.	차량 인포테인먼트 시스템은 미디어 재생과 자동차 기능을 모두 포함하므로 넷플릭스와 같은 스트리밍 서비스 UI보다 기능 면에서 근본적으로 더 복잡하다.
제품	조직이 지원해야 하는 내·외부 제품 수	스타트업은 적은 수의 외부 제품을 지원하며 내부 제품은 거의 없을 것이다. 거대 IT 조직은 수백에서 수천 개의 제품이 있을 수 있다.
파트너	영업 부문 내·외부를 통틀어 비즈니스 파트너가 많을수록 가치 흐름 세트는 더 복잡해진다.	파트너는 자체 전문가 및 툴을 사용할 수 있기에 이 툴들이 전체 전달 프로세스에도 연결돼야 한다.
시장	각 시장 또는 시장 일부분은 소프트웨어의 별도 버전 혹은 설정을 요구할 수 있으므로 복잡성이 증가한다.	조직이 B2C와 B2B 사업을 모두 진행할 때 여러 가치 흐름과 연결된 두 개의 개별 지원 채널이 필요할 수 있다.
플랫폼	개발 및 클라우드 플랫폼은 전달 툴과 강하게 결합되는 경향이 있으며 해당 툴의 사용을 권장하거나 강제한다.	기존 자바 환경의 툴들은 '마이크로소프트 애저'와 잘 호환되지 않는 경향이 있으므로 호스팅 플랫폼으로써 '애저'를 선택하게 된다면 이에 상응하는 툴이 추가돼야 한다.

소프트웨어 시대에 먼저 적응한 기업 중 몇몇은 아주 간단한 제품을 제공해 이들 요인에 따른 복잡성을 제한함으로써 비즈니스를 성공시켰다. 트위터와 넷플릭스가 이에 대한 좋은 예시다. 그들은 기능 또는 제품 요인에 속하는 복잡성에 투자하는 대신 간결한 사용자 경험을 만들고 비교적 단순한 제품을 인터넷 규모로 호스팅할 수 있는 인프라를 갖추는 데 집중했다.

일반적으로 이러한 요인에 따른 우연적 복잡성을 제한하는 것은 소프트웨어를 쉽게 관리하고 발전시키는 데 실질적 도움이 된다. 그러나 대부분 기업 비즈니스는 기본적으로 복잡하다. 복잡성을 줄이려는 지속적 노력도 필요하겠지만 복잡성을 이해하고 관리할 방법 역시 필요하다.

여기에는 좀 더 근본적인 이유가 있다. 소프트웨어 전달은 인류가 수행하는 가장 복잡한 노력 중 하나다. 지난 기술 시대의 많은 사례가 입증했던 것처럼 소프트웨어 전달을 위해 필요한 전문 지식의 양 자체가 많기에 기능의 전문화가 점점 더 많이 필요해진다. 그 결과 첨단 제조업에서 우리가 살펴본 것처럼 방대하고 다양한 공급업체 생태계에서는 툴 네트워크의 늘어나는 복잡성을 지원하기 위해 더 많은 전문화된 툴을 만들어내고 있다. 그렇지만 전문화된 툴의 등장이 새로운 것만은 아니다. 예를 들어 이메일과 파일을 다루기 위한 수많은 전문 툴이 있으며 각 툴은 표준 프로토콜과 데이터 포맷을 사용해 서로 잘 작동한다. 그렇다면 우리가 살펴본 의미 없는 작업은 왜 일어나고 있는 것일까?

가치 흐름에서 단절 확인하기

사용자 연구 및 지금까지 살펴본 사례 중에서, 특히 플로우 아이템을 저장하는 툴 네트워크의 특정 부분에서 스래싱 증상이 일어나고 있었다. 이 부분은 가치 흐름을 정의하는 팀과 구성원 간 작업이 어떻게 흘러갈지 정의하는 계층으로 자동차 생산 라인에서 일어나는 작업 전환 과정과 비슷한 계층이다. 단, 많은 경우 생산 라인은 없고 특정 워크스테이션에 툴을 배포하는 것에만 집중한다. 개발자 및 여타 전문가들은 모든 작업 전환을 수동으로 수행하거나 무시한다. 예를 들어 개발자가 지원 담당자에게 결함 수정에 대한 자세한 정보를 얻기 위해 서포트 데스크 툴에 접속하도록 요청하면 지원 담당자는 개발자에게 서포트 데스크 툴에서 수정해야 할 사항에 대한 정보를 얻으라고 알려준다(그림 8.2). 리스크에 대한 처리가 특히 당황스러울 때도 있다. 핀코에서 개발자는 보안 취약점이 정리된 스프레드시트를 다운스트림 툴에서 내려받은 뒤 수작업으로 보안 취약점을 이슈 트래커에 입력하고 추가로 오류 발생 가능성을 수동으로 분류해 우선순위를 매겨야 했다.

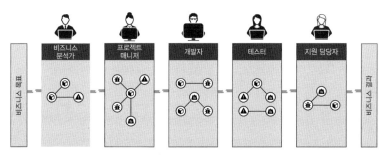

그림 8.2 파편화된 가치 흐름

또한 완료 처리돼야 하는 작업에 대한 처리를 잊어버리면 지연과 재작업을 초래한다. 우리가 연구한 자동차 소프트웨어 공급업체에서 재작업 및 지연 작업의 근본 원인을 조사한 결과, 요구 사항 미충족 및 결함의 최대 20%가 수동 작업 전환으로 인해 발생했다. 결함과 요구 사항을 공유하기 위해 자동차 소프트웨어 공급업체와 자동차 위탁생산OEM 간 가치 흐름 네트워크를 연결한 결과 비율은 0.1% 아래로 떨어졌다. 이전의 수동 프로세스는 워크스테이션에 부품 버킷을 쏟아놓고 떠나 버리면 새 부품들이 다시 쏟아지기 전에 개발자들이 모든 부품을 알아서 분류해 놓을 것이라 예상하는 것이나 마찬가지였다.

기업 툴 네트워크의 실측 정보 파헤치기

생산 라인을 따라 걸으며 실측 정보를 볼 수 있었던 BMW 그룹 공장 방문 경험에서 영감을 받은 나는 308개 조직 '현장'의 실제 모습을 보여주는 자료를 가능한 한 많이 수집하려 했다. 우리가 이전 연구를 통해 배운 핵심은 툴의 저장소가 실측 정보라는 것이다. 다시 말해 툴에 저장된 정보는 소프트웨어 전달을 정의하는 직접적으로 관찰 가능한 정보다.

어려운 점은 툴 저장소 데이터에 접근하는 것이었다. 지금까지 애자일과 데브옵스 변혁에 영향을 미친 많은 데이터는 설문조사에서 나왔다. 설문조사 데이터는 가치 흐름의 전체적이고 기간별 관점을 모으는 데 유용하지만 「ACM Queue」지에 실린 '데브옵스 지표: 당신의 가장 큰 실수는 잘못된 데이터를 수집한 것이다^{DevOps Metrics: Your Biggest Mistake Might Be Collecting the Wrong Data}'에서 지적하듯 실측 정보를 위해서는 업무 흐름의 관점을 지속적이고 종합적으로 제공하는 시스템 데이터가 필요했다.[2] 문제는 엔드 투 엔드 시스템 데이터가 기업의 방화벽 뒤에 숨겨져 있거나 개인 소유의 툴 저장소에 잠겨 있다는 점이었다. 몇몇 공급업체는 가치 흐름의 일부분에 접근할 수도 있다. 예를 들어 서비스형 소프트웨어^{SaaS} 방식 서비스 데스크 툴 공급업체는 지원 티켓에 회사 정보를 포함하고 있을 수 있다. 그러나 이러한 지원 티켓에는 개발, 설계, 비즈니스 분석에 대한 모든 업스트림 데이터가 빠져 있다.

태스크톱의 솔루션 아키텍트는 변혁을 진행하고 있는 포춘 글로벌 500대 기업과 협업하는 동안 배포를 계획하기 위해 각 툴의 IT 관리자와 함께 '가치 흐름 통합' 다이어그램을 만들었다. 다이어그램에는 툴과 각 툴에 저장된 아티팩트 유형을 포함하며 이러한 아티팩트 유형이 가치 흐름과 어떤 관련이 있는지에 대한 데이터를 보여준다.

그림 8.3에 표시된 다이어그램은 가치 흐름 내에서 각각의 툴이 무엇이고 주요 아티팩트는 무엇이고 아티팩트가 어떻게 연결되는지 또는 어떻게 연결돼야 하는지에 대한 임의의 순간의 요약을 보여준다. 이 다이어그램은 학술 연구를 통해 수집한 것이 아니라 기업 IT 툴 관리자 및 그들의 툴과 함께 작업하기 위해 마련된 데이터 수집 절차로 수집한 것이다.

38개 기업 중 28%가 포춘 글로벌 500대 기업에 속해 있고 금융업에서 운송에 이르기까지 다양한 산업 분야가 포함돼 있다. (2017년 연구의 정리 및 분석은 「IEEE 소프트웨어」 기사인 'Mining the Ground Truth of Enterprise Toolchains'을 참고하라.)[3] 여기서는 기업에 효과적인 가치 흐름 네트워크를 만드는 방법(9장)을 이해하는 데 필요한 핵심 조사 결과만을 검토할 것이다.

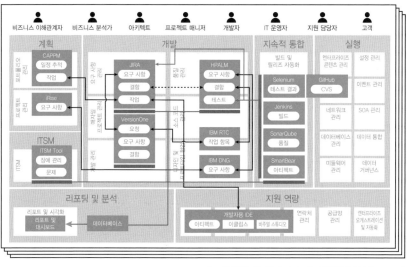

그림 8.3 가치 흐름 통합 다이어그램 예시

대체로 조직들은 소프트웨어 전달 가치 흐름을 지원하기 위해 55개의 서로 다른 툴을 사용하고 있었다. 10년 전만 해도 같은 종류의 정보가 IBM 래셔널^{IBM Rational} 혹은 HP에서 제공하는 한두 가지 툴에 저장돼 있었기에 이는 놀라운 수치였다. 표 8.2는 현재 어떤 유형의 툴이 사용되고 있는지를 보여준다. 예상대로 애자일과 ALM 툴이 우위를 차지하고 있지만 IT 서비스 관리, 프로젝트와 포트폴리오 관리, 요구 사항 관리 또한 툴 네트워크에서 핵심 부분을 차지하고 있다. 고객관계관리^{CRM}와 보안 툴이 연결되는 일은 여전히 드물지만 일부 기업에서는 이러한 툴들도 소프트웨어 가치 흐름의 일부분으로 고려하고 있다.

또 다른 중요한 발견은 툴 전체에 걸친 플로우 아이템에 해당하는 아티팩트 분포다. 툴 선택은 매우 다양했지만 아티팩트 측면에서는 공통점이 많았다. 예를 들어 '결함'은 가장 공통으로 사용되는 아티팩트였고 '요구 사항'과 '유저 스토리'가 뒤를 이었다. 우리가 연구한 24개 아티팩트 타입이 수많은 툴에 각각 걸쳐 있다는 것이 핵심적인 발견이었다. 우리는 좀 더 일반적인 플로우 아이템을 이들 아티팩트에서 추출할 수 있었다.

표 8.2 사용되는 툴의 유형

툴 유형	사용량
애자일 플래닝	194
애플리케이션 수명 주기 관리	259
변경 사항 및 워크플로우 관리	9
콘텐츠 관리	9
엔터프라이즈 모델링	1
이슈 트래커	8
IT 서비스 관리	133

툴 유형	사용량
프로젝트 포트폴리오 관리	77
요구 사항 관리	79
세일즈	1
보안	2
테스트 관리	28

308개 기업 중 1.3%의 기업은 단 하나의 툴만 사용했던 반면, 69.3%는 3개 이상의 툴을 통해 아티팩트를 관리하고 있었다. 가장 놀라운 점은 42%를 넘는 기업이 4개 이상의 툴을 보유하고 있다는 것이었다. 이는 기업 툴 네트워크의 전문화 수준을 나타낸다. 이런 기업에서는 서로 다른 애자일과 데브옵스 툴 네트워크를 사용하는 것이 일반적이다. 가치 흐름을 지원하기 위해 사용되는 툴은 고도로 전문적이고 다양한 데 반해 아티팩트는 일관되며 일반적이다.

서로 다른 툴이 필요한 이유

308개의 툴 네트워크 연구가 우리에게 보여준 것은 소프트웨어 전달의 다양한 전문 기능이 점점 더 명확히 정의되면서 툴이 통합되기보다는 활용기에 걸맞는 툴의 전문화 열풍이 계속된다는 점이었다. 예를 들어 요구 사항 관리 분야를 조사하면서 규모 전문화에 초점을 맞춘 툴들이 결과에 포함되기도 했다. 소규모 시스템을 위한 경량의 요구 사항 관리 툴이 만들어지는가 하면 좀 더 복잡한 시스템을 위해 계층 구조와 버전 관리까지 지원하는 무거운 툴이 만들어지는 식이다. 그러나 요구 사항 관리 기법은 모바일 애플리케이션과 같은 순수 소프트웨어 시스템, 의료 기기처럼 안전이 중요한 시스템, 은행 소프트웨어와 같은 고도로 규제되는 시스템 그리고 항공기와 같은 소프트웨어·하드웨어 혼성 시스템에 이르기까지 다양한 방식과 형태를 가진다.

전환점을 지나면서 이전 시대에 제조 툴의 전문화가 이뤄졌던 것처럼 공급업체가 점점 더 많은 전문화된 툴을 제공하는 것이 업계의 트렌드가 됐다. 추가적인 전문화는 활용기에도 계속될 것으로 보인다. 예를 들어 카를로타 페레스의 모델은 새로운 기술 혁명과 관련된 규제들이 활용기가 시작하는 시기에 나타난다고 예측한다.[4] 이미 GDPR General Data Protection Regulation(개인정보보호법령)과 같은 새로운 규제가 나타나고 있으며 정보 보안과 같이 규제를 지원하는 핵심 영역에 대한 투자가 증가하고 있다.[5] 이로 인해 소프트웨어 가치 흐름 내 리스크 및 규제 관리에 좀 더 전문화된 툴이 나타날 가능성이 크다. 또한 대부분의 소프트웨어 기반 기업에서 제품 지향적 관리의 필요성이 증가함에 따라 이를 지원하는 또 다른 형태의 툴이 나타날 것이다.

308개의 툴 네트워크 연구에서 얻은 또 다른 중요한 발견은 기존 툴이 얼마나 오랫동안 가치 흐름의 핵심 부분으로 남아 있었는지에 관한 것이다. 소스 코드 관리 툴과 지속적 배포 툴을 교체하기는 비교적 쉽다. 반면에 조직의 프로세스와 밀접하게 엮인 애자일 툴과 이슈 트래킹 툴을 교체하는 것은 어렵기로 악명이 높다. 이는 툴이 프로젝트나 제품이 지속되는 동안 계속 사용되는 경향이 있음을 의미한다. 연구 자료 중 가장 오래된 툴 중 하나인 1980년대에 개발된 IBM Rational DOORS Dynamic Object-Oriented Requirements System를 생각해보자. 오늘날 대부분의 항공기, 자동차 그리고 매우 복잡한 장치들은 DOORS에서 관리되는 하드웨어와 소프트웨어 요구 사항을 여전히 반영하고 있다. 2장의 보잉 드림라이너 이야기를 돌이켜보면 항공기의 소프트웨어 요구 사항은 약 60년 동안 유지돼야 한다. 이는 DOORS와 같은 툴이 현세대의 IT 전문가보다 더 오래 살아남을 수 있다는 것을 의미한다.

다양한 공급업체 및 오픈소스 기반 툴이 업계 전반에 걸쳐 공통으로 사용되는 것일까? 아니면 연구 대상인 포춘 글로벌 500대 기업만 한정적으로 사용하는 것은 아닐까? 주목할 만한 두 가지 예외 사례를 마주하게 됐다. 첫째는 스타트업 및 소규모 기업이다. 앞서 언급된 규모에 미치지 못하며 더 적은 수의 툴을 사용한다. 둘째는 자체 툴 네트워크를 보유한 기술 대기업이다. 예를 들어 구글의 가치 흐름 아티팩트는 구글 웹 서비스와 같은 인프라를 쓰는 사내 툴에서 유지된다.[6] 마찬가지로 마이크로소프트는 제품 및 가치 흐름에 전문화된 자체 내부 툴 네트워크를 만들었다. 그러나 다른 기술 대기업과 달리 마이크로소프트는 툴 네트워크의 상당 부분을 VSTS^{Visual Studio Team Service}, TFS^{Team Foundation Server} 그리고 관련 툴의 형태로 고객에게 판매한다. 문제는 마이크로소프트의 경우 자신들의 툴 네트워크만을 이용해서 매우 복잡하고 성공적인 제품 전달을 모두 표준화할 수 있지만 고객은 그렇지 못하다는 것이다. 예를 들어 TFS 고객의 79%가 같은 범주의 다른 툴(예를 들어 아틀라시안 지라 등)을 함께 사용한다.[7] 앞서 언급한 것처럼 마이크로소프트 개발 플랫폼에서 VSTS를 권장하듯이 다른 플랫폼은 다른 공급업체의 툴을 도입하게 만들기 때문이다.

기술 대기업의 내부 소프트웨어 전달 플랫폼 투자는 어마어마하다. 내부 툴 네트워크는 비즈니스에 대한 소프트웨어 전달 가치 흐름에 직접적으로 연결되므로 차별화된 경쟁력을 조직에 제공한다. 마이크로소프트는 3부의 도입부에서 언급했던 개발자 툴에만 전념하는 3,500명의 개발 팀에 연간 약 5억 달러를 투자한다. 대부분의 다른 기술 대기업도 비슷한 투자를 하고 있다. 이러한 투자 중 일부는 다른 조직이 활용할 수 있는 툴이나 오픈소스 프로젝트로 흘러가기도 하지만 대체로 기술 대기업과 경쟁하고자 하는 기업에는 장벽이 된다. 비즈니스 애플리케이션 구축에 있어 기술 대기업과 경쟁이 어려운 상황에 놓인 대기업들은 전용 툴 공급업체와 오픈소스 솔루션을 결합해 툴 네트워크를 구축하려 안간힘을 쓰고 있다.

이러한 툴의 폭발적인 증가는 매우 활발한 시장을 형성했지만 툴들을 연결해 줄 인프라 계층 없이는 기술 대기업이 경험한 소프트웨어 전달 효율을 경험할 수 없다. 자체 툴을 만들고 통합하려는 시도는 위험하고 실패하기 쉬운 접근 방식이다. 툴을 만드는 데 비용과 시간이 소모될 뿐만 아니라 일반적으로 우선시되는 비즈니스 애플리케이션과 예산 및 인력을 할당받기 위한 내부 경쟁을 해야 하기 때문이다.

그렇다면 스타트업과 소규모 조직에서는 어떨까? 이에 대한 확실한 데이터를 찾기는 힘들지만 스타트업에서 일했던 개인적 경험에 의하면 소프트웨어 전달에 관련된 구성원이 100명 미만일 때 문제가 훨씬 쉬워진다. 규모 요인(표 8.1)이 훨씬 더 작을 뿐 아니라 직원 및 프로세스의 수도 훨씬 적기 때문에 스타트업은 중앙화된 툴 하나만을 사용하는 단순화된 툴 네트워크에서 많은 부분 성장이 가능하다. 이렇게 하면 소프트웨어 전달을 더 간단한 비즈니스 관리 시스템에 연결하기가 쉬워진다. 결과적으로 스타트업은 고도로 집중된 디지털 제품을 활용해 기존 기업을 파괴하기 충분한 속도로 혁신을 이룰 수 있다. 그러나 스타트업 규모가 커져 큰 기업이 되면 툴의 이질성이 드러나기 시작한다. 페레스의 모델이 예측하는 활용기의 황금기를 맞이하려면 기술 거대 기업의 소프트웨어 전달 능력과 경쟁할 수 있는 혁신적인 인프라가 기성 기업과 신규 기업 모두에게 필요하다.

결론

소프트웨어 전달 툴의 전문화는 이전 시대에 있었던 전문화의 눈부신 발전만큼 중요하다. 새로운 생산 수단이 성장함에 따라 역할별 전문성이 명확해지고 역할에 맞는 툴을 전문가에게 제공해야 할 필요성도

커졌다.

역사는 전문화를 다루는 올바른 방법과 잘못된 방법을 모두 보여준다. 의료 시스템이라는 플로우 안에서 우리가 상호 작용하는 의사와 의료 전문가의 수를 생각해보자. 3세기 전에는 한 명의 의사만 있는 단순한 플로우였을 것이다. 그러나 17세기 영국을 기준으로 약 35세였던 기대 수명은 산업 혁명 기간 급격하게 증가하기 시작했다.[8] 인체에 대한 이해도가 높아지면서 현대 의학은 일부 국가의 기대 수명을 80년 이상으로 연장시켰다. 인간이 이러한 정도의 복잡성에 도달하는 유일한 방법은 역할 및 지식 분야를 철저히 전문화하는 것이다. 미국 의과 대학 협회는 자체 시스템과 툴을 갖춘 120개 이상의 전문분야 및 하위 분야를 나열한다.[9] 이러한 전문화로 많은 발전이 이뤄졌지만 이로 인한 지식 흐름의 단편화는 오늘날 의료 행위의 효율성에 병목 지점이 되고 있다.

스탠리 매크리스털Stanley McChrystal 장군은 그의 저서 『팀 오브 팀스』(이노다임북스, 2016)에서 의료 분야 전문화가 서로 다른 팀과 전문화된 의료 종사자 사이의 '단층Fault Line'이 단절을 일으키고 있다고 언급했다.[10] 환자의 치료 이력 정보를 전달할 만한 신뢰할 수 있고 자동화된 방법이 없기 때문에 의료 사고가 발생한다. 존스 홉킨스 의과 대학의 2016년 연구에 따르면 미국의 의료 사고는 연간 25만 명 이상의 사망자를 내고 있으며 이는 미국에서 세 번째로 높은 사망 원인이다.[11]

전문화를 통해 끝없이 증가하는 복잡성을 처리할 수 있지만 전문화가 만드는 사일로가 효과적으로 연결돼 있어야만 전문화의 이점을 제대로 실현할 수 있다. 이러한 사일로 중 몇몇은 매크리스털의 책에서처럼 사람 간 협업과 상호 작용으로 연결될 수 있다. 그러나 그 외의 경우 구성원 및 팀이 일상 업무에서 처리하는 매우 복잡한 지식을 함께 작업하고 나눌 수 있는 인프라를 구축하고 사일로 간 통합이 이뤄져야 한다.

다시 한번 가르침과 영감을 주는 대량 생산 시대로 돌아가 보자. BMW 그룹 라이프치히 공장의 툴체인을 구성하는 하드웨어와 소프트웨어는 12,000개 공급업체에서 제공받으며, 이는 대단히 높은 복잡성과 이질성을 갖는다.[12] 그렇지만 모든 흐름은 각 생산 라인과 관련된 복잡성을 관리하기 위해 세심하게 자동화, 최적화, 가시화된다. 우리 조직의 성공을 이끌 소프트웨어 또한 BMW 공장과 비슷하거나 더한 복잡성을 갖게 될 것이다. 지난 전환점에서 BMW 그룹이 대규모 자동차 생산을 마스터한 길을 따르려면 어떤 방식으로 우리의 가치 흐름을 연결해야 할까?

9장

가치 흐름 관리

우리는 7장과 8장을 통해 IT 기업의 툴 네트워크는 근본적으로 서로 다른 툴로 이뤄져 있으며 앞으로도 소프트웨어 전달이 가져올 역할 전문화와 함께 툴의 복잡성은 계속해서 늘어날 전망임을 살펴봤다. 308개의 툴 네트워크 연구로는 다양한 툴에 걸쳐 흐르는 것들이 무엇인지 알 수 있었다. 이제 우리의 질문은 이 다양한 툴과 아티팩트를 어떻게 연결해야 BMW 그룹의 생산 라인에서 본 것과 같은 플로우와 피드백을 얻을 수 있는지로 이동한다.

BMW는 훨씬 다양한 공급업체를 쓰는 상황이었음에도 이러한 문제를 해결할 수 있었으며, 이는 우리도 소프트웨어 가치 흐름의 문제를 해결할 수 있다는 것을 보여준다. 그러려면 BMW 그룹이 자동차 생산 플로우에서 병목 지점을 정확히 찾아내 관리했던 것만큼 명확한 수준으로 비즈니스 가치 흐름의 병목 지점을 파악할 수 있어야 한다. 하지만 어떻게 해야 하는 것일까? 대량 생산 시대로부터 배운 것을 단순히 따라 하면서 소프트웨어 생산 라인을 만들면 되는 것일까? 그렇게 간단치 않다는 것을 9장을 통해 알 수 있을 것이다. 제조 공정과 소프트웨어는 근본적인 차이점이 있기에 물리적 생산에서 작동했던 모델을 그대로 모방하려는 시도는 잘못된 접근이다. 소프트웨어 전달에 제조업의 방식을 그대로 덮어씌우려던 시도가 실패하면서 세 번째 깨달음을 얻었다.

9장에서는 소프트웨어 가치 흐름 속 병목 지점을 찾는다는 것이 어떤 의미인지 탐구해 볼 것이다. 그리고 대량 생산 시대를 기반한 소프트웨어 전달 모델링의 함정에 대해 논의하고 네트워크 형태의 소프트웨어 가치 흐름 모델이 필요하다는 것을 확인하게 될 것이다. 또한 프로젝트에서 제품으로 이행하는 데 필요한 3가지 계층인 툴 네트워크, 아티팩트 네트워크, 가치 흐름 네트워크에 대해 살펴볼 것이다. 마지막으로 가치 흐름 네트워크와 비즈니스 성과를 연결하는 데 필요한 세 가지 모델인 통합 모델, 활동 모델, 제품 모델을 소개하며 마무리할 것이다.

그동안 우리는 주로 프로젝트에서 제품으로 이동하는 것이 시급한 이유와 그로 인해 나타난 관리 프레임워크가 어떤 형태인지를 알아봤다. 그러나 이 책의 마지막 장에서는 프로젝트에서 제품으로 이동하는 데 필요한 인프라인 가치 흐름 네트워크라는 새로운 개념, 그리고 이것을 만들어내고 관리하기 위한 기술적 세부 사항에 대해 깊이 파고들고자 한다.

BMW 견학 **병목 지점에서 커피 한 잔**

우리는 조립동에서 나와 센트럴 빌딩으로 되돌아와서 책상과 모니터들을 지나 처음 들어올 때 지나쳤던 널찍한 카페테리아로 향한다. 다리가 아파오는 와중에 손목시계에서 울리는 피트니스 알림은 내가 이날 생산 라인을 따라 10km 걸었음을 보여준다.

"저기 있네요." 프랭크가 한쪽을 가리킨다. "설명드리자면 여기는 병목 지점에서 빠져 나온 자동차를 일괄 처리하는 곳입니다. 우리가 자동차를 라인의 순서에서 빼냈다가 다시 정렬해야 한다고 말씀드렸던 부분입니다.

무엇이 병목 지점인지 아시겠어요?"

나는 전혀 가늠되지 않는다. 미국 서부 시간으로는 이제 아침이 됐으니 진 킴에게 공장 병목 지점의 수수께끼를 문자로 보내 준다. 마치 『피닉스 프로젝트』의 한 부분에 들어온 듯한 기분이다. 재밌게도 진 역시 프랭크가 준 아주 작은 힌트만으로 답을 내기에는 역부족인 듯하다.

"병목 지점은 공장의 페인트 도장 부분이에요. 속도를 높이려고 차체에 7만 볼트의 전기를 쏟아붓고는 있지만 페인트가 마르기까지는 시간이 걸립니다. 스프레이 로봇이 페인트를 다른 색으로 교체하는 데도 시간이 걸리죠. 도장 과정 전체를 70초 택 타임 이내로 수행하기가 현재로서는 쉽지 않기에 잠깐 직서열 생산 방식(Just-in-Sequence) 순서에서 빼낸 다음 같은 색을 칠해야 하는 자동차끼리 모아 정렬합니다. 이렇게 하면 색상 전환 시간이 최소화됩니다. 하지만 자동차들이 순서에서 벗어나 정렬하는 과정이 필요하고 여기 카페테리아를 지나 일괄 처리된 후 주문 순서대로 재정렬돼야 한다는 이야기입니다. 여기가 생산 라인에서 자동차가 일괄 처리되고 잠시 보관되는 유일한 장소입니다. 그리고 말씀드린 정렬 및 재정렬 과정을 모든 직원이 볼 수 있는 공간이 여기 있는 카페테리아 바로 위쪽입니다."

프랭크의 설명처럼 카페테리아 위쪽으로 네 개의 컨베이어 라인이 움직이고 있다. 그중 두 라인은 일괄 처리 장소로 향하고 있고 나머지 두 라인은 바깥으로 나오고 있다. 이제 BMW 그룹이 생산 과정을 가시화하는 데 있어 새 지평을 열었다는 것에 의심할 여지가 없다. 내 머릿속은 이와 같은 가시성을 IT가 갖도록 할 방법에 관한 생각으로 가득해진다. 르네의 목소리가 내 생각을 멈춰 세울 때까지 나는 계속 두 개념을 연결하려 고민한다.

"프랭크, 이제 마지막 코스로 이동해도 될까요?" 르네가 말한다.

프랭크는 대답 없이 문자만 보내고 있다. 그동안 우리는 커피를 마저 마신다.

"가시죠, 자동차가 준비됐습니다." 이윽고 프랭크가 대답한다.

두 사람이 무슨 말을 하고 있는지 깨닫기까지 시간이 조금 걸렸다. 나는 르네가 공장 방문에 관해 이야기할 때 장난삼아 말했던 테스트 운전에 대해 까맣게 잊고 있었다. 우리는 공장을 다시 통과해 i 시리즈 건물 근처에 있는 문으로 나온다. 밖에는 신제품인 M2, 5시리즈, i3와 i8이 세워져 있었고 옆에는 두 명의 직원이 기다리고 있다.

"공동 운전자로 동승해 주셔야 합니다." 프랭크가 말한다. "르네와 제가 공동 운전자 역할을 할 겁니다. 그리고 여기 우리의 최종 통합 테스트를 해 주시는 엔지니어 두 분도 함께하실 거예요."

"차를 고르시죠." 르네가 미소 짓는다.

나는 i8의 완벽한 균형의 버터플라이 도어를 열고 BMW 그룹이 전달하는 대단한 비즈니스 성과를 직접 체험해 본다.

병목 지점 찾기: 세 번째 깨달음

BMW 라이프치히 공장을 방문한 후 몇 주 동안 나는 공장에서 목격한 것을 소프트웨어 전달에 적용하려는 고민에 빠져 지냈다. 플로우와 가시성이라는 핵심 개념을 있는 그대로 적용할 수 있을 것 같았다. 하지만 소프트웨어 전달을 생산 스타일의 플로우로 나타내 보려는 시도가 계속해서 난관에 부딪혔다. 지속적 통합과 지속적 배포 부분은 일련의 자동화 단계에 해당하기 때문에 제조업 개념으로 매핑하는 것이 어렵지 않았다. '병목 지점이 어디인가'에 대한 시험 방법 또한 쉽게 적용할 수 있었다. 테스트 자동화, 빌드 자동화, 릴리즈 자동화 중 어느 곳에라도 문제가 발생한다면 즉각적으로 병목 지점이 드러날 것이기 때문이다.

그러나 기능을 디자인하고 코딩하고 배포를 담당하는 팀 간 역학 관계에서 가로막히고 말았다. 내가 이끌던 소프트웨어 개발 팀은 이미 배포 자동화를 갖추고 있었기에 단 한 번도 제조 라인에서 발생하는 것과 같은 병목 지점을 경험하지 못했다. 처리 능력이 충분하지 않은 UX 팀 하나를 여러 개발 팀이 기다리는 경우나 지원 팀에서 나올 고객 환경 정보를 기다리는 경우, 또는 다운스트림 작업을 위해 API가 추가되기를 많은 팀이 기다리는 경우 등 플로우 문제에 대해 다양한 경험이 있었다.

하지만 이 중 어떤 것도 제조 라인의 병목 지점이 생산을 거의 멈춰 세우는 것처럼 릴리즈를 멈추게 하는 일은 발생하지 않았다. 위의 경험에서 그래픽 디자이너가 부족했던 경우는 포토샵을 할 줄 아는 개발자와 팀의 도움을 받아 해결할 수 있었다. 고객 환경 정보가 필요했던 문제에서 테스트 환경 팀은 결국 고객 데이터를 시뮬레이션하는 새로운 프로그램을 만들어 테스트에 사용할 수 있었다. API 의존성 문제에서는 팀으로 하여금 그들만의 API를 만들게 했고 추후 기술 부채 작업으로 업스트림의 API 컴포넌트에 기여하도록 했다. 다시 말해 병목 지점이 발생했을 때 생산이 중단되지는 않았으며 제약 조건을 피해 우회하는 방법을 찾아내 문제를 해결할 수 있었다. 각 팀은 맞닥뜨린 제약 조건을 창의적으로 해결하는 새로운 길을 생각해 낸 것이다. 생산성은 다소 저하될 수 있지만 팀은 항상 플로우를 보장하는 작업 경로 변경을 해낼 수 있었다.

이 문제를 풀려고 허덕이는 동안 태스크톱의 제품 관리 부사장인 니콜 브라이언Nicole Bryan, 로버트 엘브스Robert Elves 두 사람은 이와는 별 관련 없어 보이는 문제를 들여다보고 있었다. 우리의 가치 흐름을 통해 흘러가는 모든 내부 전달 아티팩트를 시각화하는 문제였다. 나는 그들의 작업에 대한 피드백에서 생산 라인이나 가치 흐름 지도를 연상할 수 있게 제조업에 빗댄 개념을 사용할 것을 계속 요구했다. 이와 같은 관점을 구현하려 분투한 결과 니콜은 우리가 잘못된 비유를 하고 있었다는 것을 확신하게 됐다. 로버트와 니콜이 우리 회사와 고객의 가치 흐름에서 볼 수 있었던 것은 선형적인 제조 공정 같은 것이 아니었다. 그들이 데이터를 통해 확인한 구조는 제조 라인보다는 항공 노선의 네트워크에 더 가까웠다(그림 9.1).

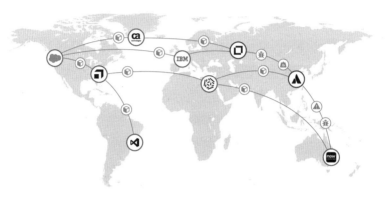

그림 9.1 항공 노선 네트워크

이것이 우리가 연구했던 308개 툴 네트워크의 실측 정보를 가장 오랫동안 살펴본 니콜이 나에게 건네준 세 번째 깨달음이자 퍼즐의 마지막 조각이었다.

로버트가 지적했듯이 이러한 깨달음은 이전에 컴퓨터 네트워크 원칙을 제품 개발에 적용하자는 도널드 라이너트슨의 제안과 유사하다는 다소 역설적인 부분이 있었다.[1] 나를 포함한 데브옵스 커뮤니티에서 린 제품 개발 통합을 내버려 둔 채 린 제조 방식의 교훈을 적용하는 것에만 너무 집중한 탓에 이런 오해가 발생했을까? 아마도 그런 것 같다. 그러나 소프트웨어 전달이 갖는 근본적 차이 때문이기도 한데, 소프트웨어 전달에서는 제품 개발과 제조 과정이 한 몸이라는 점이다. 바로 이 점이 소프트웨어 전달 프로세스를 제조 라인 형태로 단순화하는 것이 설득력 있어 보이지만 잘못된 생각인 이유다.

선형적이며 일괄 작업 기반인 플로우 제약 사항을 식별하는 과정은 네트워크의 플로우를 최적화하는 과정과는 전혀 다르다. 네트워크 관리에서는 병목 지점은 간단하게 경로를 변경해 처리할 수 있는 제약 사항에 불과하다. 선형적 프로세스에서처럼 플로우가 멈출 필요가 없다. 예를 들어 대륙 일부의 기상이 좋지 않을 때 약간의 지연이 발생하겠지만 항공 교통 운영 시스템은 항로를 변경해 승객이 목적지에 무사히 도착할 수 있도록 할 수 있다. 이런 방식은 내가 함께 일하며 지켜봤던 소프트웨어 전달 팀들이 병목 지점을 맞닥뜨렸을 때 창의적으로 작업 경로를 우회했던 것과 아주 유사하다. 이런 즉각적인 실행 경로 변경이나 툴 변경 작업은 제조업에서 쉽게 할 수 없는 일이다.

세 번째 깨달음: 소프트웨어 가치 흐름은 선형적 제조 과정이 아닌 제품에 맞춰진 복합적 협업 네트워크다.

잘못된 멘탈 모델의 함정

엔지니어 및 기술자들은 복합적 문제를 더 간단한 문제로 단순화해 해결하곤 한다. 하지만 그런 방식으로 과거의 우리가 대규모 소프트웨어 전달을 개선하기 위해 저질렀던 몇 가지 실수를 생각해보자. 폭포수 모델 개발 방식은 소프트웨어 전달에 있어 복잡하게 얽힌 모든 이해관계자를 선형적으로 단순화해 보여주기 때문에 이론상으로는 대단히 훌륭해 보인다. 하지만 토미 마우저[Tommy Mouser], 개리 그루버[Gary Gruver] 공저의 『Leading the Transformation』(Natl Book, 2015)에서 보여주듯 이 이론은 실패하고 말았다.[2] 애자일 개발은 이러한 상황을 타개하고자 나타났지만, 비즈니스 분석가와 운영 담당자 등 업스트림 및 다운스트림의 이해관계자를 제외함으로써 소프트웨어 전달의 관점을 지나치게 단순화했다. 데브옵스는 배포 프로세스의 운영, 자동화, 반복 가능성을 받아들임으로써 애자일에서 제외된 부분을 보완했다. 하지만 엔드 투 엔드 플로우 및 피드백에 집중하기보다 선형적 프로세스에만 너무 많이 매달림으로써 조직들은 지나치게 좁고 선형적인 관점의 데브옵스를 도입하는 실수를 반복하게 된다.

자동화된 반복 가능한 방법으로 잦은 릴리즈를 줄여 가는 능력은 데브옵스 변혁의 훌륭한 출발점이 될 수 있다. 그러나 이는 제품의 엔드 투 엔드 가치 흐름을 최적화하기 위한 작은 한 걸음일 뿐이다. 제약 이론은 우리에게 가치 흐름 일부분에 대한 투자는 그곳이 병목 지점이 아닌 이상 성과를 내기 어렵다고 말해 준다.[3] 하지만 어떤 부분이 병목 지점인지 어떻게 알 수 있을까? 무엇보다 우리는 제대로 된 관점으로 병목 지점을 찾고 있기는 한 것일까? 비선형적인 프로세스 안에서 선형적인 병목 지점을 찾고 있는 것이 아닐까? 예를 들어 선형적 병목 지점에서 발생하는 단 하나의 의존성은 제약이 될 수 있다. 그러나 네트워크에서라면 의존성을 우회하는 경로가 존재할 수 있다. 소프트웨어 팀이 이러한 대체 경로를 활용하는 것은 흔히 볼 수 있다 (예를 들어 업스트림에서 제공받기로 한 API의 지연으로 API를 해당 팀에서 직접 개발해 사용하는 경우).

소프트웨어 개발은 제조업과 흡사한 프로세스의 집합으로 구성돼 있다. 프로세스 하나하나를 개별적으로 취급한다면 각 프로세스는 자동화 및 반복 가능성이 성공 여부를 결정하는 배치Batch 플로우라고 생각할 수 있다. 예를 들어 1970년대 우리는 거대한 규모의 코드베이스를 위한 배치 스타일의 반복이 가능한 컴파일러와 GNU 등의 시스템을 통해 소프트웨어 어셈블리를 마스터했다. 이후 10년 동안 모바일 사용자 인터페이스를 개발할 때 자동으로 생성되는 코드들은 이제 우리가 당연시하는 자동화 단계가 됐다. 오늘날 우리는 코드 배포, 릴리즈, 성능 관리를 마스터하는 과정에 있으며 잦은 릴리즈를 믿을 만하고 안전한 프로세스로 만들고 있다. 이들은 엔드 투 엔드 소프트웨어 가치 흐름 중 일부에 해당하며 차체를 성형하고 용접하고 조립하는 여러 단계의 로봇과도 비슷하다. 하지만 소프트웨어의 다양한 단계는 생산 라인 내 단순한 일방향 배치 플로우의 형태로 묶일 수 없다.

앞서 BMW 그룹 공장에서 자동차를 생산하는 모습을 엑스레이처럼 볼 수 있었던 것과 같이 대규모 IT 조직에서 작업 플로우를 가상의 MRI로 찍어볼 수 있다면 우리는 어떤 핵심적인 구조를 보게 될까? 나는 이 아이디어를 태스크톱에서 이뤄냈고 구조를 시각화한 결과는 생산 라인과 전혀 달랐다. 결과는 기내 잡지 뒤편에 실린 취항 노선의 네트워크 지도와 매우 비슷했다. 기상 현황이나 연착으로 인한 병목 지점 및 항로 변경에 따라 대응하는 항공기들의 플로우를 시각화한다고 생각하면 이해가 쉬울 것이다.

IT 조직을 항공 교통 네트워크처럼 보이도록 매핑해본다면 무엇이 교점에 해당하며 무엇이 경로에 해당할까? 모든 프로젝트, 제품, 팀에 걸친 기능 및 결함 수정의 플로우를 어떻게 매핑할 수 있을까? 우리는 9장에서 이 질문들에 대한 답을 알아볼 것이다. 308개 툴 네트워크로부터 배운 모든 것은 선형적인 제조업 플로우보다 네트워크 기반 모델이 소프트웨어 개발을 잘 나타낸다고 말하고 있다. 병목 지점을 찾아내고 소프트웨어 전달을 최적화하기 위해 네트워크를 생성하고 관리하는 방법부터 알아보자.

자동차 제조보다 비행기 항로처럼

엔드 투 엔드 소프트웨어 생명 주기는 최종 사용자에게 가치를 전달하는 비즈니스 프로세스라는 것이 핵심이다. 플로우에 관한 생각을 생산 라인에서 네트워크로 옮겨가게 되면 많은 린 개념들이 의미를 갖게 된다. 진행 중인 작업^{WIP}을 최소화하기 위한 작은 배치 크기나 한 개 흐름^{One piece flow}과 같은 개념들이 그렇다. 그러나 제조업적 관점을 지나치게 적용하고 잘못된 멘탈 모델을 계속 따르는 것을 피하려면 소프트웨어 개발의 반복적이며 네트워크 기반인 가치 흐름을 관리하는 것과 제조업의 선형적 가치 흐름을 관리하는 것 사이의 핵심적인 차이를 확실하게 정의해야 한다.

- **가변성**: 제조업에서는 생산 라인의 끝에서 어떤 것이 생산되어 나올지 잘 정의된 제품 바리에이션의 목록을 정해 놓고 있다. 반면에 소프트웨어 기능의 디자인은 얼마든지 조정할 수 있다. 제조업에서는 가변성을 최소화해야 하지만 소프트웨어 개발에서는 이를 받아들여야 한다.
- **반복성**: 제조업이란 제품에 대한 생산량을 최대로 하는 것을 목표로 한다. 반면에 소프트웨어란 반복과 피드백을 최대화하고 계속해서 제품을 개선하는 것에 목표가 있다. 소프트웨어 전달의 단계마다 신뢰성 있는 배포 자동화와 같은 반복성이 필요하며 엔드 투 엔드 프로세스를 위해서는 반복성뿐만 아닌 플로우, 피드백, 지속적 학습을 최적화해야 한다.
- **설계 빈도**: 자동차와 같은 제조 생산품은 수년에 걸친 프로젝트 중심 주기에 따라 설계된다. 생산 라인 자체의 변경을 요구하는 설계 변경은 그만큼 자주 일어나지 않는다. 소프트웨어에서는 제품 지향적 방식으로 기능을 전달하므로 가치 흐름을 흐르는 플로우 아이템의 비율에 따라 설계 빈도가 증가한다. 이때 설계는 외부가 아닌 내부, 즉 생산 시스템에서 일어난다.
- **창의성**: 제조 프로세스는 최대한 많은 자동화를 목표로 한다.

이는 창의적이거나 결정되지 않은 작업을 생산 프로세스에서 제거하기 위함이다. 이와 반대로 소프트웨어 전달은 각 단계에서 창의성과 협업을 가능하게 하는 것에 초점을 맞추며 창의성을 지원하기 위해 자동화를 활용한다.

메트칼프의 법칙Metcalfe's law에 따르면 네트워크의 가치는 네트워크의 연결성에 따라 증가한다.⁴ 우리의 가치 흐름 네트워크가 충분한 연결성이 없다면 특정 단계를 최적화하는 의미가 있을까? 예를 들어 운영 및 서비스 담당자는 서비스나우ServiceNow와 같은 IT 서비스 관리 툴을, 개발자는 아틀라시안 지라Atlassian Jira 등의 애자일 툴을, 프로젝트 관리자는 CA PPM과 같은 프로젝트 관리 툴을 사용하는 가운데 정형화된 피드백 루프가 아무것도 없다고 가정하자. 이런 경우 지속적 전달에 수백만 달러를 투자한들 측정 가능한 비즈니스 결과를 끌어낼 수 있을까? 질문에 답을 하려면 가치 흐름 네트워크를 측정하고 가시화할 수 있어야 한다.

라이프치히 공장의 병목 지점은 도장 과정에 있었다. 칠해야 할 색상별로 자동차를 다시 정렬해 임시 재고 처리 및 도장 처리 후 무재고 생산 라인에 다시 순서대로 투입해야 한다는 요구 사항은 공장의 식당 위에서 벌어지는 가치 흐름 가시성의 궁극적인 형태로 실현됐다. 라이프치히 공장에서 걸어 나오면서 BMW 그룹이 얻어낸 독창성, 혁신, 관리적 정교함은 나의 관점을 변화시켰다. 이제는 소프트웨어를 만드는 방식을 확장하는 데 라이프치히 공장만큼 완벽을 추구할 수 있도록 하는 토대와 새 모델을 마련해야 할 때다. 소프트웨어 전달을 선형의 제조 프로세스로 보는 관점을 계속 유지한다면 우리는 비행기가 없던 시절에 머무르게 될 것이다.

가치 흐름 네트워크

플로우 프레임워크에서 가치 흐름 네트워크를 구성하는 3가지 추상 계층에 대해 정의할 수 있었다(그림 9.2). 세 계층의 목적은 툴 계층의 구현 상세 내용을 가치 흐름 지표가 제공하는 좀 더 추상적이고 비즈니스 가치 지향적인 관점으로 연결하는 것이다.

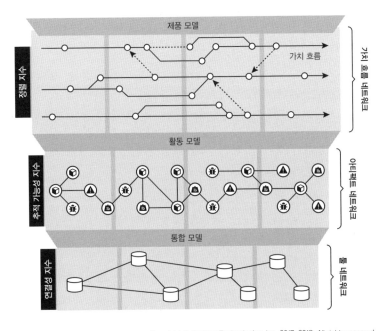

그림 9.2 가치 흐름 네트워크

플로우 프레임워크의 가장 하위 계층은 '툴 네트워크'다. 툴 네트워크에서 교점은 툴이며 그 사이 연결은 툴 간 통합을 의미한다. 툴 네트워크는 **통합 모델**을 통해 정의된다. 툴 네트워크가 정의되면 개발자나 다른 구성원들이 만드는 다양한 아티팩트와 작업 아이템이 툴 네트워크 내부에 실체화된다. 이렇게 나타나는 여러 툴에 걸친 아티팩트를 관찰하면 **아티팩트 네트워크**가 형성된다. 아티팩트 네트워크에서 교점은 '티켓', '버그' 등의 아티팩트다. 각 교점은 이들 아티팩트 간 관련성에 의해 연결돼 있다. 아티팩트 네트워크로부터 가치 흐름 네트워크를 생성할 수 있으며 세부적인 아티팩트를 플로우 지표가 필요로 하는 좀 더 일반적인 플로우 아이템과 플로우 상태로 매핑하는 **활동 모델**도 사용할 수 있다. 마지막으로 **제품 모델**은 가치 흐름 네트워크의 가치 흐름을 우리가 측정하고자 하는 제품 지향적 비즈니스 결과에 정렬시킨다.

각 네트워크는 소프트웨어 전달에 있어서 서로 다른 수준의 관점을 제공한다. 예를 들어 툴 네트워크를 통해 가장 많이 사용되는 툴과 전체 조직의 툴 사용에 대한 윤곽을 알아낼 수 있다. 아티팩트 네트워크는 각 팀의 코드 커밋에서 배포까지의 사이클 타임과 같은 지표를 체계적으로 측정할 수 있게 해 준다. 이러한 교차 툴 지표는 두 네트워크 계층을 연결함으로써 얻을 수 있는 이점 중 하나다. 그러나 플로우 프레임워크의 궁극적 목표는 세 번째 계층인 가치 흐름 네트워크를 활성화하는 것으로, 이는 소프트웨어 전달에 비즈니스 수준의 시야를 적용할 수 있다는 것을 의미한다. 다음 절에서는 위의 세 가지 네트워크를 만들고 연결 짓고 관리하는 데 필요한 핵심 개념을 설명한다. 최종 목표는 제품 지향적 가치 흐름 관리를 활성화하는 것이다. 이 관리 방법에 대해서는 포레스터[Forrester]의 크리스토퍼 콘도[Christopher Condo]와 디에고 로 주디체[Diego Lo Giudice]가 다음과 같이 정의했다.

> 서로 다른 기업용 소프트웨어 전달 파이프라인을 통해 비즈니스 가치 플로우(에픽, 스토리, 작업 아이템 포함)를 매핑하고 최적화하고 시각화하고 제어하며 관리하는 사람, 프로세스, 기술을 조합한다. 가치 흐름 관리 툴은 VSM(Value Stream Mapping)의 기반 기술이 된다.[5]

툴 네트워크 연결하기

툴 네트워크(그림 9.3)는 가치 흐름을 지원하는 툴을 관리했거나 구매해 본 사람이라면 익숙한 개념일 것이다. 툴 네트워크는 단순하게 네 가지 플로우 아이템을 지원하는 아티팩트를 가지는 외부 호스팅 혹은 온프레미스^{On-premise} 툴 모음이다. 둘 이상의 툴이 존재할 때 플로우와 피드백을 얻을 유일한 방법은 플로우 아이템이 포함된 관련 툴을 서로 연결하는 것이다.

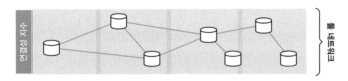

그림 9.3 툴 네트워크

이를 측정하기 위한 **연결성 지수**는 통합된 툴 (및 아티팩트 컨테이너) 대비 통합되지 않은 툴의 비율이다. 예를 들어 5개 툴 중 2개만 연결돼 있고, 프로젝트나 제품에 해당하는 부분 일부만 통합된 툴에 연결된 상태라면 연결성 지수의 값은 낮아질 것이다. 연결성 지수는 플로우 지표의 신뢰 수준을 제공하기 위한 핵심 척도다. 서비스 데스크 툴이 연결돼 있지 않다면 연결성 지수는 100% 이하일 것이다. 또한 서비스 데스크 툴이 연결돼 있지 않다는 것은 고객 지원 사례에서 발생하는 플로우 아이템에 대한 플로우 타임 지표가 정확하지 않다는 뜻이다. 가치 흐름의 해당 부분이 수집에서 제외됐기 때문이다.

> **연결성 지수:** 툴 네트워크에서 연결된 툴과 연결되지 않은 툴의 비율.

다양한 공급업체의 툴, 자체 개발 툴, 오픈소스 툴에 의존하는 기업 IT 조직은 가치 흐름 네트워크의 툴 네트워크 계층에서 연결이 끊어지는 경우 필요한 플로우와 피드백을 받는 것이 어려워진다. 지라 등의 개발자 툴과 서비스나우와 같은 서비스 데스크 툴이 서로 연결돼 있지 않다면 두 사일로 간 플로우와 피드백 부족으로 정보 병목 지점Information Bottleneck이 발생한다. 이런 경우 연결성 지수를 활용해 가치 흐름에 걸쳐 정보가 끝에서 끝으로 흐를 수 있는 정도를 측정할 수 있다.

통합 모델과 툴 네트워크 연결하기

툴 네트워크에 둘 이상의 툴이 있는 경우 툴들이 서로 통합돼야 플로우를 지원할 수 있다. 통합의 목적은 작업 중인 아티팩트를 플로우 프레임워크에서 측정하는 지표에 연결하는 데 있다. 이는 소프트웨어 전달의 실측 정보와 비즈니스 지표를 연결하기 위해 매우 중요하며 자주 누락되는 활동이다. 툴 네트워크 안의 각 툴 저장소에서 원시 데이터를 얻기는 쉽지만, 툴 간 아티팩트 네트워크를 연결하는 통합 모델 없이는 의미 있는 비즈니스 수준의 리포트가 불가능하다.

통합 모델은 툴 간 작업 아이템과 연관 아티팩트를 정의해 작업 아이템 및 아티팩트가 각각 네 가지 플로우 아이템에 매핑되도록 한다. 각 아티팩트는 여전히 툴 네트워크 내 툴 하나에 저장돼 있겠지만 툴 저장소에서 직접 비즈니스 수준 리포트를 시도한다면 아티팩트 타입, 스키마, 워크플로우 상태 등이 너무 다양하고 변동성이 심해서 의미 있는 리포트 산출이 어려워지고 가시성이 떨어지게 된다.

우리가 진행한 연구에서 308개 조직의 아티팩트 중 하나는 단일 아티팩트에서 200개가 넘는 워크플로우 상태를 지원하고 있었다. 이 정도의 상세한 구분과 복잡성은 개별 전문가와 팀을 대상으로는 중요할 수 있지만 비즈니스 가치 측정을 위해서는 너무 많이 세분돼 있다. 예를 들어 내부 BI^Business Intelligence 팀은 비즈니스에서 의미를 갖는 워크플로우 상태를 추출하려고 많은 양의 매핑과 로직을 준비해야 하며 각 개발 팀에서 방법론과 작업 플로우 모델을 수정할 때마다 매핑을 다시 수행해야 한다.

이것이 통합 모델을 고안하게 된 배경이다(그림 9.4). 통합 모델은 세부 아티팩트 유형을 플로우 아이템 및 플로우 상태에 매핑하는 추상화된 격리 계층을 제공한다. 통합 모델은 수많은 툴에 걸친 플로우 지표를 쉽게 리포트할 수 있게 만든다.

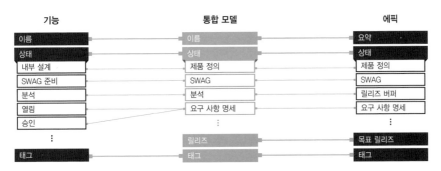

그림 9.4 통합 모델 필드 매핑

통합 모델은 비즈니스 수준의 피드백을 가능하게 할 뿐 아니라 플로우에 다양한 툴이 연관되는 경우 플로우 구현의 핵심이 된다. 플로우상 서로 다른 툴은 전달 파이프라인의 여러 단계에 전문화돼 있기 마련이다. 따라서 이런 경우 유저 스토리와 같은 작업 아이템 아티팩트는 다음과 같이 하나 이상의 툴에 걸쳐져 있을 것이다. 유저 스토리 하나는 비즈니스 파트너의 아이디어화 툴에서 시작되며 애자일 플래닝 툴의 유저 스토리가 됐다가 개발 부서의 툴에서 구현되고 배포 자동화 툴을 통해 배포된 후 서비스 데스크 툴에 관련 티켓을 쌓게 될 것이다. 이런 경우 유저 스토리와 관련된 아티팩트는 다섯 가지 서로 다른 툴에서 만들어지겠지만 좀 더 추상화된 통합 모델에서는 단 하나의 아티팩트에 대응하게 된다.

대규모 조직이라면 통합 모델을 통해 툴 네트워크를 연결하는 효과 자체만으로도 혁신적일 것이다. 예를 들어 한 보험 회사에서 품질 관리 툴과 개발자 툴을 서로 연결했을 때 해당 분기에 직원 조사에서 참여도가 22% 증가했음을 확인할 수 있었다.[6] 이러한 개선은 중복 데이터 입력을 비롯해 단절로 발생한 마찰이 줄었기 때문으로 분석됐다.

마지막으로 통합 모델은 각 아티팩트 유형과 그에 따른 플로우 아이템 간 매핑을 제공한다. 이를 통해 아티팩트가 가질 수 있는 여러 작업 플로우의 상태를 네 가지 플로우 상태로 매핑하는 것까지 제공하게 된다. (그림 9.5는 태스크톱 통합 모델의 단순화된 버전을 나타낸다.)

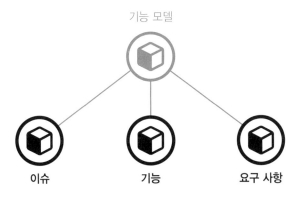

기능 모델

이슈　　　기능　　　요구 사항

그림 9.5　통합 모델 아티팩트 매핑

툴 네트워크와 조직의 복잡도에 따라 툴 네트워크를 연결하는 과정은 아주 복잡해질 수도 있다. 예를 들어 308개의 툴 네트워크 연구 과정에서 결함 플로우 아이템으로 분류될 독립적인 아티팩트 유형이 십여 개에 달하는 조직을 만난 적이 있다. 이상적으로는 복잡한 아티팩트 유형들을 일반적인 아티팩트 유형으로 매핑해 우연적 복잡성을 개선할 수 있겠지만 변혁 이니셔티브의 기간에 따라 항상 실현 가능한 것은 아니다. 통합 모델은 이러한 복잡성에서 플로우 지표를 격리함으로써 이를 해결한다. 시간이 지나면서 툴 스키마와 통합 모델 간의 매핑을 줄여나가고 툴 아티팩트 스키마에 있던 우연적 복잡성을 단순화할 수 있다.

통합 모델은 IT 팀이 툴 인프라를 운영하는 데 근본적인 이점을 제공한다. 칼리스 볼드윈Carliss Baldwin과 그의 하버드 경영대학원 동료들의 연구는 소프트웨어 모듈화가 선택권을 늘림으로써 비즈니스 가치를 제공함을 증명했다.[7] 통합 모델의 주목표는 툴 네트워크에 모듈성을 부여하는 것이다. 이는 다양한 툴을 가치 흐름에 연결하고 특정 제품의 가치 흐름에 전문화된 툴을 쉽게 탑재할 수 있게 만든다. 새로운 보안 분석 툴을 배포해야 하는 경우 해당 툴은 통합 모델에만 매핑이 필요하며 툴 네트워크의 다른 툴과 제품 영역과의 매핑은 신경 쓰지 않아도 된다. 툴을 추가하고 제거하거나 조직 재구성을 지원해야 하는 상황에서 통합 모델이 제공하는 툴 네트워크의 모듈성을 활용한다면 훨씬 쉽게 목적을 달성할 수 있다.

아티팩트 네트워크 만들기

통합 모델은 비즈니스 가치가 가치 흐름 네트워크를 통해 흘러갈 수 있는 경로를 정의한다. 소프트웨어 아키텍처 관점에서 이 경로는 아티팩트 유형 계층과 유사하다. 통합 모델을 통해 흘러가는 작업 항목에 관련된 인스턴스들은 **아티팩트 네트워크**를 만들어낸다. 예를 들어 어떤 조직이 100개의 가치 흐름이 있다면 하나의 통합 모델은 서로 다른 100개의 아티팩트 플로우에 100번 인스턴스화될 수 있음을 의미한다. 팀이 만든 가시적인 모든 작업은 아티팩트 네트워크에 존재하게 된다.

엔드 투 엔드 가시성을 보장하기 위해 아티팩트 네트워크의 모든 아티팩트는 연관된 다른 모든 아티팩트와 서로 연결돼야 한다. 새로운 팀이 아직 통합 모델에 연결되지 않은 방법론을 사용해 작업을 시작했다면 작업된 아티팩트들은 아티팩트 네트워크에는 나타나겠지만 네 가지 플로우 아이템과는 매핑되지 않을 것이다. 따라서 이들은 아티팩트 네트워크에서 가시적임에도 플로우 지표로는 연결되지 않을 것이다.

이렇게 '외딴섬'이 된 아티팩트들은 비즈니스에서 볼 수 없으며 가치 흐름 가시화를 방해한다. 이를 해결하려면 **추적 가능성 지수**를 통해 아티팩트 네트워크에서 연결되지 않은 아티팩트를 추적한다. 추적 가능성 지수가 낮다는 것은 작업의 단절된 부분이 플로우 지표를 통해 추적되지 않고 있으며 이해관계자들도 작업의 흐름을 볼 수 없다는 것을 의미한다. 추적 가능성 지수가 높다면 플로우 프레임워크가 비즈니스에 제공하는 정보의 신뢰성이 높아진다. 전체 비즈니스 수준의 추적 가능성을 위해서는 100%의 추적 가능성 지수에 도달하는 것을 목표로 삼아야 한다.

추적 가능성 지수: 아티팩트 유형에 따른 아티팩트 연결의 너비와 깊이.

추적 가능성 지수는 툴 네트워크 아티팩트에서 통합 모델로 향하는 매핑에 기반하므로 가치 흐름 네트워크의 자동화된 추적성의 규모를 나타내기도 한다. 요구 사항, 관련 코드 변경, 테스트 케이스 사이에 자동화된 추적성이 설정되지 않았다면 단절된 아티팩트의 추적 가능성 지수는 낮게 나타날 것이다. 관리, 규제, 규정 준수 등을 위해 추적 자동화는 가치 흐름 네트워크의 필수 요소이며 추적 가능성 지수는 추적 자동화 수준을 나타낸다.

2장에서 소개한 보잉 787 브레이크 소프트웨어 사례는 대규모 소프트웨어 발전과 유지에 추적성 자동화가 얼마나 중요한지를 말해 준다. 소스 파일에 버전이 없다면 제대로 관리할 수 없듯이 '모든 것에 버전을 매기기'에 대한 필요성은 대부분 조직에 잘 알려져 있다. 가치 흐름 네트워크는 이 개념을 기반으로 가치 흐름을 통해 흐르는 '모든 것을 연결'하도록 확장한다. 예를 들어 태스크톱은 최초 고객 요청 사항(세일즈포스에서 시작됨)부터 기능 생성에 관련된 다양한 툴, 해당 기능을 제공하는 릴리즈에 이르는 모든 아티팩트 단위에 추적성 자동화를 도입했다. 가치 전달에 대한 리포트 또는 감사는 아티팩트 네트워크에서 간단한 쿼리를 통해 쉽게 산출할 수 있다.

마지막으로 플로우 아이템을 정의하는 아티팩트가 작업을 거치며 지나는 다양한 단계를 분류하기 위해 아티팩트 네트워크는 **활동 모델**

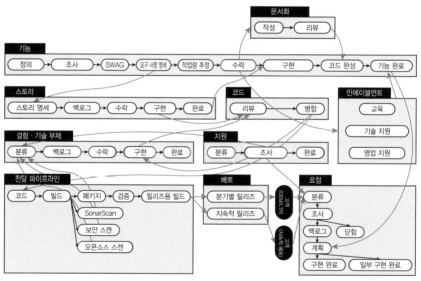

그림 9.6 활동 모델 예시: 아티팩트와 작업 흐름 상태

을 사용한다. 활동 모델은 가치 흐름 내부에서 일어나는 구체적 활동 각각을 식별하고 이들 활동을 통합 모델이 정의한 구체적 작업 플로우 상태에 매핑한다. 또한 활동 모델은 식별한 활동을 네 가지 플로우 상태에 매핑해 모든 아티팩트에 걸쳐 플로우를 일관되게 측정할 수 있도록 한다.

각 단계 자체는 조직의 소프트웨어 전달과 비즈니스 프로세스를 기반으로 한다. 자동차 생산에서 전자 제어부 설치 단계를 추가할 수 있는 것처럼 엄격한 통제 시스템이 있는 조직의 경우 추가적인 권한 통제와 관련된 단계가 추가될 수 있다. 각 단계가 구체화되고 매핑되면 각 아티팩트가 수명 주기 동안 정확히 어느 단계에 있는지 확인할 수 있다. 그림 9.6은 활동 모델의 기본적인 형태로 태스크톱 내부의 아티팩트와 워크플로우 상태의 단순화된 도식이다.

제품 모델에 가치 흐름 네트워크를 정렬하기

최상위 레이어는 가치 흐름 네트워크다. 앞서 설명한 하위 두 계층은 가치 흐름 네트워크에 공급하기 위한 자동화된 플로우와 피드백 인프라를 제공한다. 팀과 전문가를 연결하며 수동 작업과 리포트 작성을 없애기 위해서는 앞선 두 계층으로 충분하다. 하지만 비즈니스 이해 관계자가 확인해야 하는 툴과 팀을 통해 흐르는 작업에 대한 정렬이 이뤄지는 계층은 세 번째 계층이다. 이 계층은 각 가치 흐름이 얼마나 많은 비즈니스 가치를 전달하는지와 병목 지점과 기회가 어디에 놓여 있는지를 보여준다.

제품 모델은 소프트웨어 구조와 비즈니스 수준의 제품 사이에 존재하는 근본적인 단절을 해결한다. 308개의 툴 네트워크를 이용해 알아낸 사실은 애자일 툴의 구조가 소프트웨어 구성 요소의 계층 구조에 정렬돼 있다는 것이다. 이는 프로그래밍 언어의 모듈성과 소프트웨어 진화 과정의 레거시 구조와 관련 있다.

소프트웨어 아키텍트들과의 대화를 통해 툴 네트워크 안의 각 툴 저장소와 제품 가치 흐름 사이에 일대일 정렬이 부족하다는 사실을 깨달았다. 기술자들은 엔드 투 엔드 가치 흐름이 아닌 기술적 사일로의 경계를 따라 소프트웨어 구조를 설계하는 경향이 있다. 그 결과, '조직 및 팀 구성', '소프트웨어 설계', '가치 흐름 설계'라는 소프트웨어 전달에 중요한 세 가지 요소가 서로 어긋나게 된다. 새로운 프로그래밍 프레임워크, 모듈화 방식 그리고 기능 팀과 같은 조직 구성 방법으로 각 요소의 정렬을 개선할 수 있다. 제품 모델은 툴 네트워크상기존 아티팩트 구조와 비즈니스 가치 전달에 맞춰진 제품 지향적 가치 흐름 사이의 매핑을 제공한다(그림 9.7).

그림 9.7 제품 모델

플로우 프레임워크의 마지막 구성 요소는 제품 모델 매핑의 완성도를 정의하는 지수다. 예를 들어 처음 플로우 프레임워크를 적용할 때 한두 개의 가치 흐름에만 제품 모델을 구축하고 나머지 IT 작업은 계속 프로젝트 지향적으로 관리되는 경우를 가정하자. 제품 모델이 구축된 제품 라인을 위해서만 가시성과 플로우 지표가 산출될 것이며 나머지 제품들은 그렇지 못할 것이다. **정렬 지수**는 조직의 가치 흐름 연결 작업이 어느 정도 완수됐는지 측정한다. 정렬 지수가 높을수록 가시성이 높아지며 비즈니스 결과 매핑이 명확해진다.

정렬 지수: 툴 네트워크 전체의 모든 아티팩트 컨테이너 대비 제품 가치 흐름에 연결된 아티팩트 컨테이너 비율.

눈에 보이는 가치 흐름 만들기

가치 흐름 네트워크가 구축되면 가치 흐름 네트워크를 통한 아티팩트 플로우에서는 2부에서 설명한 모든 플로우 지표를 측정해낼 수 있으며 제품의 투자 결정을 판가름하는 비즈니스 성과와 측정된 지표를 연관시킬 수 있다. 이와 더불어 가치 흐름 네트워크는 이를 구성하는 가치 흐름 자체를 최적화하는 데 사용 가능하며 가치 흐름 네트워크의 핵심인 엔드 투 엔드 가시성 또한 제공한다.

가치 흐름을 최적화하기 위해 플로우 프레임워크를 활용하는 구체적 예시로 기업 가치 흐름에서 낭비의 원인으로 지목되는 다섯 항목을 살펴보겠다. 이는 도미니카 드그란디스의 『업무 시각화』에서 '시간 도둑'으로 정의된 내용이다.[8] 드그란디스는 개인, 팀, 조직에 영향을 주는 다섯 가지 유형의 시간 도둑에 대해 설명한다. 칸반 보드가 팀 수준에서 작업을 가시화하는 것처럼 가치 흐름 네트워크 및 관련 지표들은 조직 차원에서 작업을 가시화하여 팀의 적절한 대응과 투자를 끌어낸다.

1. 과다한 WIP

도널드 라이너트슨이 지적했듯이 WIP^Work in Progress(진행 중 작업)에 대한 제한은 제조업에서 플로우를 달성하는 데 중요하다.[9] 너무 많은 WIP가 가치 흐름에 있으면 대기열이 생기고 전달 속도가 떨어진다. 플로우 부하는 각 가치 흐름에 있는 WIP의 양을 측정한다. 더 중요한 것은 플로우 부하의 증가가 플로우 속도와 플로우 타임에 주는 영향을 확인할 수 있으며 비즈니스 결과에 주는 영향을 확인하기 위해 이들 지표의 상관관계를 분석할 수 있다는 점이다. 경험 많은 제품 및 엔지니어링 전문가는 WIP가 많으면 속도가 늦어진다는 사실을 잘 알지만 비즈니스 요구를 무시하기에는 어려움이 따른다. 플로우 프레임워크는 각 가치 흐름의 플로우 지표를 드러냄으로써 플로우 속도를 높이려면 플로우 부하를 낮추도록 데이터 중심 비즈니스 운영을 활성화한다.

서로 다른 가치 흐름은 플로우 부하에 대해 서로 다른 저항력을 가진다. 예를 들어 불충분한 아키텍처 위에서 성공적인 제품을 만들어야 한다면 끌어당겨질 기능을 구현하기 위해 개발자가 끊임없이 새로운 아키텍처 요소를 덧댈 필요가 있고 예상치 못한 많은 작업을 야기한다. 이런 경우 플로우 부하에 대한 가치 흐름의 저항력이 낮을 것이며, 좋은 아키텍처가 있었다면 플로우 부하에 대한 저항력이 높을 것이다. 가치 흐름 네트워크는 각 가치 흐름에 제한할 일반적인 WIP의 수를 상정하는 것이 아닌, 시간 경과에 따라 플로우 부하를 결정하고 조정할 수 있도록 데이터를 제공한다.

태스크톱의 허브 팀에서 우리는 아키텍처 전체를 횡단하는 기능을 너무 많이 넣음으로써 발생하는 영향을 지켜볼 수 있었다. 그렇게 추가된 덩치가 큰 횡단 기능들은 당시 비즈니스에서는 중요시되는 기능이기는 했지만 해당 가치 흐름에 걸친 팀 사이에서 병렬적으로 하나 이상의 기능이 동시에 진행되면서 1년 동안의 가치 흐름 속도는 횡단 기능을 한 번에 하나씩 수행할 때보다 더 늦어졌다.

2. 알려지지 않은 종속성

소프트웨어 전달에서 관리가 가장 어려운 것 중 하나는 팀, 구성 요소, 제품 간 종속성이다. 드그란디스는 아키텍처, 전문 지식, 활동 기반이라는 세 가지 종속성을 정의한다.[10] 각각의 종속성은 아티팩트 네트워크에서 분명하게 드러난다. 예를 들어 한 제품 팀이 다른 팀에

API 기능을 반복적으로 요청한다면 이에 상응되는 아티팩트 관계는 두 팀 간 아키텍처 종속성으로 아티팩트 네트워크에 명확히 드러날 것이다. 또한 협업 툴에서 코드 리뷰 또는 비슷한 리뷰 메커니즘은 아티팩트 네트워크 내 전문 지식 종속성으로서 드러나기도 한다. 이러한 정보를 활용해 가치 흐름 간 종속성을 모델링하고 이를 해결할 방법을 찾아볼 수 있다. 예를 들어 특정 공통 기능 종속성이 있는 여러 고객향 제품 가치 흐름에 초점을 맞추는 플랫폼 가치 흐름을 만듦으로써 이를 확인할 수 있다.

태스크톱 초기에 UX 디자인을 위해 비싼 컨설팅 회사를 이용했다. 기능 개발이 출시 시간 목표에 맞게 빠르게 진행되지 않았기에 플로우 속도를 높이려고 더 많은 개발자를 계속 고용했다. 그런데도 예상에 미치지 못하는 결과를 얻게 됐다. 가치 흐름 네트워크를 조사해 본 결과, 병목 지점은 개발 처리 능력의 부족에 있었던 것이 아니라 개발자들이 디자이너가 만드는 와이어프레임이 나오기를 기다리는 상황이었던 것을 알게 됐다. 하지만 개발자들은 가만히 앉아있지 못하고 자체 UX를 만들어 붙였다. 제품 팀과 고객의 기대를 만족시키기 위해 이렇게 만들어진 데모는 더 쉽고 제대로 된 UX를 위한 재작업으로 이어질 수밖에 없었다. 이러한 플로우 속도 문제와 이를 유발한 재작업으로 개발자를 더 고용하는 것이 아니라 전담 UX 전문가를 고용해 UX 디자인을 내재화하는 것이 정답임을 깨달았다. 핵심 플랫폼과 SDK 컴포넌트에 의존하는 가치 흐름을 지원할 인력이 충분치 않은 경우에도 유사한 병목 지점이 발견됐다. 구성원, 팀 그리고 가치 흐름이 많아질수록 가치 흐름과 종속성을 가시화할 방법이 없다면 종속성 문제의 원인을 찾는 것은 더욱 어려워진다.

3. 계획되지 않은 작업

계획되지 않은 작업은 소프트웨어 전달 일정에 예측 불가능성을 추가

하는 원인 중 하나로 지목된다. 조직과 가치 흐름에 따라 계획되지 않은 작업의 양은 다양할 수 있으며, 가치 흐름 네트워크는 모든 작업을 가시화한다. 기능 및 리스크 작업은 비즈니스의 참여 아래 계획되기 때문에 가치 흐름이 시작할 시점부터 계획해 들어가는 편이다. 이와는 대조적으로 심각성이 높은 사고 또는 최근에 출시된 제품을 지원하는 티켓은 개발 팀 백로그에 결함으로 등록되며 짧은 플로우 타임 안에 처리돼야 한다. 이러한 활동은 해당 팀의 플로우 분포에서 즉각적으로 확인 가능하며 플로우 분포의 예상치를 조절해 계획되지 않은 작업의 원인을 식별하는 데 집중할 수 있다. 이는 초기 릴리즈부터 축적된 기술 부채나 인프라 부채를 줄이는 것과 같은 작업일 수 있다.

4. 우선순위 충돌

플로우 프레임워크는 플로우 아이템 수준에서 충돌하는 우선순위를 표면으로 드러나게 한다. 예를 들어 플로우 프레임워크는 기능, 결함, 리스크, 기술 부채 각각에 얼마나 커다란 노력을 기울일 것인가를 이해관계자에게 명확히 결정하도록 강제한다. 또한 플로우 프레임워크는 조직이 고차원의 비즈니스 우선순위를 제품별로 나눠 비즈니스 목표 및 결과에 기반한 우선순위를 설정할 수 있게 한다. 그러나 가치 흐름 안에서의 작업 및 우선순위 결정(예를 들어 어떤 기능을 먼저 릴리즈할지에 대한 결정 등)은 플로우 프레임워크보다 하위 차원의 플래닝 프레임워크(SAFe, 스크럼 등)에서 이뤄져야 한다.

5. 방치된 작업

드그란디스는 기술 부채와 '좀비 프로젝트' 등과 같이 방치된 작업을 낭비의 원인으로 지목한다.[11] 기술 부채는 플로우 프레임워크에서 중요한 부분으로 방치된 작업에 시간을 할당하게 한다. 또한 제품 모델을 정의하는 과정에서는 정렬 지수를 통해 모든 좀비 프로젝트를 드러나게 한다. 이러한 '외딴섬' 아티팩트를 가치 흐름 네트워크를 통해 가시화하면 아티팩트가 종료된다거나 신규 또는 기존 가치 흐름에 통합되는 경우를 명시적으로 드러나도록 할 수 있다.

드그란디스는 개인과 팀이 일상 작업에서 낭비를 찾아 제거할 수 있도록 칸반 보드나 누적 플로우 다이어그램CFD, Cumulative Flow Diagram 등의 사용을 가이드했다.[12] 한편 플로우 프레임워크 및 연결된 가치 흐름 네트워크는 조직 전체에 걸친 낭비의 원인을 식별하고 제거할 수 있게 돕는다.

결론

9장에서 플로우 프레임워크의 마지막 구성 요소들을 정의하고 최신의 툴 네트워크를 활용해 가치 흐름 네트워크를 만듦으로써 소프트웨어 시대의 거대 기술 기업과 스타트업이 경험하는 엔드 투 엔드 플로우를 만드는 방법을 배웠다. 통합 모델은 툴 네트워크를 추상화하는 계층을 제공해 점점 늘어나는 전문적 역할과 툴을 연결함으로써 전문가와 팀 사이에 정보의 자동화된 흐름을 만들어낸다. 활동 모델은 이렇게 흐르는 아티팩트와 상호 작용을 플로우 아이템 및 가치 흐름의 다양한 단계로 매핑할 수 있게 한다. 마지막으로 제품 모델은 플로우 지표를 계산하고 이를 비즈니스 결과로 연관시키기 위해 흐름과 활동을 소프트웨어 제품에 정렬시킨다. 우리는 수백만 개의 아티팩트가 흐르는 여러 아티팩트 네트워크가 있음을 알고 있다. 그러나 네트워크의 하위 계층이 매우 복잡하더라도 가치 흐름 네트워크는 소프트웨어 전달에 있어 높은 수준의 비즈니스 및 고객 중심 관점을 제공한다.

가치 흐름 네트워크의 역할은 대규모 소프트웨어 전달을 혁신하기 위한 인프라를 제공하는 것이다. 가치 흐름 네트워크는 조직을 프로젝트에서 제품으로 전환하고 비즈니스 차원의 가시성을 확보해 소프트웨어 전달의 최적화를 시작하게 해 줄 관리 프레임워크를 완성한다.

3부 결론

이미 잘 자리 잡은 성숙한 기성 조직인 BMW는 어떻게 i3, i8과 같은 전기 자동차를 성공적으로 신속하게 시장에 내놓을 수 있었을까? 내연 기관이라는 레거시에서 자유로운 테슬라를 위시한 신흥 자동차 제조사에 BMW가 느낀 위협의 수준은 오늘날 기성 기업들이 소프트웨어 시대에 태어난 새로운 기업에 느끼는 위협과 비슷했을 것이다. 이른 시일 안에 콘셉트 차량을 출시하는 것보다 더 인상적인 것은 시장 기회에 맞춰 생산 규모를 조정할 수 있는 BMW의 능력이다. 예를 들면 내가 이 글을 쓰고 있는 2018년 중순 BMW는 라이프치히 공장의 전기차 모델 생산을 하루 200대 규모로 대폭 확장한다고 발표했다.[13] BMW는 시장의 변화에 맞게 기업의 가치 흐름 투자를 조정할 수 있다. 많은 IT 기업이 물리적인 생산 라인이라는 제약이 없음에도 불구하고 시장의 변화에 대한 대응이 훨씬 더 늦는 이유는 무엇일까?

3부에서 이에 대한 답을 찾을 수 있었다. 제품 중심의 가치 흐름, 가치 흐름을 측정하는 방법 그리고 연결된 가치 흐름 네트워크가 없다면 비즈니스는 소프트웨어 시대의 성공을 결정짓는 기술적 작업과 직접적으로 연결되지 못한다. 가치 흐름 네트워크를 만드는 것은 그렇게 어렵지 않다. 모든 개발자를 대상으로 애자일 방법론을 교육하는 데 드는 조직의 에너지에 비하면 노력의 일부에 불과하다. 하지만 이 이니셔티브는 IT 부서에만 맡겨질 것이 아니며 비즈니스의 노력이 필수적이다.

플로우 프레임워크는 비즈니스 리더와 기술자가 한데 모여 디지털 비즈니스를 관리하기 위한 공통의 언어와 성공 기준을 만들어내기 위해 일련의 공유 지표에 대한 합의가 필요하다. 이를 위해서는 비즈니스 계획 및 관리 시스템을 소프트웨어 전달 툴과 통합해 통일된 피드백 루프를 생성해야 한다. 이러한 새로운 인프라를 만들고 관리하려면 조직에 가치 흐름 설계자가 필요하다. 이는 제품 기반의 비즈니스 결과를 전달하기 위한 가치 흐름에서 작업을 하는 팀으로 하여금 권한과 책임 모두 필요하게 만든다. 무엇보다 예산 편성 및 비즈니스 관리 방법을 프로젝트에서 제품으로 전환하는 것이 중요하다. 전환이 자리 잡게 되면 그 결과로 구성되는 가치 흐름 네트워크는 빠른 속도로 변화하는 시장 및 고객 행동에 대응할 수 있는 가시성을 사람과 발전하는 인공 지능 모두에 제공할 것이다.

거대 기술 기업들은 이를 이미 생각해 냈으며 이제 우리 조직의 차례다. 가치 창출 소프트웨어 포트폴리오로 소프트웨어 전달을 관리하기로 한 이들은 전환점에서 살아남아 다가올 활용기에 성공을 거둘 수 있을 것이다. 반면 프로젝트 중심적이며 비용 중심적인 사고방식에 머물러 있는 이들은 경제의 나머지 부분마저 소프트웨어 시대로 전환되면서 점점 더 소외될 것이다.

전환점을 넘어서

나는 런던에서 열린 '데브옵스 엔터프라이즈 서밋 2018'에 참석한 뒤 밴쿠버로 돌아가기 위해 또다시 보잉 787 드림라이너에 앉아있다. 2년 전 라지뱅크와 진행한 회의를 마치고 돌아올 당시에는 기성 기업들이 그들의 미래와 함께 수십억 달러를 날려버리는 것을 떠올렸었지만 지금은 한 줄기 희망을 바라보고 있다.

진 킴은 엔터프라이즈 데브옵스 커뮤니티를 통합했고 변화의 시기가 도래한 수많은 IT 조직에 신호탄 역할을 한 피닉스 프로젝트는 데브옵스 커뮤니티를 성장시켰다. 커뮤니티가 문제점을 이해하면 이해할수록 긴급성 역시 높아지고 있다. 콘퍼런스가 진행되는 동안 GE가 다우존스 산업 평균 지수에서 사라졌다.[1] 1955년 이후 포춘 글로벌 500대 기업에 선정된 기업 중 2017년 기준 12%만 목록에 남았다.[2] 이런 추세라면 S&P 500의 절반이 10년 내 다른 기업으로 대체될 것이다.[3] 콘퍼런스가 진행되는 동안 카를로타 페레스와의 대화에서 우리가 소프트웨어 시대로 진입한 지 50년이 지났지만 아직 전환점을 통과하지 못했다는 나의 가설을 뒷받침할 이야기를 들을 수 있었다. "우리는 아직도 지난 시대인 1930년대에 살고 있습니다."[4]

우리가 몸담은 조직의 20년 후 모습은 어떻게 될까? 디지털 변혁의 파괴적인 혼란 속에서 어떤 회사가 사라질 것이며 어떤 회사가 성공하게 될까? 소프트웨어 시대에 살아남고 번영하기 위해 조직을 어떻게 운영할 것인가? 소프트웨어 시대가 발전할 방향성에 관한 생각을 정리하는 데 가장 큰 영향을 준 것은 시대를 초월한 관점을 가진 사람들이었다. 카를로타 페레스는 1939년 베네수엘라에서 태어나 미국에서 교육받았다. 활용기에 있던 한 시대가 쇠퇴해 새로운 기술 혁명으로 대체되는 모습을 지켜봤으며 이는 기술 혁명에 대한 그의 이론의 바탕이 됐다. 제품 개발 분야에서 도널드 라이너트슨은 대량 생산 시대로부터 소프트웨어 시대에 적용할 수 있는 개념들을 가져와 제공했고 이는 플로우 지표 일부에 영향을 미쳤다. 마지막으로 르네 테스트로트는 대량 생산 시대의 활용기와 소프트웨어 시대의 도입기 사이 간극을 내게 직접 보여줬다. 이는 비즈니스 결과를 플로우 프레임워크에서 포착할 수 있도록 하는 계기가 됐다.

이러한 역사적 관점이 향후 10년간 우리가 나아가야 할 길에서 이정표 역할을 할 것이다. 2016년 창립 100주년 기념식에서 BMW 그룹은 소프트웨어 전달에 투자함으로써 소프트웨어 시대의 도입기에서 전환점으로 향하는 변화 속에서 성공할 수 있음을 보여줬다. 이와 같은 것을 우리의 조직 역시 이룰 수 있게 만드는 것이 우리의 역할이다.

나는 BMW 그룹과는 반대의 사례를 경험했다. 대량 생산 시대의 일류 기업이었던 제록스Xerox는 이 시대의 가장 혁신적인 연구 조직 중 하나인 제록스 PARC의 설립에 투자할 만큼 충분한 생산 자본을 축적해 두고 있었다. 소프트웨어 시대의 도입기에 막 접어든 1970년에 PARC가 세워지자 소프트웨어 시대의 미래를 내다본 이곳의 선구자들은 그래픽 유저 인터페이스GUI, 워드 프로세서, 현대식 객체 지향 프로그래밍, 이더넷 네트워킹 등을 포함해 미래를 앞당길 다양한 것을 발명했다. 그러나 제록스는 이 중 어떤 것도 자본화하지 못한 채 애플과 마이크로소프트 등 소프트웨어 시대에 태어난 회사의 손에 넘어가고 말았다.

PARC에서 연구원으로 재직하는 동안 기울어져 가는 조직의 일원이 된다는 것이 어떤 것인지를 경험할 수 있었다. PARC의 뛰어난 구성원들은 소프트웨어 시대가 어떻게 펼쳐질지에 대한 명확한 비전이 있었기에 더 큰 좌절을 경험했다. 연구진과 기술자는 무엇을 해야 이 시대에 승리할 수 있는지 잘 이해하고 있었지만, 제록스의 경영진은 이전 시대의 경영 모델에 갇혀 있었고 이에 관한 책 『Fumbling the Future』(iUniverse, 1999)의 제목처럼 미래를 놓쳐 버리고 말았다.[5]

하지만 경영진 역시 파괴 속에서 항해를 계속하기 위해 나름대로 최선을 다했다는 것을 알기에 그들을 비난할 수만은 없다. 그저 잘못된 경영 시스템을 사용했을 뿐이다. 이러한 사례를 통해 오늘날 기업이 배우는 점이 없다면 제록스와 같은 일을 겪는 회사는 늘어나게 될 것이다.

우리는 이러한 흐름을 바꿔야 할 기업적 책임과 사회적 책임이 있다. 기술 대기업들은 새로운 생산 수단에 이미 통달해 진행 속도를 줄이려는 시도 자체가 역효과를 낳는 수준에 이르렀다. 그러나 기업적, 경제적 부가 계속해서 이들 기업으로 편중된다면 더 큰 문제를 불러오게 될 것이다. 페레스의 모델은 다음 파괴가 일어날 때 불균형을 해결하는 새로운 규약이 만들어질 것으로 예측했지만[6] 전 세계 기업 대다수는 새로운 규약을 기다릴 여유가 없다. 페레스는 전환점을 지나 찾아올 황금기에는 기술 혁명의 혜택이 많은 경제적 요소와 사회 전체로 돌아간다고 예측했다. 이를 실현하기 위해 우리는 기업 생산 방식을 변화시켜야 한다.

개인적으로 플로우 프레임워크가 비즈니스를 황금기로 이끌 수 있는 새롭고 효율적인 방법이라고 생각한다. 플로우 프레임워크는 엔드 투 엔드 플로우를 지원하기 위해 툴 네트워크를 연결하고 엔드 투 엔드 추적 가능성을 제공하는 아티팩트 네트워크를 생성하며 프로젝트에서 제품으로 전환을 가능하게 하는 가치 흐름 네트워크를 만드는 방법을 제공한다. 플로우 지표는 소프트웨어 투자 결정이 어떤 비즈니스 결과를 수반할지 추적하는 방법을 제공하며 병목 지점을 찾아내 투자할 수 있는 조직을 만들어 준다.

이 책은 프로젝트 중심으로 돌아가던 회사를 엄청난 변화가 매일같이 일어나는 시장에 맞춰 진화하는 기업으로 변모시킬 토대를 제공한다. 플로우 프레임워크와 '프로젝트에서 제품으로'의 변화는 소프트웨어 시대에 적응하고 버텨낼 수 있는 유연성을 가진 새로운 관리 DNA를 기업에 심어 줄 것이다.

이 책은 절대 모든 것을 담아내지 못한다. 다른 새로운 개념들처럼 각 조직에 적용하려면 구체적인 것들을 고려해야 한다. 예를 들어 플로우 프레임워크의 비즈니스 결과는 각 조직에 맞도록 커스터마이징해야 한다. 앞서 언급했듯 플로우 프레임워크는 일반적인 디지털 혁신을 위한 플로우와 피드백 루프를 활성화하는 데 목적이 있다. 훌륭한 소프트웨어를 만들기 위한 전략이나 설계 측면에서는 별 도움이 되지 않는다. 또한 이 책은 가치 흐름 네트워크를 만들고 관리할 가치 흐름 설계자와 다른 실무자들에게 필요한 기술적인 세부 내용이 부족하다.

플로우 지표 자체는 가치 흐름 네트워크를 가시화하는 시작점일 뿐이다. 병목 지점과 최적화할 영역을 찾아내는 데 도움을 줄 실시간 시계열 재생 등 풍부한 시각화를 실현할 수 있다. 나는 이러한 시각화 작업을 하면서 완전히 연결된 가치 흐름 네트워크가 주는 가장 중요한 가치는 소프트웨어 전달에 대한 명확하고 통일된 데이터 모델이라는 것을 깨달았다. 이는 가치 흐름 모델을 학습 세트로 하는 인공 지능 기술을 사용해 소프트웨어 전달을 분석하고 최적화할 수 있게 만드는 중요한 단계가 될 것이다. 궁극적으로 네트워크를 모델링해 시뮬레이션이 가능해지는 것이다. 예를 들면 회사의 조직 개편이나 인수 합병이 소프트웨어 전달에 미치는 영향을 알아볼 수 있을 것이다. 이를 위해 플로우 프레임워크는 모델과 인프라 양쪽 모두에 가이드를 제공한다. 지금 이 여정을 시작한다면 기술적 또는 경영적 발전을 가져다줄 더 나은 위치에 서게 될 것이다.

모든 몰락의 시기에 찾아오는 혼돈에서 생겨나는 가능성은 엄청나다. 기회를 움켜쥔 이들은 보상을 받을 것이다. 앞으로 지나간 시대의 경영 방식을 붙들고 있는 이들을 위해 자세한 방법과 사례 연구가 작성되겠지만 그때는 이미 너무 늦었을 것이다. 우리 기업을 몰락의 본보기가 되는 화석으로 남기겠는가, 아니면 소프트웨어 시대에 번영할 수 있도록 만들겠는가?

부록

주요 도식 모아보기

플로우 프레임워크

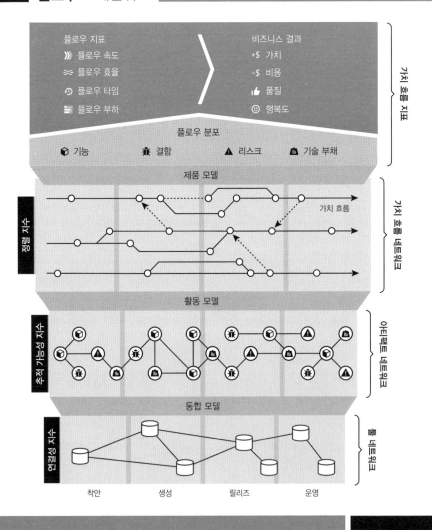

플로우 지표
≫ 플로우 속도
✂ 플로우 효율
🕐 플로우 타임
🔋 플로우 부하

비즈니스 결과
+$ 가치
-$ 비용
👍 품질
☺ 행복도

플로우 분포
📦 기능   🐞 결함   ⚠ 리스크   🏦 기술 부채

가치 흐름 지표

제품 모델

가치 흐름

정렬 지수

가치 흐름 네트워크

활동 모델

추적 가능성 지수

아티팩트 네트워크

통합 모델

연결성 지수

툴 네트워크

착안   생성   릴리즈   운영

리드 타임, 플로우 타임, 사이클 타임 비교

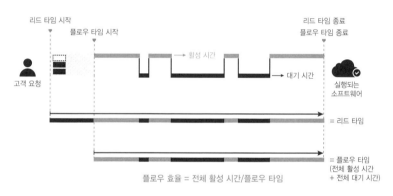

플로우 효율 도식화

플로우 지수 대시보드의 예

용어집

활동 모델: 활동 모델은 가치 흐름 안에서 수행되는 각각의 특정 활동을 식별하고 통합 모델로 정의되는 구체적인 워크플로우 상태로 매핑한다. 또한 전체 아티팩트에 걸쳐 플로우를 일관된 방식으로 측정할 수 있도록 네 가지 플로우 상태로 매핑한다.

대량 생산 시대: 상품의 대량 생산, 운송, 석유, 가스, 합성 재료, 고속도로, 공항 및 항공사 등의 발전으로 대표되는 1908년부터 1974년에 걸쳐 일어난 기술 혁명.

소프트웨어 시대: 마이크로프로세서, 원거리 통신, 인터넷과 소프트웨어로 대표되는 1971년에 시작된 오늘날의 기술 혁명.

애자일: 애자일 소프트웨어 개발은 요구 사항과 해결책이 스스로 조직된 교차 기능 팀^{Cross Functional Team}과 그들의 고객 및 최종 사용자 간 협업을 통해 진화하는 반복적 개발 방식에 기반하는 소프트웨어 개발 방법론.

정렬 지수: 툴 네트워크 전반에 걸친 전체 아티팩트 컨테이너 중 제품 가치 흐름에 연결된 아티팩트 컨테이너의 비율. 프로젝트 대비 제품에 정렬된 전달 조직의 비중을 나타낸다.

아티팩트: 툴 네트워크에서 하나 이상의 툴에 의해 정의된 작업 또는 전달 단위. 해당 툴의 아티팩트 스키마를 정의함에 따라 작업 항목, 유저 스토리, 테스트, 릴리즈와 같은 여러 가지의 아티팩트 유형이 있다. 이 유형들은 구체화될 수 있는데, 예를 들면 한 릴리즈를 위해 10개의 특정 유저 스토리가 만들어질 수 있다. 아티팩트는 통합 모델을 사용해 좀 더 추상적인 플로우 단위로 매핑할 수 있다.

아티팩트 네트워크: 가치 흐름 네트워크에 걸친 구체화된 아티팩트들의 전체 네트워크로 아티팩트 관계를 통해 연결된다. 예를 들면 한 요구 사항이 여러 유저 스토리, 변경 세트, 릴리즈와 연결될 수 있다.

비즈니스 모델 파괴: 제프리 무어의 3가지 파괴 유형 중 가장 심각한 것으로 기존 비즈니스는 보통 이로부터 회복할 수 없다.

연결성 지수: 툴 네트워크의 툴 저장소와 아티팩트 컨테이너가 통합된 경우 대비 통합되지 않은 경우의 비율. 각 플로우 지표들은 엔드 투 엔드 흐름에 기반하므로 연결성 지수가 낮을수록 지표는 무의미해진다. 예를 들어 플로우 타임은 고객 요청 시스템과 배포 시스템 간 연결 없이는 측정될 수 없다.

코스트 센터: 인사부서 등 회계 목적으로 비용이 청구될 수 있는 회사 내 부서 또는 다른 단위를 말한다. 프로핏 센터(이익 책임 단위)와는 달리 코스트 센터는 회사의 이익에 간접적으로만 기여한다.

창조적 파괴: 새로운 혁신과 비즈니스가 기존의 것을 파괴하고 대체하면서 경제에 혁명을 일으키는 산업 변이 과정으로 조지프 슘페터가 이야기한 개념이다.

커네빈 프레임워크: 의사 결정 콘텍스트를 명확함, 어려움, 복합적, 혼돈의 네 가지 상황에 따라 분류하는 방법을 제공하는 개념적 프레임워크.

활용기: 도입기와 전환점에 이어지는 기술 혁명의 단계로 새로운 생산 수단에 숙련된 회사들이 더 많은 경제적 이익과 새로운 인프라를 얻는 단계다.

디지털 파괴: 이미 자리 잡은 비즈니스 모델을 디지털로 대체하는 소프트웨어 중심 회사로부디 기성 기업들이 부정적 영향을 받는 과정을 말한다. 예를 들어 코닥과 같은 필름 기업은 모바일 디바이스 등을 위시한 디지털 사진 기술의 등장으로 파괴되고 있다.

익스트림 프로그래밍: 짧은 개발 주기로 자주 릴리즈하고자 하는 애자일 소프트웨어의 개발 방법론의 초기 형태다.

기능 팀: 오래 지속되는 교차 기능 팀으로 엔드 투 엔드 고객 기능을 하나씩 담당하게 된다. LeSS 프레임워크의 핵심 부분이다.

데브옵스의 첫 번째 방법: 흐름. (『데브옵스 핸드북』참고)

플로우 분포: 하나의 가치 흐름에 할당된 플로우 아이템 유형의 비율. 제품별 가치 흐름을 통해 전달되는 비즈니스 가치가 최대화되도록 각 제품 가치 흐름의 요구에 따라 추적 및 조정된다.

플로우 효율: 전체 소요 시간에 대해 활동적으로 작업이 일어난 시간의 비율. 특정 플로우 아이템에 과도하게 오래 걸리는 대기 시간과 같은 비효율성을 식별하는 데 사용할 수 있다.

플로우 프레임워크: 비즈니스 결과와 연관성이 있는 제품 중심적 소프트웨어 가치 흐름을 통해 비즈니스 가치의 흐름을 측정하고 최적화하는 데 초점을 맞춰 소프트웨어 전달 과정을 관리하는 프레임워크.

플로우 아이템: 제품 가치 흐름을 통해 이해관계자가 가져올 비즈니스 가치의 단위. 네 가지 플로우 아이템은 기능, 결함, 리스크, 기술 부채다.

플로우 부하: 가치 흐름 내 플로우 상태가 활성이나 대기 상태인 플로우 아이템의 개수. 가치 흐름에서 플로우 아이템 기반의 측정 방법인 '진행 중인 작업 WIP'과 유사한 개념이다. 과다한 부하는 효율적이지 못한 결과와 느려진 플로우 속도 또는 지체된 플로우 타임을 야기할 수 있다.

플로우 상태: 가치 흐름 내 플로우 아이템의 일반적인 작업 흐름 상태를 말하며 신규, 대기, 활성, 완료의 4가지 플로우 상태가 있다. 각 상태는 다른 툴에서 사용되는 구체적인 작업 흐름 상태(활동 모델을 사용하는 경우 '완료됨', '리뷰 대기' 등)로부터 매핑된다.

플로우 타임: 플로우 아이템이 가치 흐름에 들어올 때(플로우 상태=활성)부터 고객에게 릴리즈 될 때(플로우 상태=완료)까지 걸리는 시간을 말한다. 이는 플로우 아이템이 가치 흐름에 들어온 시점(즉, 작업이 시작됨)부터 완료된 시점(즉, 고객 또는 최종 사용자 단위까지 배포됨)까지의 전체 시간과 일치한다.

플로우 속도: 주어진 시간 동안 플로우 아이템이 완료된 개수(즉, 플로우 상태 = 완료).

인큐베이션 영역: 제프리 무어의 4가지 투자 영역 중 하나. 빠르게 성장하는 제품과 서비스를 중요한 수익을 창출하기 전에 성장시키기 위한 영역이다.

인프라 모델 파괴: 고객이 기존 제품에 접근하는 방식이 변경되는 경우를 말한다. 제프리 무어의 3가지 파괴 유형 중 가장 쉽게 기존 비즈니스를 적응시킬 수 있다.

도입기: 과거 기술 혁명이 만든 조직들을 파괴할 정도의 기술, 회사, 자본 접근 기회의 임계점에 도달한 새 기술 시스템을 활용하기 위해 금융 자본(벤처 캐피털 등)이 투입되는 것으로 특징지어지는 새로운 기술 혁명의 시작점을 말한다.

통합 모델: 연관된 아티팩트 유형을 공통 아티팩트 모델로 매핑해 아티팩트가 다른 툴로 어떻게 흘러갈지에 대해 정의한다. 이는 여러 가지 툴에 걸쳐 있는 경향이 있는 아티팩트가 이들의 상태를 동기화 또는 통합해 가치 흐름을 따라 흐르도록 한다.

콘드라티예프 파동: 기술적 혁신이나 사업가들의 활동 결과로 발생하는 장기적 파동을 갖는 경제 성장, 침체, 후퇴를 말한다.

린: 린 생산 방식에 기반한 소프트웨어 개발 방법론.

운영 모델 파괴: 고객과 비즈니스의 관계가 변화함으로써 발생하는 파괴 유형. 제프리 무어의 3가지 파괴 유형 중 하나로 인프라 모델 파괴보다 더 많은 비즈니스의 변화가 필요하다.

성과 영역: 제프리 무어의 4가지 투자 영역 중 하나. 수익의 주요 요인을 포함해 비즈니스의 매출과 관련된 부분에 집중한다.

1차 산업 부문: 지구에서 자원을 추출하는 경제 부문으로 졸탄 케네시가 정의한 4가지 경제 부문 중 하나다.

제품: 고객 또는 사용자에게 가치를 제공하는 소프트웨어 기능의 모음이다. 예를 들어 다운로드 가능한 소프트웨어나 서비스로서의 소프트웨어^{SaaS} 등이 있다. 제품은 고객에게 판매되도록 외부를 향하거나 정산 시스템과 같이 내부를 향할 수 있으며 소프트웨어 개발 툴킷처럼 개발자를 향할 수도 있다.

제품 모델: 툴 네트워크 내의 기존 아티팩트 구조와 비즈니스 가치 전달에 맞춰진 제품 지향적 가치 흐름 사이를 매핑한다. 이를 통해 모든 활동, 플로우 지표 및 제품별 비즈니스 결과에 대한 측정 및 추적을 할 수 있다.

제품 가치 흐름: 내부 혹은 외부 고객에게 특정 소프트웨어 제품을 전달하기 위해 연관된 아티팩트와 툴에 걸친 모든 활동.

제품 지향적 관리: 내부 혹은 외부 고객에게 소비되는 제품을 통해 비즈니스 가치가 지속적으로 전달되는 것에 집중하는 관리 기술.

프로젝트 지향적 관리: 마일스톤, 자원, 예산 기준에 따라 프로젝트 전달에 집중하는 관리 방법론.

생산 자본: 금융 기관이 통제하는 자본과는 달리 제품과 서비스를 생산하는 회사가 통제하는 자본을 말한다.

생산성 영역: 제프리 무어의 4가지 투자 영역 중 하나로 수익 창출에 중점을 두는 영역이다.

4차 산업 부문: 지식 작업과 연관된 경제 부문으로 졸탄 케네시가 정의한 4가지 경제 부문 중 하나.

데브옵스의 두 번째 방법: 피드백. (『데브옵스 핸드북』 참고)

2차 산업 부문: 제조 및 가공에 연관된 경제 부문으로 졸탄 케네시가 정의한 4가지 경제 부문 중 하나다.

소프트웨어 플로우: 소프트웨어 가치 흐름에 따라 비즈니스 가치를 창출하는 활동을 말한다.

기술 부채: 향후 발생할 소프트웨어 재작업에 드는 비용. 더 나은 방법이지만 시간이 걸리는 해결책 대신 간단한 해결책을 선택할 때 주로 발생한다.

3차 산업 부문: 서비스와 연관된 경제 부문으로 졸탄 케네시가 정의한 4가지 경제 부문 중 하나다.

데브옵스의 세 번째 방법: 지속적 학습. (『데브옵스 핸드북』참고)

시간 도둑: 도미니카 드그란디스가 『업무 시각화』에서 설명한 기업 가치 흐름의 5가지 낭비 원인.

툴 네트워크: 플로우 프레임워크의 최하단 계층으로 각 교점은 툴에 대응되며 교점 사이의 선은 툴과 툴을 통합하는 연결선을 의미한다.

툴체인: 선형 또는 툴 네트워크로 서로 연결된 개별적인 소프트웨어 개발 툴의 집합.

추적 가능성 지수: 아티팩트 유형에 따른 아티팩트 연결의 너비와 깊이를 측정하는 척도다. 이 값이 클수록 아티팩트가 더 많이 연결돼 리포팅과 가시성이 좋아진다.

변혁 영역: 제프리 무어의 4가지 투자 영역 중 하나로 조직 내 인큐베이션 영역 제품과 이니셔티브가 위치한 곳은 조직을 위해 의미 있는 크기로 확장될 수 있다.

가치 흐름: 한 제품이나 서비스에서 고객에게 가치를 전달하기 위한 활동의 엔드 투 엔드 집합. 규모가 있는 조직의 가치 흐름은 다수의 팀, 전문가, 프로세스, 툴에 걸쳐 있는 경향이 있다.

가치 흐름 지표: 조직 내 각 가치 흐름을 측정하는 지표로 소프트웨어 생산 지표들을 비즈니스 결과로 연결하기 위해 사용된다.

가치 흐름 네트워크: 소프트웨어 가치 흐름 내부와 그 사이의 연결이 만드는 네트워크를 말한다. 네트워크의 각 교점은 직접적 또는 간접적으로 네 가지의 플로우 아이템 중 하나와 관련된 아티팩트를 작업, 처리, 생성해 비즈니스 가치를 생산하는 팀 또는 다른 프로세싱 단위가 된다. 각 교점은 가치 흐름 내에서 개발, 설계, 지원과 같이 특정한 활동과 연관이 있다. 각 간선은 비즈니스 목표 및 이니셔티브에서부터 실행되는 소프트웨어까지 플로우 아이템이 진행되는 동안 함께 하는 개인, 프로세스, 툴 사이의 연결을 의미한다. 네트워크는 사이클을 가질 수 있는 방향 그래프로 표현될 수 있다. 가치 흐름 네트워크는 3가지의 네트워크 계층 중 가장 상위에 존재하며 툴 네트워크와 아티팩트 네트워크로부터 생성된다.

작업 항목: 가치 흐름에 전달돼야 하는 작업 하나를 포함하는 아티팩트(예를 들어 유저 스토리 혹은 태스크).

영역 관리: 제프리 무어가 제시한 비즈니스를 변화시키고 현대화하며 리엔지니어링하는 프레임워크다.

참고 문헌

들어가며

1. Carlota Perez, Technological Revolutions and Financial Capital: The Dynamics of Bubbles and Golden Ages (Cheltenham, UK: Edward Elgar, 2003), 5.

2. Adapted from Perez, Technological Revolutions and Financial Capital, 78.

3. Perez, Technological Revolutions and Financial Capital, 114.

4. Scott D. Anthony, S. Patrick Vinguerie, Evan I. Schwartz, and John Van Landeghem, "2018 Corporate Longevity Forecast: Creative Destruction is Accelerating," Innosight website, accessed on June 22, 2018, https://www.innosight.com /insight/creative-destruction/.

5. Mik Kersten, "Mining the Ground Truth of Enterprise Toolchains," IEEE Software 35, no. 3 (2018): 12-17.

6. Gene Kim, Patrick Debois, John Willis, and Jez Humble, The DevOps Handbook: How to Create World-Class Agility, Reliability, and Security in Technology Organizations (Portland, OR: IT Revolution, 2016), 114.

7. "Digital Taylorism: A Modern Version of 'Scientific Management' Threatens to Dehumanise the Workplace," The Economist, September 10, 2015, https://www.economist.com/business/2015/09/10/digital-taylorism.

1부: 플로우 프레임워크

1. Robert N. Charette, "This Car Runs on Code," IEEE Spectrum, February 1, 2009, https://spectrum.ieee.org/transportation/systems/this-car-runs-on-code.

2. Michael Sheetz, "Technology Killing Off Corporate America: Average Life Span of Companies Under 20 Years," CNBC, August 24, 2018, https://www.cnbc.com/2017/08/24/technology-killing-off-corporations-average-lifespan-of-company-under-20-years.html.

1장

1. Matthew Garrahan, "Google and Facebook Dominance Forecast to Rise," Financial Times, December 3, 2017, https://www.ft.com/content/cf362186-d840-11e7-a039-c64b1c09b482.

2. Lauren Thomas, "Amazon Grabbed 4 Percent of all US Retail Sales in 2017, New Study Says," CNBC, January 3, 2018, https://www.cnbc.com/2018/01/03/amazon-grabbed-4-percent-of-all-us-retail-sales-in-2017-new-study.html.

3. Lily Hay Newman, "6 Fresh Horrors from the Equifax CEO's Congressional Hearing," Wired, October 3, 2017, https://www.wired.com/story/equifax-ceo-congress-testimony.

4. Andreas Bubenzer-Paim, "Why No Industry is Safe From Tech Disruption," Forbes, November 7, 2017, https://www.forbes.com/sites/forbestechcouncil/2017/11/07/why-no-industry-is-safe-from-tech-disruption/#5f8a995530d3.

5. Brian Solis and Aubrey Littleton, "The 2017 State of Digital Transformation," Altimeter, October 2017, https://marketing.prophet.com/acton/media/33865/altimeter?the-2017-state-of-digital-transformation.

6. Gene Kim, personal communication with Mik Kersten, 2017.

7. Alan Kay, as quoted in Erika Andersen, "Great Leaders Don't Predict the Future—They Invent It," Forbes, July 10, 2013, https://www.forbes.com/sites/erikaandersen/2013/07/10/great-leaders-dont-predict-the-future-they-invent-it/#275484926840.

8. Jeff Dunn, "Tesla is Valued as High as Ford and GM—But That has Nothing to do with What It's Done so Far," Business Insider, April 11, 2017, http://www.businessinsider.com/tesla-value-vs-ford-gm-chart-2017-4.

9. "The Future has Begun," BMW website, accessed June 22, 2018, https://www.bmwgroup.com/en/next100.html.

10. Edward Taylor and Ilona Wissenbach, "Exclusive?At 100, BMW Sees Radical New Future in World of Driverless Cars," Reuters, March 3, 2016, https://www.reuters.com/article/autoshow-geneva-software/exclusive-at-100-bmw-sees-radical-new-future-in-world-of-driverless-cars-idUSKCN0W60HP.

11. Zoltan Kenessey, "The Primary, Secondary, Tertiary and Quaternary Sectors of the Economy," The Review of Income and Wealth: Journal of the International Association, 1987, http://www.roiw.org/1987/359.pdf.

12. Cade Metz, "Google is 2 Billion Lines of Code?And it's All in One Place," Wired, September 16, 2015, https://www.wired.com/2015/09/google-2-billion-lines-codeand-one-place.

13. Charette, "This Car Runs on Code."

14. "Bosch Plans More than 20,000 Hires," Bosch press release, March 24, 2015, https://www.bosch-presse.de/pressportal/de/en/bosch-plans-more-than-20000-hires-98560.html.

15. Ashley Rodriguez, "Netflix Was Born Out of This Grad-School Math Problem," Quartz, February 28, 2017, https://qz.com/921205/netflix-ceo-reed-hastings-predicted-the-future-of-video-from-considering-this-grad-school-math-problem/.

16. Marc Andreessen, "Why Software is Eating the World," Wall Street Journal, August 20, 2011, https://www.wsj.com/articles/SB10001424053111903480904576512250915629460.

17. therealheisenberg, "'Greedy Bastards': Amazon, Whole Foods Deal 'Changes Everything,'" Heisenberg Report, June 16, 2017, https://heisenbergreport.com/2017/06/16/greedy-bastards-amazon-whole-foods-deal-changes-everything/.

18. Geoffrey Moore, Zone to Win: Organizing to Compete in an Age of Disruption, iBook edition (New York: Diversion Publishing, 2015), Chapter 2.

19. Moore, Zone to Win, Chapter 1.

20. "Catherine Bessant," Bank of America website, https://newsroom.bankofamerica.com/cathy-bessant.

21. Jean Baptise Su, "The Global Fintech Landscape Reaches Over 1000 Companies," Forbes, September 28, 2016, https://www.forbes.com/sites/jeanbaptiste/2016/09/28/the-global-fintech-landscape-reaches-over-1000-companies-105b-in-funding-867b-in-value-report/#de39e1f26f3d.

22. Joseph Schumpeter, Capitalism, Socialism and Democracy, Third Edition (New York: Harper Perennial Modern Classics, 2008), 81.

23. Perez, Technological Revolutions and Financial Capital, 37.

24. "Catch the Wave: The Long Cycles of Industrial Innovation are Becoming Shorter," The Economist, February 18, 1999, https://www.economist.com/node/186628.

25. Jerry Neumann, "The Deployment Age," The Reaction Wheel: Jerry Neumann's Blog, October 14 2015, http://reactionwheel.net/2015/10/the-deployment-age.html.

26. Perez, Technological Revolutions and Financial Capital, 11; Chris Freeman and Francisco Louçã, As Time Goes By: From the Industrial Revolution to the Information Revolution (Oxford: Oxford University Press, 2001).

27. Perez, Technological Revolutions and Financial Capital, 11.

28. Perez, Technological Revolutions and Financial Capital, 37.

29. Carlota Perez, personal communication/unpublished interview with Mik Kersten, April 18, 2018.

30. Adapted from Perez, Technological Revolutions and Financial Capital, 11; Freeman and Louçã, As Time Goes By.

31. "Jawbone is the Second Costliest VC-Backed Startup Death Ever," CBInsights, July 12, 2017, https://www.cbinsights.com/research/jawbone-second-costliest-startup-fail.

32. Steven Levy, "The Inside Story Behind Pebble's Demise," Wired, December 12, 2016, https://www.wired.com/2016/12/the-inside-story-behind-pebbles-demise.

33. Steve Toth, "66 Facebook Acquisitions—The Complete List (2018)," TechWyse, January 4, 2018, https://www.techwyse.com/blog/infographics/facebook-acquisitions-the-complete-list-infographic.

34. Mik Kersten and Gail C. Murphy, "Using Task Context to Improve Programmer Productivity," Proceedings of the 14th ACM SIGSOFT International Symposium on Foundations of Software Engineering (November 5–11, 2006): 1–11, https://www.tasktop.com/sites/default/files/2006-11-task-context-fse.pdf.

35. Kersten and Murphy, "Using Task Context to Improve Programmer Productivity," 1–11.

36. Brian Palmer, "How Did Detroit Become Motor City," Slate, February 29, 2012, http://www.slate.com/articles/news_and_politics/explainer/2012/02/why_are_all_the_big_american_car_companies_based_in_michigan_.html.

2장

1. Bob Parker, "Modeling the Future Enterprise: People, Purpose and Profit," Infor, January 10, 2018, http://blogs.infor.com/insights/2018/01/modeling-the-future-enterprise-people-purpose-and-profit.html.

2. Bernard Marr, "What Everyone Must Know About Industry 4.0," Forbes, June 20, 2016, https://www.forbes.com/sites/bernardmarr/2016/06/20/what–everyone–must–know–about–industry–4–0/#37319d2a795f.

3. Horatiu Boeriu, "BMW Celebrates 1.5 Billion Cars Built at Leipzig Plant," BMW BLOG, October 26, 2014, http://www.bmwblog.com/2014/10/26/bmw–celebrates–1–5–million–cars–built–leipzig–plant/.

4. "The Nokia Test," LeanAgileTraining.com, December 2, 2007, https://www.lean agiletraining.com/better–agile/the–nokia–test.

5. James Surowiecki, "Where Nokia Went Wrong," The New Yorker, September 3, 2013, https://www.newyorker.com/business/currency/where–nokia–went–wrong.

6. Kent Beck with Cynthia Andres, Extreme Programming Explained: Embrace Change, Second Edition (Boston, MA: Addison–Wesley, November 16, 2004), 85.

7. Eliyahu M. Goldratt and Jeff Cox, The Goal: A Process of Ongoing Improvement, (New York: Routledge, 1984) Kindle location 2626 and 6575.

8. Kim, Debois, Willis, and Humble, The DevOps Handbook, 1.

9. Mik Kersten, "How to Guarantee Failure in Your Agile DevOps Transformation," Tasktop blog, June 24, 2016, https://www.tasktop.com/blog/how–to–guarantee–failure–in–your–agile–devops–transformation/.

10. Jason Del Rey, "This is the Jeff Bezos Playbook for Preventing Amazon's Demise," Recode, April 12, 2017, https://www.recode.net/2017/4/12/15274220/jeff–bezos–amazon–shareholders–letter–day–2–disagree–and–commit.

11. "World Class Supplier Quality," Boeing website, accessed July 27, 2018, http://787updates.newairplane.com/787–Suppliers/World–Class–Supplier–Quality.

12. "World Class Supplier Quality," Boeing website, accessed July 27, 2018, http://787updates.newairplane.com/787–Suppliers/World–Class–Supplier–Quality.

13. Gail Murphy, personal communication with Mik Kersten, 1997.

14. Mike Sinnett, "787 No–Bleed Wystems: Saving Fuel and Enhancing Operational Efficiencies," AERO Magazine, 2007, https://www.boeing.com/commercial/aeromagazine/articles/qtr_4_07/AERO_Q407.pdf.

15. Bill Rigby and Tim Hepher, "Brake Software Latest Threat to Boeing 787," Reuters, July 15, 2008, https://www.reuters.com/article/us–airshow–boeing–787/brake–software–latest–threat–to–boeing–787–idUSL155973002000.

16. Anonymous, personal communication with Mik Kersten, 2008.

17. Rigby and Hepher, "Brake Software Latest Threat."

18. Rigby and Hepher, "Brake Software Latest Threat."

19. Rigby and Hepher, "Brake Software Latest Threat."

20. Rigby and Hepher, "Brake Software Latest Threat."

21. Mary Poppendieck, "The Cost Center Trap," The Lean Mindset blog, November 5, 2017, http://www.leanessays.com/2017/11/the-cost-center-trap.html.

22. Jason Paur, "Boeing 747 Gets an Efficiency Makeover to Challenged A380," Wired, January 10, 2010, https://www.wired.com/2010/01/boeing-747-gets-an-efficient-makeover-to-challenge-a380.

23. Donald Reinertsen, The Principles of Product Development Flow: Second Generation Lean Product Development (Redondo Beach, CA: Celeritas, 2009), Kindle location 177.

24. Moore, Zone to Win, Chapter 2.

25. Moore, Zone to Win, Chapter 2.

26. Scott Span, "Happy People = Higher Profits: Lessons from Henry Ford in Business and Leadership," Tolero Solutions, accessed on May 24, 2018, http://www.tolerosolutions.com/happy-people-higher-profits-lessons-from-henry-ford-in-business-leadershi.

27. John Willis, "The Andon Cord," IT Revolution blog, October 15, 2015, https://itrevolution.com/kata/.

28. David J. Snowden and Mary E. Boone, "A Leader's Framework for Decision Making," Harvard Business Review, November 2007, https://hbr.org/2007/11/a-leaders-framework-for-decision-making.

29. Bruce W. Tuckman, "Developmental Sequence in Small Groups," Psychological Bulletin 63, no. 6 (1965): 384–399.

30. Marc Löffler, "Watermelon Reporting," DZone, August 8, 2011, https://dzone.com/articles/watermelon-reporting.

3장

1. Scott Galloway, The Four: The Hidden DNA of Amazon, Apple, Facebook, and Google (New York, NY: Random House, 2017), 28.

2. James Womack and Daniel Jones, Lean Thinking: Banish Waste and Create Wealth in Your Corporation, Third Edition (New York: Free Press, 2003), 10.

3. Womack and Jones, Lean Thinking, 10.

4. Mike Rother and John Shook, Learning to See: Value Stream Mapping to Add
    Value and Eliminate MUDA (Cambridge, MA: Lean Enterprise Institute, 2003), 3.

5. Kersten, "Mining the Ground Truth of Enterprise Toolchains."

6. John Allspaw, "How Your Systems Keep Running Day after Day," Keynote
    Address at DevOps Enterprise Summit 2017, San Francisco, November 15, 2017.

7. Philippe Kruchten, Robert Nord, and Ipek Ozkaya, "Technical Debt: From
    Metaphor to Theory and Practice," IEEE Software 29, no. 6 (2012), 18?21.

8. Kaimar Karu, ITIL and DevOps?Getting Started (Axelos, 2007).

9. Dean Leffingwell, SAFe 4.0 Distilled: Applying the Scaled Agile Framework for
    Lean Software and Systems Engineering (Boston, MA: Addison—Wesley, 2017),
    243.

2부

4장

1. Perez, Technological Revolutions and Financial Capital, ix.

2. Steve Coley, "Enduring Ideas: The Three Horizons of Growth," McKinsey
    Quarterly, December 2009, https://www.mckinsey.com/business—functions—
    functions/strategy—and—corporate—finance/our—insights/enduring—ideas—the—
    three—horizons—of—growth.

3. Fred P. Brooks, Jr., The Mythical Man—Month: Essays on Software Engineering
    (Boston, MA: Addison—Wesley, 1995).

4. Margaret Rouse, "Agile Velocity," TechTarget, July 2013, https://whatis.tech
    target.com/definition/Agile—velocity.

5. Leffingwell, SAFe 4.0 Distilled, 95.

6. Nicole Forsgren, PhD, Jez Humble, Gene Kim, Accelerate: The Science of
    Lean Software and DevOps: Building and Scaling High Performing Technology
    Organizations (Portland, OR: IT Revolution Press, 2018), 11

7. Tara Hamilton—Whitaker, "Agile Estimation and the Cone of Uncertainty," Agile 101,
    August 18, 2009, https://agile101.wordpress.com/tag/t—shirt—sizing/.

8. Margaret Rouse, "Law of Large Numbers," TechTarget, December 2012, https://
    whatis.techtarget.com/definition/law—of—large—numbers.

9. Frederic Paul, "Gene Kim Explains 'Why DevOps Matters,'" New Relic, June 24, 2015, https://blog.newrelic.com/2015/06/24/gene-kim-why-devops-matters/.

10. Dominica DeGrandis, Making Work Visible: Exposing Time Theft to Optimize Work and Flow (Portland, OR: IT Revolution, 2017), 142.

11. Carmen DeArdo, "On the Evolution of Agile to DevOps," CIO Review, accessed on June 26, 2018, https://devops.cioreview.com/cxoinsight/on-the-evolution-of-agile-to-devops-nid-26383-cid-99.html.

12. DeGrandis, Making Work Visible, 8?15.

13. Reinertsen, The Principles of Product Development Flow, Kindle location 1192.

14. Reinertsen, The Principles of Product Development Flow, Kindle location 147.

15. Eliyahu M. Goldratt, "Standing on the Shoulders of Giants," as featured in The Goal: A Process of Ongoing Improvement, Kindle edition (Great Barrington, MA: North River Press, 1992), Kindle location 6293.

16. Reinertsen, The Principles of Product Development Flow, Kindle location 1030.

17. DeGrandis, Making Work Visible, 141?154.

5장

1. Camilla Knudsen and Alister Doyle, "Norway Powers Ahead (Electrically): Over Half New Car Sales Now Electric or Hybrid," Reuters, January 3, 2018, https://www.reuters.com/article/us-environment-norway-autos/norway-powers-ahead-over-half-new-car-sales-now-electric-or-hybrid-idUSKBN1ES0WC.

2. "BMW Expands Leipzig Factory to 200 BMW i Models Daily", Eletrive, May 24, 2018, https://www.electrive.com/2018/05/24/bmw-expands-leipzig-factory-to-200-bmw-i-models-daily.

3. Bruce Baggaley, "Costing by Value Stream," Journal of Cost Management 18, no. 3 (May/June 2013), 24?30.

4. Reinertsen, The Principles of Product Development Flow, Kindle location 177.

5. Nicole Forsgren, Jez Humble, Gene Kim, Alanna Brown, and Nigel Kersten, 2017 State of DevOps Report (Puppet, 2018), https://puppet.com/resources / whitepaper/state-of-devops-report.

6. Daniel Pink, Drive: The Surprising Truth About What Motivates Us (New York: Riverhead Books, 2011), 1?10.

7. Forsgren, Humble, Kim, Accelerate, 102.

8. Fred Reichheld, The Ultimate Question 2.0 (Revised and Expanded Edition): How Net Promoter Companies Thrive in a Customer-Driven World (Boston, MA: Harvard Business School Press, 2011), Kindle location 2182.

6장

1. Charette, "This Car Runs on Code."

2. Charette, "This Car Runs on Code."

3. Neil Steinkamp, Industry Insights for the Road Ahead: 2016 Automotive Warranty & Recall Report, (Stout Rissus Ross, Inc, 2016), https://www.stoutadvisory.com/insights/report/2016-automotive-warranty-recall-report.

4. Steinkamp, Industry Insights for the Road Ahead.

5. History.com Staff "Automobile History," History Channel website, 2010, https://www.history.com/topics/automobiles.

6. John Hunter, "Deming's 14 Points for Management," The W. Edwards Deming Institute Blog, April 15, 2013, https://blog.deming.org/2013/04 /demings-14-points-for-management.

7. "Computer Aided Engineering at BMW, Powered by High Performance Computing 2nd," Slideshare.net, posted by Fujitsu Global, November 19, 2015, slide 29, https://www.slideshare.net/FujitsuTS/computer-aided-engineering-at-bmw-powered-by-high-performance-computing-2nd.

8. Viktor Reklaitis, "How the Number of Data Breaches is Soaring?In One Chart," MarketWatch, May 25, 2018, https://www.marketwatch.com/story /how-the-number-of-data-breaches-is-soaring-in-one-chart-2018-02-26.

9. Joan Weiner, "Despite Cyberattacks at JPMorgan, Home Depot and Target, Many Millenials Aren't Worried About Being Hacked," The Washington Post, October 8, 2014, https://www.washingtonpost.com/blogs/she-the-people/wp/2014/10/08/despite-cyberattacks-at-jpmorgan-home-depot-and-target-many-millennials-arent-worried-about-being-hacked/?noredirect=on&utm_terms=.97579f2f101c.

10. Erica R. Hendry, "How the Equifax Hack Happened, According to its CEO," PBS News Hour, October 3, 2017, https://www.pbs.org/newshour/nation/equifax-hack-happened-according-ceo.

11. Lily Hay Newman, "6 Fresh Horrors from the Equifax CEO's Congressional Hearing," Wall Street Journal, October 3, 2017, https://www.wired.com/story /equifax-ceo-congress-testimony.

12. Lorenzo Franceshi–Bicchierai, "Equifax was Warned," Motherboard, October 26, 2018, https://motherboard.vice.com/en_us/article/ne3bv7/equifax–breach–social–security–numbers–researcher–warning.

13. Tom Kranzit, "Nokia Completes Symbian," CNET, December 2, 2008, https://www.cnet.com/news/nokia–completes–symbian–acquisition.

14. Ward Cunningham, "The WyCash Portfolio Management System," OOPSLA 1992, March 26, 1992, http://c2.com/doc/oopsla92.html.

15. Steve O'Hear, "Nokia buys Symbian, Opens Fire on Android, Windows Mobile and iPhone," Last100, June 24, 2008, http://www.last100.com/2008/06/24/nokia–buys–symbian–opens–fire–on–google–android–and–iphone/.

16. Shira Ovide, "Deal is Easy Part for Microsoft and Nokia," Wall Street Journal, September 3, 2018, https://www.wsj.com/articlesmicrosoft–buys–nokia–mobile–business–in–7–billion–deal–1378188311.

17. "Microsoft to Acquire Nokia's Devices and Services Business, License Nokia's Patents and Mapping Services," Microsoft website, September 3, 2013, https://news.microsoft.com/2013/09/03/microsoft–to–acquire–nokias–devices–services–business–license–nokias–patents–and–mapping–services/.

18. Chris Ziegler, "Nokia CEO Stephan Elop Rallies Troops in Brutally Honest 'Burning Platform' Memo (Update: It's Real!)," Engadget, August 2, 2011, https://www.engadget.com/2011/02/08/nokia–ceo–stephe–elop–rallies–troops–in–brutally–honest–burnin.

19. Philip Michaels, "Jobs: OS 9 is Dead, Long Live OS X," Macworld, May 1, 2002, https://www.macworld.com/article/1001445/06wwdc.html.

20. "The Internet Tidal Wave," Letters of Note, July 22, 2011, http://www.lettersofnote.com/2011/07/internet–tidal–wave.html.

21. Bill Gates, "Memo from Bill Gates," Microsoft, January 11, 2012, https://news.microsoft.com/2012/01/11/memo–from–bill–gates.

22. "Microsoft Promises End to 'DLL Hell,'" CNet, March 7, 2003, https://www.cnet.com/news/microsoft–promises–end–to–dll–hell/.

23. David Bank, "Borland Charges Microsoft Stole Away Its Employees," The Wall Street Journal, May 8, 1997, https://www.wsj.com/articles/SB863034062733665000.

24. Rene Te–Strote, personal communication/unpublished interview with Mik Kersten, April 20, 2017.

25. Stephen O'Grady, The New Kingmakers: How Developers Conquered the World (Sebastopol, CA: O'Reilly Media, 2013), 5.

3부

1. "Agile at Microsoft," YouTube video, 41:04, posted by Microsoft Visual Studio, October 2, 2017, https://www.youtube.com/watch?v=-LvCJpnNljU.

2. Forsgren, Humble, and Kim, Accelerate, 66.

7장

1. History.com staff, "Automobile History."

2. Alex Davies, "Telsa Ramps up Model 3 Production and Predicts Profits this Fall," Wired, May 2, 2018, https://www.wired.com/story/tesla-model-3-production-profitability.

3. Womack and Jones, Lean Thinking, Chapter 11.

4. Mik Kersten and Gail C. Murphy, "Mylar: A Degree-of-Interest Model for IDEs," Proceedings of the 4th International Conference on Aspect-Oriented Software Development (March 14-18, 2005): 159-168.

5. Mik Kersten, "Lessons Learned from 10 Years of Application Lifecyle Management," InfoQ, December 24, 2015, https://www.infoq.com/articles/lessons-application-lifecycle.

8장

1. Mik Kersten, "Mik Kersten Keynote on the Future of ALM: Developing in the Social Code Graph (EclipseCon 2012)," YouTube video, 47:55, posted by Tasktop, April 10, 2012, https://www.youtube.com/watch?v=WBwyAyvneNo.

2. Nicole Forsgren, PhD, and Mik Kersten, PhD, "DevOps Metrics: Your Biggest Mistake Might be Collecting the Wrong Data," ACM Queue 15, no. 6 (2017), https://queue.acm.org/detail.cfm?id=3182626.

3. Kersten, "Mining the Ground Truth of Enterprise Toolchains," 12-17.

4. Perez, Technological Revolutions and Financial Capital, 114.

5. Danny Palmer, "What is GDPR? Everything You Need to Know About the New General Data Protection Regulations," ZDNet, May 23, 2018, https://www.zdnet.com/article/gdpr-an-executive-guide-to-what-you-need-to-know.

6. Rachel Potvin and Josh Levenber, "Why Google Stores Billions of Lines of Code in a Single Repository," Communications of the ACM 59, no. 7 (2016): 78?87, https://cacm.acm.org/magazines/2016/7/204032-why-google-stores-billions-of-lines-of-code-in-a-single-repository/fulltext.

7. Internal Tasktop Report, unpublished, 2018.

8. "Life Expectancy," Wikipedia, last modified June 20, 2018, https://en.wikipedia.org/wiki/Life_expectancy.

9. "Careers in Medicine," Association of American Medical Colleges website, accessed August 23, 2018, http://www.aamc.org/cim/speciality/exploreoptions/list/.

10. General Stanley McChrystal, Team of Teams: New Rules of Engagement for a Complex World (New York: Portfolio, 2015), iBook Chapter 6.

11. "Study Suggests Medical Errors Now Third Leading Cause of Death in the U.S.," Johns Hopkins Medicine, May 3, 2016, https://www.hopkinsmedicine.org/news/media/releases/study_suggests_medical_errors_now_third_leading_cause _of_ death_in_the_us.

12. "Supplier Management," BMW Group website, accessed July 1, 2018, https://www.bmwgroup.com/en/responsibility/supply-chain-management.html.

9장

1. Reinertsen, The Principles of Product Development Flow, Kindle location 391.

2. Gary Gruver and Tommy Mouser, Leading the Transformation: Applying Agile and DevOps Principles at Scale (Portland, OR: IT Revolution, 2015), 20?25.

3. Goldratt and Cox, The Goal, Kindle location 2626 and 6575.

4. "Metcalfe's Law," Wikipedia, last updated June 15, 2018, https://en.wikipedia.org/wiki/Metcalfe%27s_law.

5. Christopher Condo and Diego LoGiudice, Elevate Agile-Plus-DevOps with Value Stream Management, Forrester Research, Inc., May 11, 2018.

6. Anonymous, personal communication with Mik Kersten, 2017.

7. Carliss Baldwin, Kim B. Clark, Carliss Y. Baldwin, The Option Value of Modularity in Design (Boston, MA: Harvard Business School, 2002).

8. DeGrandis, Making Work Visible, 1.

9. Reinertsen, The Principles of Product Development Flow, Kindle location 132.

10. DeGrandis, Making Work Visible, 17.

11. DeGrandis, Making Work Visible, 25.

12. DeGrandis, Making Work Visible, 39.

13. Fred Lambery, "BMW to Increase "BMW i' Electric Vehicle Production by 54%," electrek, May 25, 2018, http://electrek.co/2018/05/25/bmw-i-electric-vehicle-production/.

맺음말

1. Sarah Ponczek and Rick Clough, "GE Kicked Out of Dow, the Last 19th Century Member Removed," Bloomberg, June 19, 2018, updated on June 20, 2018, https://www.bloomberg.com/news/articles/2018-06-19/ge-gets-kicked-out-of-dow-the-last-19th-century-member-removed.

2. Mark J. Perry, "Fortune 500 Firms 1955 v. 2017: Only 60 Remain, Thanks to the Creative Destruction That Fuels Economic Prosperity," AEIdeas, October 20, 2017, http://www.aei.org/publication/fortune-500-firms-1955-v-2017-only-12-remain-thanks-to-the-creative-destruction-that-fuels-economic-prosperity/.

3. Scott D. Anthony, S. Patrick Viguerie, Evan I Schwartz, and John Van Dandeghem, 2018 Corporate Longevity Forecast: Creative Destruction is Accelerating, accessed August 15, 2018, https://www.innosight.com/insight/creative-destruction/

4. Carlota Perez, personal communication with Mik Kersten, June 27, 2018.

5. Douglas K. Smith and Robert C. Alexander, Fumbling the Future: How Xerox Invented, Then Ignored, the First Personal Computer (Bloomington, IN: iUniverse, Inc., 1999).

6. Perez, Technological Revolutions and Financial Capital, 114

프로젝트에서 제품으로

플로우 프레임워크, 디지털 변혁의 시대에서 살아남는 법

발   행 | 2022년 2월 28일

지은이 | 믹 커스텐
옮긴이 | 최 희 경 · 조 재 영 · 오 경 연

펴낸이 | 권 성 준
편집장 | 황 영 주
편   집 | 이 지 은
             김 다 예
디자인 | 윤 서 빈

에이콘출판주식회사
서울특별시 양천구 국회대로 287 (목동)
전화 02-2653-7600, 팩스 02-2653-0433
www.acornpub.co.kr / editor@acornpub.co.kr